KB078934

페라리를 판 수도승

THE MONK WHO SOLD HIS FERRARI

페라리를 판 수도승

꿈을 실현하고 운명의 주인으로 사는 법

로빈 샤르마 지음
이균형 옮김

라이팅하우스

나에게 인생은 그저 밝혀진 촛불이 아니다.
그것은 잠시 내 손에 들리게 된 하나의 찬란한 횃불이니,
그것이 다음 세대의 손에 넘겨지기 전에 가능한 한 밝게 타오르게 하고 싶다.

_조지 버나드 쇼

25주년 기념판 서문

『페라리를 판 수도승』의 25주년 기념판 서문을 쓰게 된 것은 제게 무척 영광스러운 일입니다. 낮에는 소송 전문 변호사로 일하고 밤에는 24시간 영업하는 복사집에서 이 책의 초판본을 자비 출판으로 인쇄했었으니까요. 이제 저도 당시보다 나이가 많이 들었군요. 하지만 지금은 젊은 시절에 놓쳤던 것을 볼 줄 아는 시야를 얻었습니다. 천진함을 잃은 만큼 경험을 통해 성장했지요.

우리의 세상은 갈수록 복잡해지고 불안정하며 취약해지고 있습니다. 그럼에도 불구하고 제가 살아온 수십 년 동안 목격해 온 바에 따르면, 세상에는 위대한 영웅심과 품위, 인간애를 보여 주는 사람들 또한 늘어나고 있다고 말씀드리고 싶습니다.

용감하고 선한 사람들의 군대가 (놀랄 만한 숫자로) 진실한 영감, 진정한 지식, 참된 방법을 찾아 나서고 있습니다. 이를 통해 그들은 스스로를 제약하는 신념체계를 허물어 재구축하고, 감정의 상처를 치유하고, 신체의 활력을 높이고, 영적 삶을 정화하여, 자신의 높은 기품을 발산하면서 우리 앞의 모든 난관들을 극복해 갑니다. 그것은 너무나도 아름다운 모습입니다.

우리 행성은 지금 깊은 암흑의 시기입니다. 또한 우리의 마음을 완전히 사로잡는 황홀한 빛의 시대이기도 합니다. 그렇지 않나요? 모두가 그 빛에 자신을 빼앗긴 채 살고 있습니다.

하지만 자신이 진정 누구인지를 기억해 내는 데 필요한 내면의 작업을 계속해 가면 결국 우리는 두려움을 용기로, 평범함을 위대함으로, 미움을 사랑으로 바꿔 가는 각자의 소임을 완수하게 될 것입니다. 그 과정에서 우리의 세상은 새로이 태어나겠지요. 우리의 미래는 매우 밝을 것입니다.

그러니 당신의 천재성 속에 깃들어 있는 이상적 자아에 매혹된 한 인간으로서 당신께 드리는 나의 응원은 이것입니다.

희망이 보이지 않는다면, 가능성을 보여 주세요.

사람들이 두려워한다면, 힘을 드러내 주세요.

사회가 분열된다면, 통합하는 사람이 되세요.

천박함이 득세한다면, 깊이 들어가세요.

평범함이 상식이 된다면, 걸작을 창조해 내세요.

포기가 일상이 된다면, 끝까지 버티세요.

정중함이 사라진다면, 먼저 존중하세요.

지위가 권세를 떨친다면, 사심을 버리세요.

무례함이 만연해진다면, 친절을 베푸세요.

『페라리를 판 수도승』은 어느 무명작가의 너무나 보잘것없는 첫걸음에서 시작하여 순전히 입소문만으로 자기계발 분야에서 세계적으로 사랑받는 고전이 되기에 이르렀습니다. 전 세계에서 7백만 명 이상의 사람들이 제가 공유한 지혜를 통해 성공과 더불어 타인에 대한 봉사, 평화와 고요함으로 높이 승화된 삶을 이루어 냈습니다.

이 책을 선택해 주신 당신께 축하를 드립니다. 이 책이 당신에게도 마법을 일으키기를.

지금껏 훌륭히 살아온 당신 앞에 펼쳐질 인생의 장대한 모험 길에 건투를 빕니다.

사랑과 존경을 담아,
로빈 샤르마

차
례

1장
경고음

그는 방청인들로 가득한 법정 한가운데에서 쓰러졌다. 전국 최고의 소송 전문 변호사 중 한 사람이었던 그는 연전연승의 화려한 경력에 걸맞는 3천 달러짜리 이탈리아제 명품 신사복 차림으로도 유명했다. 나는 방금 목격한 그 충격적인 광경에 그저 얼어붙은 채 서 있었다. 위대한 줄리안 맨틀 변호사가 내 눈앞에서 마치 갓난아이처럼 맥없이 바닥에 쓰러진 채 미친 사람마냥 온몸을 비틀면서 땀을 흘리고 있었다.

그로부터 모든 것은 마치 슬로모션 영상처럼 지나갔다. "이런 세상에! 줄리안!" 그의 사무장이 소리쳤다. 그녀의 격한 목소리가 그 광경을 더욱 선명하게 부각시켰다. 판사는 경악한 표정으로 응급상황에 대비해 설치된 전화기에다 대고 무엇인가를 빠르게 속삭였다. 나로서는 그저 혼란한 마음으로 멍하니 그 자리에 서 있을 수밖에 없었다. '제발 죽지 말아요, 이 늙은 바보야. 아직 퇴장하기에는 너무 일러요. 이렇게 죽을 자격은 없잖아요.'

미라처럼 서 있던 법정 경위가 후다닥 달려가서 쓰러진 법조 영웅의 몸에 심폐소생술을 시행했다. 사무장은 그 옆으로 달려가 금발의 긴 곱슬머리가 줄리안의 시뻘게진 얼굴 위에서 치렁거릴 만큼 허리를 굽힌 채 안심하라고 속삭였다. 물론 그에게는 들릴 리가 없었겠지만.

나는 줄리안을 17년 전부터 알고 지냈다. 법학과 학생이었던 젊은 시절에 그의 파트너 가운데 한 사람의 하계 연구 인턴으로 채용되었을 당시 나는 그를 처음으로 만났다. 그 시절 그는 모든 것을 가지고 있었다. 그는 큰 꿈을 지닌 똑똑하고 잘생긴, 겁 없는 법정 변호사였다. 그는 법률 회사의 젊은 스타로서, 회사에 단비를 내려 줄 레인메이커였다. 나는 어느 날 밤늦게까지 야근을 하다가 그의 사무실 앞을 지나며 언뜻 보았던 글을 아직도 기억한다. 그것은 그의 육중한 오크나무 책상 위에 놓인 액자 속의 인용구였다. 윈스턴 처칠이 남긴 그 말은 줄리안이라는 사람에 대해 많은 것을 말해 주고 있었다.

오늘날 우리는 자기 운명의 주인임을 나는 확신한다. 우리 앞에 놓인 과업은 우리의 힘에 부치지 않으며, 그 일에 따르는 고난과 고통은 견뎌내지 못할 바가 아니다. 대의에 대한 신념과 승리하고

자 하는 불굴의 의지가 있는 한, 승리는 결코 우리를 저버리지 않을 것이다.

줄리안은 문구대로 살았다. 그는 자신의 운명이라고 믿어 의심치 않던 성공을 위해 기꺼이 하루 열여덟 시간을 일할 만큼 자신을 밀어붙이던 정력적인 사람이었다. 그의 할아버지는 걸출한 상원의원이었고 아버지는 연방법원에서 명망 높은 판사였다는 소문도 들렸다. 그는 부유한 집안에서 자랐고 그만큼 엄청난 기대가 아르마니를 걸친 그의 어깨를 짓눌러 왔을 것임이 분명했다. 그래도 한 가지 사실만은 인정해야겠다. 그는 자신만의 경주를 펼쳤다. 그는 확고하게 자기만의 방식으로 일했다. 그리고 그는 사람들 앞에서 깜짝쇼를 벌이기를 좋아했다.

줄리안이 법정에서 펼치는 극적인 쇼는 신문 지상을 화려하게 장식하곤 했다. 공격적이면서도 탁월한 이 법정 검투사의 역할이 필요할 때마다 부유한 유명 인사들이 그에게 몰려들었다. 줄리안의 과외활동 역시 잘 알려져 있었다. 그가 자신의 '폭파 공작대'라 불렀던 시끌벅적한 브로커 무리와 밤늦도록 어울려서 벌이던 술자리나 젊고 섹시한 패션모델들을 대동하고 시내의 최고급 레스토랑을 드나들던 행태는 회사의 전설이 되어 있었다.

나는 그 첫해 여름에 그가 왜 세상을 놀라게 한 살인사건 소송에 나를 지목하여 함께 일하게 했는지를 아직도 알지 못한다. 나도 그의 모교인 하버드 법대를 졸업하기는 했지만 내가 그 회사에서 가장 명민한 인턴은 분명 아니었고 좋은 집안 출신도 물론 아니었다. 나의 아버지는 해병대 복무를 마친 후 평생을 지방은행에서 경비원으로 일했고 어머니는 브롱크스에서 평범하게 자랐을 뿐이다.

그럼에도 그는 '역대 살인사건 재판의 끝판왕'으로 알려지게 될 소송에서 그와 함께 일하는 특권을 누려 보려고 물밑 로비를 펼치던 다른 모든 인턴들을 제치고 나를 선택했다. 그는 나의 '헝그리 정신'이 마음에 들었다고 했다.

물론 우리는 승소했다. 그리고 아내를 잔인하게 죽인 혐의로 기소된 대기업 경영자는 지금 자유인이 되어 있다. 물론 그의 혼란스러운 양심이 허락하는 만큼의 자유겠지만 말이다.

그해 여름 나의 수업은 아주 풍성했다. 의심의 여지가 없는 곳에서 합리적인 의심을 제기하는 방법에 관한 수업. 그 정도라면 제대로 된 변호사라면 어느 정도 할 수 있었지만, 이것은 그 이상의 승리의 심리학 수업이었고 달인의 시범을 옆에서 지켜볼 수 있는 흔치 않은 기회였다. 나는 그것을 스펀지처럼 흡수했다.

줄리안 덕분에 나는 그 법률 회사의 직원으로 남게 되었고, 우리 둘 사이에는 금세 지속적인 우정이 쌓여 갔다. 그가 함께 일하기 쉬운 변호사는 아니었음을 인정한다. 그의 주니어 변호사로서 일한다는 것은 끝없는 좌절의 훈련이어서, 늦은 밤에 서로 언성을 높이며 다툰 적도 많았다. 그것은 실로 '나의 방식을 따르라'는 식이었다. 그에게 잘못이란 있을 수가 없었다. 하지만 그의 괴팍

한 외면 아래에는 분명 사람들을 염려하는 품성이 숨어 있었다.

그는 아무리 바쁘더라도 늘 아내 제니의 안부를 묻곤 했다. 나는 법대에 들어가기 전에 제니와 결혼했지만 아직까지도 '나의 신부'라 부르고 있다. 내가 재정적으로 곤란을 겪고 있다는 얘기를 다른 인턴으로부터 전해 듣고 직접 나서서 넉넉한 장학금을 주선해 준 사람도 바로 그였다. 물론 줄리안은 가장 잘나가는 변호인들과도 언제든지 살벌하게 싸울 준비가 되어 있었지만, 화끈하게 놀기도 좋아했다. 그는 친구들을 결코 모른 체하지 않았다. 진짜 문제는 그의 일중독이었다.

처음 몇 년 동안 그는 '이게 다 회사의 이익을 위해서'라고 말하면서 자신의 장시간 근무를 합리화했다. 그러면서 '다음 겨울에는 꼭' 한 달 휴가를 내어서 케이맨제도로 놀러 갈 계획이라고 했다. 하지만 시간이 지날수록 그의 명성은 더욱 자자해지고, 그에 따라 업무량도 계속 늘어만 갔다. 수임 사건은 점점 더 커지고 조건 또한 좋아졌다. 도전 앞에서 결코 물러서는 법이 없는 줄리안은 계속 자신을 더 세게 밀어붙였다. 어쩌다 모처럼 한가해졌을 때 줄리안은 이제는 겨우 두어 시간 눈을 붙였다가도 자신이 사건 파일을 보지 않고 있다는 데 대한 죄책감을 느끼면서 벌떡 일어나곤 한다고 털어놓기까지 했다. 그의 삶이 더 높은 명망, 더 큰 영광, 더 많은 돈에 대한 갈망에 소모되고 있음이 내 눈에는 분명히 보였다.

바라던 대로 줄리안은 엄청난 성공을 거두었다. 그는 보통 사람들이 꿈꿔 봄 직한 모든 것을 성취했다. 수백만 달러의 연봉과 뛰어난 변호사로서의 명성, 명사들이 모여 사는 동네에 자리 잡은 으리으리한 저택, 자가용 제트기, 열대의 섬에 있는 여름 별장, 그리고 그가 특별히 아끼는 소유물, 진입로 한가운데에 보란 듯이 주차해 놓은 빛나는 빨간색 페라리에 이르기까지 말이다.

하지만 사람의 일이란 것이 겉보기처럼 마냥 목가적이지만은 않은 법이다. 나는 다가오는 불길한 운명의 징후를 보았다. 그것은 내가 회사의 다른 사람들보다 더 현명해서가 아니라 단지 그와 가장 많은 시간을 보냈기 때문이다.

우리는 언제나 일에 파묻혀 지냈기 때문에 늘 함께 있었다. 일은 결코 줄어들 것처럼 보이지 않았다. 언제나 이번 것보다 더 큰 사건이 지평선 위에서 기다리고 있었다. 줄리안에게는 아무리 많은 준비도 충분치가 않았다. 만약 판사가 이런 질문 혹은 저런 의문을 제기한다면 어쩌지? 그런 일은 없어야 하지만 만약 우리의 조사가 완벽하지 않다면 어쩌지? 방청인들로 빼곡한 법정 한가운데서 마치 갑자기 나타난 자동차의 눈부신 헤드라이트 앞에서 얼어붙은 사슴처럼 놀랄 일이 일어난다면 어쩌겠는가 말이다. 그래서 우리는 스스로를 한계까지 밀어붙였고, 나 역시 오로지 일만이 중심인 그의 작은 세계 속으로 빨려 들어가지 않을 수 없었다. 그리하여 시간의 노예로 전락한 두 사람은 대부분의 정상적인 사람들이 가족과 함께 집에서 지낼 시간에 강철과 유리로 세워 올린 마천루의 64층에서 생고생을 하면서도, 성공이라는 신기

루에 눈이 멀어 세상이 제 손바닥 안에 있다고 착각했다.

　나는 줄리안과 더 많은 시간을 보낼수록 그가 자신을 땅속으로 더 깊이 밀어 넣고 있음을 알 수 있었다. 그는 마치 죽으려고 작정이라도 한 사람 같았다. 그 무엇도 그를 만족시킬 수가 없었다. 결국 결혼도 실패로 끝났고, 부친과의 대화도 완전히 끊겼다. 사람들이 원하는 모든 재물을 가졌는데도 찾고 있던 것이 무엇이었든 간에 그는 그것을 여전히 못 찾은 듯했다. 그것은 정신적으로, 육체적으로, 그리고 영적으로도 드러났다.

　줄리안은 53세의 나이였음에도 마치 70대 후반처럼 보였다. 그의 얼굴은 주름투성이였다. 그것은 삶을 대하는 그의 무자비한 태도와, 특히나 엉망진창인 생활 습관에서 비롯된 엄청난 스트레스가 가져다준 영광스럽지 못한 표창이었다. 값비싼 프랑스 레스토랑에서의 밤늦은 식사와 굵은 쿠바산 시가를 피우며 코냑을 폭음하는 습관 때문에 그는 난처할 정도로 비만해졌다. 그는 아프고 피곤한 게 '지긋지긋할 정도로 지긋지긋하다'며 끊임없이 투덜댔다. 유머감각도 잃어버려서 이제는 더 이상 웃지도 않았다. 한때 열정이 넘치던 성격마저 극도로 음울한 성격으로 변해 버렸다. 나는 그가 삶의 의미를 모두 잃어버렸다고 생각했다.

　가장 슬픈 일은 그가 법정에서도 집중력을 잃어버렸다는 사실이었다. 그는 감동적이고 빈틈없는 최후 변론으로 모든 사람을 감탄하게 만들었던 그곳에서 이제는 몇 시간씩이나 질질 끌며 현안과는 상관없는 모호하고 장황한 변론만 늘어놓았다. 상대편의

반론에 품위 있게 대처하던 그가 이제는 그를 법조계의 천재로 바라보던 판사의 인내력을 시험이라도 하듯 신랄한 빈정거림으로 일관했다. 간단히 말해서 줄리안의 생명의 불꽃은 꺼져 가고 있었던 것이다.

그를 무덤 앞으로 재촉한 것은 단지 그의 광적인 업무 방식에 따른 압박감 때문만은 아니었다. 나는 그보다 훨씬 더 깊은 원인이 있음을 느끼고 있었다. 그것은 일종의 영적인 문제처럼 보였다. 그는 거의 매일 내게, 자신이 하고 있는 일에서 더 이상 열정이 느껴지지 않고 공허함만이 엄습한다고 말하곤 했다. 또 자신이 비록 처음에는 집안의 결정에 떠밀려서 율사의 길에 발을 디디기는 했지만, 새내기 변호사 시절에는 자신도 정말로 법을 사랑했노라고 털어놓기도 했다. 법의 복잡성과 지적인 도전은 언제나 그를 매혹시켰고 의기로 충만하게 만들었다. 사회의 변화에 미치는 법의 영향력은 그에게 영감을 불어넣고 동기를 부여해 주었다. 그 시절 줄리안은 단지 코네티컷 출신의 부잣집 도련님이 아니었다. 그는 자신을 선을 수호하는 힘이요, 사회 개혁을 위한 도구로 여겼다. 그러한 비전은 그의 삶에 의미를 부여해 주었고 희망의 불꽃을 타오르게 했다.

줄리안의 파멸에는 그가 돈벌이에 집착한 것 이상의 또 다른 무언가가 있었다. 그는 내가 회사에 들어오기 전에 개인적 비극을 겪은 듯했다. 시니어 파트너 중 한 사람의 말에 의하면 그에게 정말 어떤 말 못할 일이 있었던 것이 분명했다. 하지만 그 일에 대해서는 누구도 입을 열려고 하지 않았다. 황당할 정도로 큰 자신의 사무실보다는 리츠칼튼 호텔의 바에서 더 많은 시간을 보내는, 입 싼 것으로 악명 높은 대표 변호사 하딩조차도 그 일에 대해서만은 함구로 일관했다. 그 깊고 은밀한 비밀이 무엇이든 간에 그것이 어떻게든 줄리안의 파멸을 부추기고 있는 것은 분명해 보였다. 물론 나도 그것이 궁금했다. 하지만 나는 누구보다도 그를 돕고 싶었다. 그는 나의 멘토일 뿐만 아니라 가장 좋은 친구였다.

그러다가 그 일이 일어난 것이다. 명민하던 줄리안 맨틀을 땅바닥으로 끌어내려 자신의 운명과 다시 연결되게 만든 이 위중한 심장 발작 말이다. 월요일 아침, 우리가 과거 끝판왕 살인사건에서 승소했었던 바로 그 7호 법정의 한가운데서 일어난 일이었다.

2장
신비의 방문객

 회사의 전 직원을 대상으로 비상대책회의가 열렸다. 동료들과 중역 회의실로 들어가면서 나는 무엇인가 심각한 문제가 생겼음을 확실히 느낄 수 있었다. 모인 사람들 앞에서 가장 먼저 입을 연 것은 하딩 대표였다.

"유감스럽게도 매우 나쁜 소식이 있습니다. 어제 줄리안 맨틀 변호사가 애틀랜틱 항공사 사건 공판이 열리던 법정에서 심각한 심장 발작을 일으켰습니다. 그는 지금 집중 치료실에 있는데 담당의사 말로는 상태가 안정되었고 차차 회복이 될 거라고 합니다. 하지만 줄리안은 여러분 모두가 알아야 할 한 가지 결정을 내렸습니다. 그는 우리 회사를 떠나기로 했고, 동시에 변호사직도 그만두기로 했습니다. 그는 이제 회사로 돌아오지 않을 것입니다."

나는 충격받았다. 자기 몫의 깊고 심각한 문제를 가지고는 있었지만, 그가 자신의 일을 그만둘 거라고는 한 번도 생각한 적이 없었다. 우리가 동고동락한 세월을 생각한다면 그는 나에게 귀띔이라도 해 줬어야 했다. 게다가 그는 나의 문병조차 허락하지 않았다. 내가 병원에 들를 때마다 간호사들은 그가 잠자고 있다거나 방해받아서는 안 된다는 말을 전하곤 했다. 심지어 그는 내 전화조차 받기를 거부했다. 어쩌면 그가 잊고 싶은 삶을 내가 상기시키기 때문이었을까. 누가 알겠는가? 하지만 한마디만 하자면, 그것은 내게는 정말 큰 상처였다.

이 모든 일이 벌써 3년 전의 이야기다. 마지막으로 전해 듣기로는, 줄리안은 인도로 일종의 모험을 떠났다고 했다. 그는 파트너들 중 한 사람에게 삶을 더 단순하게 살고 싶고, 어떤 '답을 구하고' 있으며, 그것을 그 신비한 땅에서 찾을 수 있기를 희망한다고 말했다는 것이다. 그는 아끼던 자신의 페라리마저 팔아 버렸다. 나는 생각했다. '요기yogi(요가 수행자)가 된 변호사라, 법은 정말 신비로운 방식으로 작용하는군.'

그렇게 3년이 지난 사이에 나는 과로에 시달리는 초짜 변호사에서 이젠 닳고 닳은, 어딘가 냉소적인 표정의 중견 변호사로 바뀌어 있었다. 아내 제니와의 사이에 아이도 태어났다. 마침내 나도 삶의 의미를 찾는 나만의 탐색을 시작했다. 아이를 얻은 것이 날 그렇게 만든 것 같았다. 그것은 세상과 세상 속의 내 역할을 바라보는 나의 시각을 근본적으로 바꿔 놓았다. 아버지가 그것을 가장 멋지게 표현하셨다.

"존, 죽어 가면서 '사무실에서 시간을 좀 더 많이 보낼 걸' 하고 후회하는 사람은 없단다."

그래서 나는 집에서 더 많은 시간을 보내기 시작했다. 나는 평범하긴 해도 꽤나 바람직해 보이는 삶 속으로 안착했다. 로터리 클럽에 가입하고, 동료와 의뢰인들이 행복해하도록 토요일에는 골프도 쳤다. 하지만 혼자만의 조용한 시간에는 종종 줄리안과의 추억을 떠올리곤 했다. 그렇게 갑작스럽게 헤어진 후로 그가 어떻게 살고 있는지를 궁금해하곤 했음을 털어놓지 않을 수 없다.

어쩌면 그는 인도에 눌러살고 있는지도 모른다. 그곳은 줄리안처럼 방황하는 영혼이 고향으로 삼을 수 있을 만큼 매력적인 나라니까. 아니면 네팔의 산을 오르고 있을까, 아니면 케이맨제도에서 스쿠버다이빙을……? 한 가지만은 분명했다. 그가 다시는 이쪽 세계로 돌아오지 않으리라는 사실이다. 줄리안이 법조계를 떠나 자진해서 귀양길에 오른 이후로 아무도 그에게서 엽서 한 장조차 받아 보지 못했으니 말이다.

두 달 전 어느 날, 내 사무실 문을 두드리는 노크 소리와 함께 이런 궁금증들이 일시에 해소되었다. 나의 똑똑한 비서 제네비브가 작지만 고상하게 꾸며진 내 사무실에 고개를 빼꼼히 들이밀었을 때는 내가 고된 하루의 마지막 상담을 마치고 난 후였다.

"존, 당신을 만나러 오신 분이 있어요. 매우 중요한 일이어서 직접 만나기 전에는 돌아가지 않겠다고 하시네요."

"난 지금 막 나가려던 참인데, 제네비브." 내가 참을성 없이 대꾸했다. "간단히 먹고 와서 해밀턴 사건을 마무리 지어야 해서 지금은 아무도 만날 시간이 없어요. 다른 사람들처럼 시간 약속을 잡으시라고 해요. 그래도 말썽을 부리면 경비원을 부르고."

"하지만 그는 정말로 당신을 꼭 만나야만 한대요. 아주 막무가내라고요!"

나는 잠시 직접 경비원을 부를까 고민하다가 도움이 절실한 사람일지도 모른다는 생각에 좀 더 관대하게 마음을 고쳐먹기로 했다.

"좋아, 그를 들여보내요." 나는 자리로 돌아갔다. "뭐, 괜찮은 비즈니스가 될지도 모르지."

사무실 문이 천천히 열렸다. 드디어 문이 활짝 열렸을 때, 거기에는 삼십대 중반의 남자가 웃음을 띠고 서 있었다. 그는 늘씬한 근육질로, 생기발랄한 기운을 풍겼다. 그는 법대에서 같이 공부했던 그 완벽한 동창들을 생각나게 했다. 완벽한 집안에 완벽한 집과 차, 완벽한 피부를 가진 아이들 말이다. 하지만 나를 찾아온 방문객에게는 좋은 인상의 젊은이 이상의 무엇인가가 있었다. 배후에서 풍기는 평화로운 분위기가 그를 거의 성스러운 존재처럼 느끼게 만들었다. 게다가 그의 눈빛이란. 그 꿰뚫을 듯한 파란 눈은 마치 처음으로 면도하는 사내아이의 보드라운 살갗에 닿는 날카로운 면도날처럼, 나를 서늘하게 베고 들어왔다.

'내 자리를 노리는 잘나가는 변호사가 찾아왔군. 제길, 그런데

저 사람은 왜 저기 서서 날 째려보고 있는 거지?' 나는 속으로 생각했다. '지난주에 크게 승소한 이혼 소송 의뢰인의 남편은 아니겠지? 경비원을 부르는 게 턱없는 생각은 아닐지도 몰라……'

그 젊은 사람은 마치 애제자를 바라보는 부처처럼 미소를 띤 채 계속 나를 바라보고 있었다. 불편한 침묵이 한동안 이어진 후에 그가 놀랍도록 당당한 목소리로 입을 열었다.

"이게 손님을 맞이하는 태도인가, 존? 자네에게 법정에서 성공하는 비법을 가르쳐 준 사람에게? 자네에게 전수해 주지 말 걸 그랬군." 그의 입꼬리는 귀에 걸려 있었다.

이상한 흥분이 온몸으로 퍼져 나갔다. 나는 까다로우면서도 나긋한 그 목소리를 즉각 알아차렸다. 가슴이 쿵쾅거리기 시작했다.

"줄리안? 당신이에요? 믿을 수가 없어! 정말 변호사님이세요?"

방문객의 커다란 웃음소리가 나의 의심을 확인해 주었다. 지금 내 앞에 서 있는 이 젊은 사람은 다름 아니라 오랫동안 실종되어 있었던 인도의 요기, 줄리안 맨틀이었던 것이다. 그의 믿기 힘든 변신을 목도한 나는 그야말로 눈이 부셨다. 유령처럼 창백했던 예전의 모습과 잔기침, 생기 잃은 흐릿한 눈빛은 싹 사라지고 없었다. 노인네 같은 얼굴과 그의 트레이드마크였던 음울한 표정도 사라지고 없었다. 대신 내 앞의 사나이는 건강미 넘치고 주름 하나 없는 얼굴로 환하게 빛났다. 그의 눈은 놀라운 생기가 새나오는 환한 창문처럼 빛났다. 더욱 놀라운 것은 줄리안이 내뿜는 고요하고 평온한 아우라였다. 나는 그저 그를 바라보면서 앉아 있는 것만으로도 완전한 평화를 느꼈다. 그는 더 이상 잘나가는 법률 회사의 성마른 'A타입(경쟁적이고 공격적인 성격 유형 _역주)' 선임 변호사가 아니었다. 내 앞에 서 있는 이 사나이는 젊고 생기 넘치는 미소를 짓고 있는 변신의 아이콘이었다.

3장
기적적인 변신

나는 줄리안 맨틀의 새로운 모습에 깜짝 놀랐다. '지친 노인네 같던 사람이 어떻게 불과 몇 년 사이에 이렇게 젊고 생기 넘치는 모습으로 바뀔 수가 있지?' 나는 믿을 수 없어 하며 속으로 중얼거렸다. '젊음의 샘에서 어떤 마법의 약이라도 먹은 것일까? 이 놀라운 변신의 비밀은 대체 무엇일까?'

줄리안이 먼저 입을 열었다. 그는 법조계 생활의 피 튀기는 경쟁이 자신에게 육체적, 정신적으로뿐만 아니라 영적으로도 큰 대가를 치르게 했다고 말했다. 숨 가쁘게 돌아가는 일들과 끝없는 업무가 그를 소진시켜서 녹초가 되게 만들었다. 그는 무너져 내린 몸과 함께 마음속에서 빛을 잃어버린 자신의 현실을 받아들였다. 심장마비는 더 뿌리 깊은 문제를 보여 주는 하나의 징후에 불과했다. 세계적인 법정 변호사에게 가해지는 지속적인 압력과 살인적인 스케줄은 그에게서 귀중하고도 가장 인간다운 유산인 영혼을 빼앗아 갔다. 변호사직을 버리든 목숨을 버리든 둘 중 하나를 선택하라는 의사의 최후통첩을 받았을 때, 그는 젊은 시절 타올랐던 내면의 불꽃, 법이 더 이상 기쁨이 아니라 밥벌이가 되었을 때 꺼져 버렸던 그 불꽃을 다시 일으킬 수 있는 절호의 기회가 온 것을 알아차렸다고 했다.

가진 재산을 몽땅 팔아치우고 인도로 떠난 이야기를 들려줄 때 줄리안은 눈에 띄게 신나 보였다. 그는 예전부터 인도의 고대 문화와 신비한 전통에 매혹되어 있었다. 그는 때로는 걷고 때로는 기차를 타고 작은 마을에서 작은 마을로 여행하며 새로운 관습을 배우고 시대를 초월한 광경들을 보면서 인도 사람들을 사랑하게 되었다. 그들은 그에게 따뜻함과 친절, 진정한 삶의 의미에 대한 신선한 관점을 선사했다. 가진 게 거의 없는 사람들조차 서양에서 온 지친 나그네를 자신의 집 안과 가슴속으로 맞아들였다. 이 매혹적인 환경 속에서 하루하루 보내는 동안 줄리안은 다시금 자신이 살아 있고 온전하다는 느낌을 맛보기 시작했다. 어린 시절 이후 처음으로 느끼는 기분이었다. 삶에 대한 열정과 에너지 그리고 그의 타고난 호기심과 창조성의 불꽃도 서서히 되돌아왔다. 점점 더 즐겁고 평화로운 기분이 밀려왔다. 그리고 다시 웃기 시작했다.

줄리안은 이 낯선 땅에서의 모든 순간들을 가슴을 열고 받아들였지만, 인도 여행이 단순히 일에 지친 마음을 쉬게 하는 휴가 여행에 그치지만은 않았다고 했다. 그는 이 머나먼 땅에서 보낸 시간을 '자아 탐구의 오디세이'라고 표현했다. 너무 늦기 전에 자신이 진정 누구이며 자신의 삶은 무엇을 위한 것인지를 알아내고 싶었다고 속마음을 털어놓았다. 그러기 위해 그가 최우선으로 삼았던 목표는 더 충만하고 밝은 삶을 살게 해 줄 오래된 지혜의 보고에 제대로 접속하는 일이었다.

"너무 거창한 이야기만 하려는 건 아닐세, 존. 하지만 나는 마치 내면의 명령을 받은 것만 같았네. 꺼져 버린 불꽃을 다시 피우도록 영적 항해를 떠나라는 내면의 지시 말일세." 줄리안은 이렇게 말했다. "그건 내게 자유와 해방의 시간이었다네."

인도를 여행하면서 그는 백 살이 넘어서도 젊고 활기찬 생명력을 유지하고 사는 요가 수행자들에 대한 이야기를 자주 듣게 되었다. 더 나아가서 그는 마음을 다스리고 영적으로 자각하는 법에 통달한, 나이를 초월한 수도승들에 대해서도 알게 되었다. 알면 알수록 줄리안은 그런 기적 같은 일 뒤에서 작용하는 힘에 대해서 이해하고 그들의 철학을 자신의 삶에도 적용하고 싶다는 열망이 깊어졌다.

여행 초기에는 존경받는 유명한 스승들을 찾아다녔다. 그들은 모두 열린 마음으로 두 팔 벌려 줄리안을 환영해 주었다. 그들은 존재에 관한 화두를 붙잡고 평생토록 고요히 명상하며 얻은 지혜의 보석을 아낌없이 나눠 주었다.

줄리안은 인도의 신비로운 풍광 속에 산재한 고대 사원들의 아름다움을 내게 묘사해 주려 애썼다. 그는 시대의 지혜를 수호하는 충성스러운 문지기처럼 서 있는 사원들의 성스러운 분위기에 감동받았다고 했다.

"존, 그것은 내 인생에서 정말 마법과도 같은 시간이었네. 여행을 떠날 때만 해도 나는 페라리부터 롤렉스에 이르기까지 전 재산을 몽땅 팔아 버린 늙고 지친 변호사였지. 남은 짐일랑은 커다란 배낭 속에 쑤셔 넣고는 그 배낭만을 변함없는 길동무 삼아 동양의 유구한 전통 속으로 걸어 들어갔더랬지."

"떠나는 게 힘들지는 않았나요?" 나는 호기심을 참지 못하고 소리 내어 물었다.

"사실 그건 내가 지금껏 해 온 일 중에서 가장 쉬운 것이었다네. 변호사 생활과 세속의 소유물을 모두 포기한다는 결정을 너무나 자연스럽게 내렸지. '미래에 대한 진정한 헌신은 현재에 모든 것을 바치는 데 있다'고 알베르 카뮈가 말했지. 내가 한 일이 바로 그거였어. 나는 내가 변해야 한다는 것을 잘 알고 있었네. 그래서 가슴에 귀를 기울이면서 매우 극적인 방식으로 그걸 실행하기로 했지. 과거의 짐을 모두 버리고 떠났을 때 내 삶은 훨씬 더 단순해지고 의미 있게 변했네. 쾌락을 쫓느라 많은 시간을 허비하던 행동을 멈추자, 삶의 작은 기쁨들을 누릴 수 있게 되었다네. 달빛 은은한 밤하늘에서 춤추는 별을 바라보거나 여름철 찬란한 아침 햇살을 온몸으로 만끽하는 것 따위의 즐거움 말일세. 인도는 내가 버리고 온 것들을 생각할 겨를이 없을 만큼 지적으로 왕성한 자극을 주는 곳이었네."

그토록 이색적인 문화권의 존경받는 지성들과의 만남은 즐겁기는 했지만 줄리안이 갈구하던 지혜를 가르쳐 주지는 못했다. 영적 오디세이의 초반에는 그가 찾던 지혜와 삶을 질적으로 변화시킬 실제적인 방법론은 나타나지 않았다. 인도에서 일곱 달을 지낸 후에야 줄리안은 비로소 최초의 진정한 전환점을 맞이하게 되었다.

히말라야 산기슭에 한가로이 자리 잡은 고대의 신비로운 지역 카슈미르에 있을 때였다. 그곳에서 줄리안은 요기 크리슈난이라는 이름의 한 남자를 만나는 행운을 얻었다. 파르랗게 머리를 민 이 호리호리한 사내는 자신도 '새롭게 태어나기' 전에는 변호사였다고 종종 이빨을 하얗게 드러내며 농담을 건넸다. 크리슈난 역시 현대 뉴델리가 상징하는 정신없이 바쁜 생활에 신물을 느껴세속의 소유물을 포기한 사람이었다. 그는 더 위대한 단순성의세계로 물러났다.

마을의 사원지기가 된 크리슈난은 삶의 보다 원대한 구도 속에서 자신과 자신의 목적을 깨닫게 되었다고 했다.

"나는 끝없는 공습 훈련 같은 생활에 넌더리가 났어요. 나는 이웃에 봉사하고 어떻게든 이 세상을 보다 좋은 곳으로 만드는 것이 나의 사명임을 깨달았어요. 나는 이제 베풀기 위해서 살고 있습니다." 그는 줄리안에게 말했다.

"나는 이 사원에서 낮과 밤을 보냅니다. 금욕적이지만 충만한 삶을 살고 있습니다. 나는 이곳에 기도하러 오는 모든 사람들과 이 깨달음을 나눕니다. 도움이 필요한 사람들에게는 봉사하고요. 나는 성직자가 아닙니다. 단지 영혼을 되찾은 한 인간일 뿐이지요."

줄리안은 요기가 된 변호사 크리슈난에게 자신이 살아온 이야기를 들려주었다. 그는 명사로서 특권을 누리고 살았던 삶과 부에 대한 갈망 그리고 일중독 증세에 대해서도 이야기했다. 균형을 잃어버린 생활 속에서 한때는 찬란했던 삶의 불꽃이 꺼져갈 때 겪었던 영혼의 위기와 내면의 혼란에 대해서도 숨김없이 털어놓았다.

"나도 그 길을 걸었어요, 친구. 나도 당신이 느낀 고통을 겪었답니다. 하지만 나는 모든 일은 저마다 이유가 있어서 일어난다는 것을 깨달았어요." 크리슈난은 공감하며 말했다.

"모든 사건에는 목적이 있고 모든 좌절에는 교훈이 있습니다. 나는 개인의 성장을 위해서는 개인적이든 직업적이든 심지어는 영적인 것이든 간에 실패가 필수적이란 것을 깨달았습니다. 그것은 내면의 성장을 가져다주고 정신적인 보상도 가득 안겨 주지요. 결코 과거를 후회하지 마세요. 오히려 과거를 스승으로 맞아들이세요. 실제로 그러하니 말입니다."

줄리안은 그 말을 듣고 나서 크나큰 환희를 느꼈다고 했다. 어쩌면 그는 요기 크리슈난에게서 자신이 그토록 찾아 헤매던 스승의 모습을 발견했으리라. 균형 잡히고 매혹적이며 기쁨이 가득한 삶을 만드는 비결을 가르쳐 주기에 자신만의 영적 오디세이를 통해 새로운 삶의 방식을 찾아낸 또 다른 전직 변호사보다 적당한 이가 어디에 있겠는가?

"도와주십시오, 크리슈난. 난 풍요롭고 충만한 삶을 영위하는 법을 배우고 싶어요."

"할 수만 있다면 기꺼이 도와드리죠. 하지만 그 전에 한 가지 제안을 해도 될까요?" 요기가 말했다.

"물론입니다."

"이 작은 마을의 사원을 지키면서 나는 히말라야 고원지대에 산다는 신비한 현자들에 관한 소문을 들었어요. 전하는 말에 의하면 그들은 모든 사람의 삶의 질을 근본적으로 향상시켜 줄 일종의 수행 체계를 발견했다고 하더군요. 그것은 단순히 물질적인 차원만 의미하는 것이 아니라, 몸과 마음과 영혼의 잠재력을 해방시켜 주는 전일적이고 통합적이며 시대를 초월한 비법이라고 합니다."

줄리안은 그 말에 매혹됐다. 이것은 완벽해 보였다.

"그 수도승들은 정확히 어디에 사나요?"

"그것은 아무도 모릅니다. 그들을 찾으러 나서기에는 내가 너무 늦었다는 것이 한스러울 뿐입니다. 하지만 친구, 하나만 말해 줄게요. 많은 사람들이 현자들을 찾으러 나섰지만 비극적인 결말과 함께 실패했어요. 히말라야 고원지대는 무엇과도 비교할 수 없을 정도로 위험하거든요. 아무리 노련한 등반가도 대자연의 횡

포 앞에서는 꼼짝을 못하지요. 하지만 당신이 찾고 있는 것이 눈부신 건강과 영원한 행복 그리고 내적 충만함을 위한 황금열쇠라면 분명 그들에게서 그것을 찾을 수 있을 것입니다. 미안하지만 나에게는 당신을 만족시켜 줄 그런 지혜가 없습니다."

줄리안은 포기를 모르고 요기 크리슈난에게 다시 물었다.

"정말 그들이 어디 사는지 전혀 모르시는 겁니까?"

"내가 해 줄 수 있는 말은 그들이 마을 원주민들 사이에서 '시바나의 위대한 현자들'로 알려져 있다는 것뿐입니다. 신화에 따르면 시바나*sivana*란 '깨달음의 오아시스'라는 뜻이지요. 이 수도승들은 그 조직과 영향력에 있어서 마치 신처럼 추앙받고 있어요. 어디로 가야 그들을 만날 수 있는지 알고 있다면 당연히 말해 주었겠지요. 하지만 솔직히 나도 모릅니다. 그것에 관해서는 나뿐만 아니라 그 누구도 모릅니다."

이튿날 아침, 줄리안은 잃어버린 땅 시바나를 찾아 길을 나섰다. 인도의 태양이 지평선을 따라 춤추며 형형색색으로 밝아 올 무렵이었다. 처음에는 셰르파를 고용해서 함께 산을 오를까 생각해 보기도 했지만 어쩐지 이상하게도 내면의 목소리는 이것이 홀로 해내야만 하는 여행이라고 말하고 있었다. 그래서 그는 생애 처음으로 이성의 족쇄를 벗어던지고 자신의 직관을 믿기로 했다. 그는 자신이 안전할 것이라고 느꼈다. 이유는 몰라도 찾고 있던 것도 찾게 될 것임을 알았다. 그리하여 그는 선교사와 같은 열정을 품은 채 등정을 시작했다.

처음 며칠은 쉬웠다. 가끔씩 밝은 표정의 아랫마을 사람들을 마주치곤 했다. 그들은 아마도 조각하기에 적당한 나무를 찾고 있거나, 아니면 천국에 가까운 이곳까지 오르기를 마다하지 않는 이들에게 이 초현실적인 히말라야가 제공해 주는 성소를 찾는 중이거나 했을 것이다. 그 외의 시간에는 그는 홀로 산을 올랐다. 산길을 걸으면서 그는 지난날 자신의 삶의 자리가 어디였으며 지금은 어디를 향해 가고 있는지를 고요히 묵상했다.

얼마 지나지 않아 마을이 점점 멀어지더니 대자연의 장관을 담은 경이로운 화폭 속의 작은 점에 지나지 않게 되었다. 만년설로 뒤덮인 봉우리들이 주는 장엄함에 그의 심장은 더 빨리 뛰기 시작했고, 한순간 숨이 멎을 것만 같았다. 그는 히말라야와 하나가 된 듯한 기분을 느꼈다. 그것은 오랜 세월 서로 속마음을 털어놓고 서로의 농담에 함께 웃으면서 지낸 두 친구 사이의 친밀함 같은 것이었다. 신선한 산 공기에 정신이 맑아졌고 영혼에는 생기가 돌았다. 전 세계를 여러 번 여행했던 줄리안은 자신이 세상을 다 보았다고 생각했다. 하지만 이 같은 아름다움은 어디에서도 본 적이 없었다. 줄리안이 마술과도 같은 이 시간 속에서 만끽한 경이로움은 대자연의 교향곡에 대한 절묘한 찬사였다. 그는 환희와 활력과 평온함을 동시에 느꼈다. 인간의 한계를 벗어난 듯한 히말라야의 높은 곳에서 줄리안은 일상의 고치에서 천천히 빠져나와 그 너머의 세계로 발을 내딛기 시작했다.

"그때 내 마음을 스치고 지나던 생각들을 나는 아직도 기억한다네." 줄리안이 말했다.

"궁극적으로 인생이란 오로지 선택의 문제더군. 결국 사람의 운명은 각자가 내린 선택에 따라 펼쳐지게 마련이네. 나는 그때 내가 내린 선택이 옳았음을 확신했네. 내 인생이 결코 예전과 같지 않으리라는 걸, 뭔가 경이롭고 기적적인 일이 일어나려 한다는 것을 알았다네. 그것은 놀라운 각성이었지."

히말라야의 희박한 지역으로 오르는 동안 줄리안은 점점 불안하고 초조해졌다고 말했다. "하지만 그건 좋은 느낌의 초조함이었지. 무도회 밤이나 흥미진진한 공판이 시작되기 직전, 기자들을 뒤에 달고 법정 계단을 오를 때 느끼곤 했던 기분 말일세. 가이드나 지도의 도움은 없었지만 길은 분명해서, 사람들이 다닌 희미한 흔적을 따라 난 좁다란 길이 산속 깊은 곳까지 나를 인도해 줬지. 마치 내면의 나침반 같은 게 있어서 목적지를 향해 부드럽게 일러 주는 듯했어. 그때는 이미 오르기를 그만두고 싶어도 그만둘 수 없는 상황이었네." 줄리안은 신이 나서 마치 비온 후 흘러내려 오는 계곡물처럼 이야기를 쏟아 냈다.

시바나로 인도해 주기를 간절히 기도했던 길을 따라 이틀을 더 걷는 동안, 줄리안은 자신의 삶을 반추하며 그 속에서 방황했다. 이전 삶을 상징했던 스트레스와 긴장에서는 완전히 해방된 느낌이었으나, 하버드 법대를 졸업한 이래로 법조계 생활이 그에게 주었던 지적인 도전 없이도 여생을 잘 보낼 수 있을지는 여전히 확신이 서지 않았다. 그럴 때면 으레 자신이 헐값에 팔아넘긴,

도심 속 번쩍이는 마천루의 호화로운 사무실과 목가적인 여름별장이 떠올랐다. 가장 화려한 지역에 자리 잡은 최고급 레스토랑에 함께 드나들던 오랜 친구들도 떠올랐다. 그는 굉음과 함께 살아나던 페라리의 그 거칠고 사나운 힘이 떠올랐다.

　그러나 신비로운 히말라야의 숨 막히도록 아름다운 비경 앞에서는 과거에 대한 반추도 자주 끊길 수밖에 없었다. 이렇게 그가 대자연의 선물에 흠뻑 빠져 있을 때 뭔가 특별한 일이 일어났다. 그의 시야 한구석에 한 사람이 나타난 것이다. 붉은색의 길게 늘어진 이상한 수도복을 걸치고 감청색 후드를 뒤집어쓴 인물이 줄리안의 약간 앞쪽에 서 있었다. 줄리안은 이레나 걸려서 다다른 이 외진 곳에서 사람을 만났다는 것 자체에 놀랐다. 문명으로부터 한참이나 멀어진 곳인 데다 궁극의 목적지인 시바나는 여전히 오리무중이었으므로, 그는 동지를 만난 듯 반가운 마음에 그 여행자를 소리쳐 불렀다.

　여행자는 아무 대답도 없이 가던 걸음을 재촉할 뿐이었다. 그는 잠시 뒤돌아서 줄리안에게 눈길을 주는 예의조차 보이지 않았다. 수수께끼의 여행자는 이내 달리기 시작했다. 그의 붉은 수도복은 바람 부는 가을날 빨랫줄에 매달린 잘 마른 침대보처럼 우아하게 나부끼고 있었다.

　"잠시만요, 친구! 제발 부탁이니 시바나를 찾을 수 있도록 도와주세요." 줄리안이 소리쳤다. "전 이레 동안 거의 먹지도 마시지도 못하고 여기까지 올라왔어요. 길을 잃은 것 같아요!"

여행자가 갑자기 걸음을 멈췄다. 그가 놀랍도록 고요히 멈춰 서 있는 동안 줄리안은 조심스럽게 다가갔다. 그의 머리와 손은 미동조차 없었고 발은 붙박인 듯 제자리를 지키고 있었다. 줄리안은 후드 아래에 감춰진 여행자의 얼굴은 보지 못했지만 그의 손에 들린 작은 바구니에 눈길이 사로잡혔다. 바구니 안에는 줄리안이 이제껏 본 적 없는 너무나 우아하고 아름다운 꽃들이 담겨 있었다. 줄리안이 다가서자 그는 바구니를 더 단단히 움켜잡았다. 마치 자신의 소중한 물건에 대한 애정과 여기서는 사막의 이슬만큼이나 보기 드문 키 큰 서양인에 대한 불신을 표하기라도 하듯.

줄리안은 강렬한 호기심으로 여행자를 응시했다. 순간 쏟아지는 햇살 아래 헐렁한 후드에 가려져 있던 남자의 얼굴이 드러났다. 줄리안은 이제껏 이와 같은 사내를 본 적이 없었다. 그는 적어도 제 나이에 어울리는 모습 같긴 했지만, 사람을 매혹시켜 마치 영원처럼 느껴지는 시간 동안 그저 멈춰 서서 바라보게 만드는 놀라운 이목구비를 지니고 있었다. 하지만 사내의 눈빛은 고양이처럼 날카롭고 사람을 꿰뚫는 듯해서 줄리안은 저절로 눈길을 돌릴 수밖에 없었다. 그의 올리브색 피부는 탄력 있게 매끄럽고 몸은 강인하고 단단해 보였다. 사내의 손은 그가 젊지 않다는 사실을 드러내고 있었지만, 그는 젊음과 활기를 넘치도록 발산하고 있었다. 줄리안은 마치 마술쇼를 처음 보는 아이처럼 눈앞에 나타난 사내에게 매료되었다.

'이 사람은 시바나의 위대한 현자 중 한 명임에 틀림없어.'

줄리안은 마침내 현자를 찾아냈다는 생각에 기쁨을 감출 수 없었다.

"저는 줄리안 맨틀이라고 합니다. 시바나의 현자에게 가르침을 받기 위해 찾아왔습니다. 어디로 가면 그분들을 만날 수 있을까요?"

남자는 서양에서 온 지친 방문객을 사려 깊은 눈길로 바라보았다. 그의 고요함과 평온함은 천사 같은 분위기를 자아냈고 실로 깨달음을 얻은 존재처럼 보이게 만들었다.

남자는 거의 속삭이듯 부드럽게 말했다. "친구여, 왜 그 현자들을 찾는 것이오?"

줄리안은 그토록 많은 사람들이 찾지 못했던 신비의 수도승들 중 한 명과 마침내 연이 닿았음을 직감했다. 줄리안은 그에게 가슴을 열고 지금까지의 여정에 대해 모두 털어놓았다. 과거의 삶과 자신이 씨름해 온 영적 위기, 변호사란 직업이 가져다주는 덧없는 보상을 얻기 위해 자신의 건강과 에너지를 모두 바쳤던 사연 등을 말이다. '짧고 굵게 살자'는 생활방식이 주는 거짓 만족과 두둑한 계좌를 위해 영혼의 부를 맞바꿨던 사연도. 그리고 신비로운 인도를 여행한 일, 그곳에서 자신처럼 내면의 조화와 영원한 평화를 찾기 위해 이전의 삶을 버렸다는 뉴델리에서 온 전직 변호사 요기 크리슈난을 만난 사연도.

여행자는 고요히 침묵을 지켰다. 줄리안이 깨달은 삶에 관한 고대의 지혜를 얻고자 하는 불타는 열망을 토로하자 그는 다시 입을 열었다. 그는 줄리안의 어깨에 손을 얹고 부드럽게 말했다.

"당신이 진정 더 나은 삶의 지혜를 배우고자 하는 열망을 품고 있다면 당신을 돕는 것은 나의 의무입니다. 나는 당신이 지금까지 찾아 온 현자 중 한 사람입니다. 당신은 참으로 오랜만에 우리를 찾아낸 사람입니다. 축하하오. 당신의 끈기에 경탄했소. 당신은 훌륭한 변호사였음에 틀림없습니다."

그는 이제 어찌해야 할지 모르겠다는 듯 잠시 멈칫하더니 다시 말했다. "당신이 원한다면 나의 손님으로 우리의 사원에 함께 가도 좋습니다. 사원은 이 산 깊은 곳에 있습니다. 여기서도 한참을 가야 하죠. 제 형제자매들이 팔 벌려 당신을 환영할 것입니다. 우리는 조상 대대로 내려온 고대의 비법을 그대에게 가르쳐 줄 수도 있소이다. 하지만 당신을 우리의 세계로 데려가서 삶을 힘과 의미와 기쁨으로 채우는 오래된 비법을 전수해 주기 전에, 당신과 한 가지 약속을 해야만 하오."

잠시의 침묵 후 현자가 말했다. "시대를 초월한 이 진리를 배우고 나면, 그대는 반드시 고향으로 돌아가 이 지혜를 필요로 하는 모든 이들과 함께 나눠야 합니다. 우리는 이 마법의 산속에 고립되어 있지만 여러분의 세계가 겪고 있는 혼란을 익히 알고 있소. 선한 사람들이 길을 잃고 있습니다. 그대는 그들이 받아 마땅한 희망을 전해 줘야 합니다. 더 중요한 것은 그들이 자신의 꿈을 이룰 수 있는 수단을 제공해 줘야 한다는 것이오. 이것이 내가 요구하는 전부입니다."

줄리안은 현자가 제시한 조건을 즉시 수락하고 그들의 소중한 메시지를 세상에 전파하겠노라 약속했다.

두 사람이 산길을 따라 잊혀진 마을 시바나로 향해 가는 동안, 길고 지친 하루를 보낸 인도의 태양도 불타는 붉은 원이 되어 포근하고 마법 같은 잠 속으로 빠져들기 시작했다. 줄리안은 나이를 짐작할 수 없지만 어쩐지 형제애가 느껴지는 이 인도인 수도승과 함께 걸어가던 그 순간의 장엄한 아름다움을 결코 잊은 적이 없다고 말했다. 그토록 찾기 원했던 그 모든 경이로움과 수많은 신비를 간직한 그곳으로 걸어가던 그 순간을 말이다.

"분명 내 평생 가장 기억에 남을 순간이었지."그가 내게 털어놓았다. 줄리안은 항상 삶이란 몇 가지 중요한 순간들로 요약될 수 있다고 믿었다. 그때가 바로 그런 순간이었다. 그의 영혼 깊은 곳에서 왠지 모르게 지금 이 순간이야말로 남은 생애에서 새롭게 맞이하는 첫 번째 순간임을 알려 주고 있었다.

4장

시바나의 현자들

복잡한 오솔길과 숲길을 지나 한참을 걸은 후 두 사람은 울창하고 푸르른 계곡에 도착했다. 계곡 한쪽은 가혹한 날씨에도 아랑곳없이 장군의 숙소를 지키는 초병들처럼 눈 덮인 히말라야의 봉우리들이 둘러싸고 있었고, 반대쪽은 이 매혹적인 환상의 땅에 바치는 완벽한 자연의 헌사인 짙은 소나무 숲이 펼쳐져 있었다.

"시바나의 니르바나에 오신 것을 환영합니다." 현자는 줄리안을 바라보면서 부드럽게 미소 지었다.

두 사람은 인적이 드문 길을 따라 내려가다가 계곡 아래 펼쳐진 짙은 숲에 접어들었다. 소나무와 백단향의 향기가 서늘하고 맑은 산 공기를 타고 퍼져나갔다. 발의 통증을 덜기 위해 맨발이 된 줄리안은 발가락 아래로 촉촉한 이끼를 느꼈다. 그는 풍부한

색의 난초와 나무들 사이에서 춤추는 사랑스러운 꽃들을 보고 놀랐다. 그것은 마치 이 작은 천국의 아름다움과 영광을 축복하는 듯했다.

멀리서 들려오는 마을 사람들의 상냥하고 부드러운 목소리를 들으며 그는 말없이 계속 현자를 따라갔다. 한 십오 분쯤 더 걸어가니 탁 트인 공터가 나왔다. 세상 물정에 밝아 거의 놀랄 일이 없던 줄리안 맨틀의 눈앞에 일찍이 상상해 본 적 없는 광경이 펼쳐져 있었다. 그것은 오로지 장미꽃만으로 이루어진 작은 마을이었다. 마을 한가운데에 있는 작은 사원은 줄리안이 태국이나 네팔을 여행하며 본 것과 비슷했지만, 흰색과 분홍색 장미들을 다양한 색상의 덩굴과 나뭇가지로 엮어서 지은 것이었다. 여기저기 점점이 흩어져 있는 작은 오두막들은 현자들의 소박한 집 같아 보였다. 그 집들도 역시 장미로 지어져 있었다. 줄리안은 말문이 막혔다.

마을에 사는 수도승들은 현자와 비슷한 차림을 하고 있었다. 알고 보니 줄리안을 인도한 현자의 이름은 요기 라만이었다. 그는 시바나의 지도자로 현인들 가운데 가장 나이가 많았다. 이 꿈 같은 공동체의 주민들은 놀라울 정도로 젊어 보였고, 의식적으로 차분하게 움직였다. 그들은 침묵 속에서 각자의 일을 수행함으로써 마을의 평온을 존중하는 듯 보였다.

열 명 정도밖에 되지 않아 보이는 남자들은 요기 라만과 같은 붉은색 수도복을 걸치고 있었다. 그들은 줄리안이 마을로 들어서자 잔잔한 미소를 지어 보였다. 모두 평온하고 건강하고 충만해 보였다. 현대 사회에서 많은 이들을 괴롭히는 긴장감은 이 평온한 산 위에서는 환영받지 못한다는 것을 알아차리고 모두 다른 곳으로 떠나간 것만 같았다. 낯선 얼굴이 나타난 것이 실로 오랜만이었음에도 그들은 동요하지 않았다. 대신 절제되고 간단한 절로써 멀리서 자신들을 찾아 온 손님을 환영했다.

여자들도 마찬가지로 인상적이었다. 하늘거리는 분홍색 비단 사리를 걸치고, 칠흑 같은 머리에 새하얀 연꽃을 장식한 그녀들은 민첩한 몸놀림으로 분주히 마을을 돌아다녔다. 하지만 그것은 현대인들의 일상을 채우고 있는 정신없는 분주함이 아니라, 유유하고 우아한 분주함이었다. 사원 안에서 축제를 준비하며 참선과도 같은 집중력으로 일하고 있는 사람들도 보였다. 장작을 나르는 사람들도 있었고 화려하게 수놓인 양탄자를 옮기는 사람도 있었다. 모든 이들이 뭔가 생산적인 일을 하고 있었고 하나같이 행복해 보였다.

궁극적으로 시바나 현자들의 얼굴은 그들의 생활방식이 지닌 힘을 드러내고 있었다. 분명 성숙한 성인이었음에도 그들은 한결같이 아이와 같은 생명력을 발산했다. 눈은 젊음의 활기로 반짝였고 아무도 주름살이 없었다. 아무도 늙어 보이지 않았고 머리가 센 사람도 없었다.

줄리안은 이 모든 상황이 도무지 믿어지지가 않았다. 그들은 싱싱한 과일과 이국적인 야채의 향연을 제공했다. 나중에 알고 보니 그 식단은 현자들이 지키는 이상적인 건강의 비밀 열쇠였다. 식사를 마친 후 요기 라만은 줄리안을 숙소로 안내했다. 꽃으로 가득한 오두막 안에는 작은 침대가 있었고, 그 위에는 빈 공책이 놓여 있었다. 앞으로 당분간 그가 머물게 될 집이었다.

줄리안은 이 마법 같은 시바나의 세계를 처음 대하는데도 왠지 모르게 고향집에 온 것만 같았다. 마치 오래 전부터 알고 있었던 낙원으로 돌아온 듯했다. 어째서인지는 몰라도 이 장미의 마을은 그에게 낯설지가 않았다. 그의 직관은 비록 잠시 동안만일지라도 자신이 이곳 사람이라고 말하고 있었다. 이곳은 변호사라는 직업에 그의 영혼을 빼앗기기 전에 간직하고 있던 생명의 불꽃을 다시 일으켜 세울 곳, 상처받은 그의 영혼을 치유할 성소였다.

그렇게 시바나의 현자들 사이에서 줄리안의 생활이 시작되었다. 단순함, 평온함, 조화로움의 삶 말이다. 그리고 최고의 것은 머지않아 찾아왔다.

5장

영적 제자

> 위대한 몽상가의 꿈은 결코 이루어지지 않는다.
> 그것은 언제나 초월된다.
> - 알프레드 화이트헤드 경

 어느새 저녁 8시였다. 나는 다음날 재판의 변론을 준비해야 했다. 하지만 나는 인도에서 신비로운 현자들을 만난 후 극적으로 삶을 바꾼 전직 법조계의 전사 줄리안의 이야기에 완전히 매료되어 있었다. 너무나 놀라운 모험담이요, 너무나 완벽한 변신이 아닌가! 나는 머나먼 산중 마을에서 줄리안이 배운 비법으로 나도 내 삶의 질을 높여서 세상에 대한 경이감을 다시 회복할 수 있을지 궁금했다.

줄리안의 이야기에 귀 기울일수록 내 영혼이 녹슬어 가고 있었음을 더욱 명확하게 깨달을 수 있었다. 젊은 시절 모든 일에 쏟아부었던 그 뜨거운 열정은 어디로 사라졌단 말인가? 그때는 아무리 사소한 일에서도 기쁨을 느꼈었는데…… 어쩌면 나도 운명을 새로 고쳐 써야 할 때가 온 것인지도 몰랐다.

줄리안은 내가 자신의 이야기에 흠뻑 빠져 현자들에게 전수받은 깨어 있는 삶의 원리에 대해 궁금해하자 이야기에 박차를 가했다. 그는 지식에 대한 열망과 수많은 법정 변론으로 단련된 날카로운 지성이 자신을 시바나 공동체의 사랑받는 일원이 되게 해 주었다고 말했다. 수도승들은 줄리안에 대한 애정의 표시로서 그를 확대가족의 한 식구처럼 명예롭게 대해 주었다.

줄리안은 몸과 마음과 영혼에 대한 지식과 지혜를 넓혀 자기 삶의 온전한 주인이 되고 싶은 마음이 간절했다. 그래서 문자 그대로 '깨어 있는 모든 시간'을 요기 라만의 가르침 앞에 바쳤다. 줄리안에게 요기 라만은 스승이라기보다는 아버지와도 같았다. 이 현자는 여러 생에 걸쳐 켜켜이 쌓인 지혜를 지니고 있었고, 다행히도 그것을 줄리안에게 기꺼이 나눠 주고자 했다.

요기 라만은 날마다 동트기 전부터 이 열성적인 제자와 마주 앉아, 창조적이고 충만하며 활기찬 삶을 위해 자신이 이제껏 터득해 온 원리와 삶의 의미에 대한 통찰을 전해 주었다. 그는 줄리안에게 누구나 장수하면서 훨씬 더 젊고 행복하게 살 수 있게 도와주는 고대의 수행법도 가르쳐 주었다. 줄리안은 과거에 그의 삶을 지배했던 혼돈과 위기로 다시 돌아가지 않게 해 줄 '자기 책임'과 '자기 지배'에 관한 두 가지 원리도 배웠다.

한 주, 두 주, 다시 한 달과 여러 달이 물 흐르듯 지나는 동안 줄리안은 자신 안에 잠들어 있던 잠재력의 보고를 발견했다. 그것은 각성되기만을, 그리하여 더 높은 목적을 위해 쓰이기만을 기다리고 있었다. 가끔 스승과 제자는 그저 가만히 앉아서 저 아래 짙푸른 초원에서 인도의 태양이 이글거리며 떠오르는 광경을 지켜보았다. 때로는 고요히 명상에 들어 침묵이 가져다주는 선물을 음미하기도 했다. 또 어떤 때는 송림을 산책하며 철학적인 논제를 놓고 토론하는 즐거움을 만끽하기도 했다.

줄리안은 시바나에서 지낸 지 3주 정도 지났을 때 의식 확장의 첫 번째 징조가 찾아왔다고 했다. 지극히 평범한 일상에서 아름다움을 인식하기 시작한 것이다. 별빛 가득한 밤의 아름다움, 빗방울이 맺힌 거미줄의 매혹적인 모습, 줄리안은 그 모든 것을 온 마음을 열고 받아들였다. 그와 함께 이 새로운 생활방식과 습관들이 그의 내면세계에도 깊은 영향을 미치기 시작했다. 현자들의 수련 원리와 수행법을 실천한 지 한 달 만의 일이었다. 줄리안은 이전에는 상상조차 할 수 없던 깊은 평화와 내면의 평온을 느끼기 시작했다. 동시에 날이 갈수록 보다 유쾌하고 적극적이며, 보다 활기차고 창조적인 사람으로 변해 갔다.

삶의 태도가 변화하자 육체적인 활력과 영적인 힘도 커져 갔다. 과체중이던 몸은 날씬하고 튼튼해졌고, 병자처럼 창백하던 얼굴은 건강미로 밝게 빛났다. 그는 실제로 무엇이든 할 수 있고 무엇이든 될 수 있다는 강한 자신감을 느꼈다. 모든 사람의 내면에 깃들어 있다고 배운 무한한 잠재력의 문을 열 수 있을 듯했다. 신비로운 수도승들의 오래된 가르침이 기적을 일으키기 시작한 것이다.

줄리안은 자신의 이야기를 스스로도 믿기 어렵다는 듯이 한참 동안 말을 멈추었다가 이내 철학적인 주제로 넘어갔다.

"존, 나는 그때 매우 귀중한 것을 깨달았네. 나의 내면세계를 포함한 이 세상은 매우 특별한 곳이지. 내면의 성공이 수반되지 않으면 외적인 성공은 아무런 의미가 없다는 것을 깨달았다네. 풍요로운 삶well-being과 부유함well-off 사이에는 엄청난 차이가 있지. 잘나가는 변호사였을 때 나는 외부의 삶만큼이나 내면세계도 함께 가꾸려고 애쓰는 사람들을 비웃곤 했었네. '제 앞가림이나 하며 살라고!' 속으로 이렇게 말했지. 하지만 가장 높은 자아를 발견하고 꿈을 실현하기 위해서는 먼저 자신의 주인이 되어서 몸과 마음과 영혼을 지속적으로 보살피는 것이 필수임을 깨달았다네. 자기 자신도 제대로 돌보지 못하는 사람이 어떻게 남을 돌볼 수가 있겠나? 속으로는 좋은 기분도 아니면서 어떻게 좋은 일을 할 수 있지? 자기 자신을 사랑하지 못하면서 남을 사랑할 수는 없다네." 그가 말했다.

줄리안이 갑자기 당황한 듯 약간 불편한 기색을 띠었다. "전에는 누구에게도 이렇게 마음을 활짝 열어 보인 적이 없었다네. 존, 그 점에 대해서는 자네에게 특히 미안하군. 내가 아는 것을 다른 사람들도 알아야 한다고 느낀 건, 내가 히말라야에서 우주의 힘에 대해 그토록 깊은 영적 각성을 하고 카타르시스를 경험했기 때문일세."

줄리안은 밤이 깊었음을 깨닫고 얼른 작별 인사를 하고 떠나야겠다고 말했다.

"이렇게 가시면 안 돼요, 줄리안. 전 변호사님이 히말라야에서 배운 지혜를 정말 듣고 싶단 말이에요. 스승들이 고향으로 돌아가서 반드시 전해 주라고 했던 메시지 말이에요. 이렇게 제 마음을 졸이게 해 놓고 떠나시면 안 되지요. 제가 못 참는 거 잘 아시잖아요."

"다시 오겠네, 친구. 약속하지. 자네도 알잖나. 내가 일단 이야기보따리를 풀면 결코 멈추지 못한다는 걸. 하지만 자네는 해야 할 일이 있고, 나 또한 처리해야 할 사적인 일이 좀 있네."

"그럼 한 가지만이라도 말해 줘요. 당신이 시바나에서 배운 방법이 제게도 효과가 있을까요?"

"제자가 준비되면 스승이 나타난다네. 자네는 우리 사회의 다른 많은 이들과 마찬가지로 지금 내가 배워 온 지혜를 받을 준비가 되어 있네. 우리 모두는 현자들의 철학을 배워야만 하네. 모두가 그 혜택을 누릴 수 있지. 그러려면 자신의 본연의 모습인 완벽함에 대해 알아야만 하네. 그들의 오랜 지혜를 자네에게 나눠 주기로 약속하지. 인내심을 가지게. 이번에는 자네 집에서 내일 밤 다시 만나세. 자네의 인생을 더 큰 생명력으로 가득 채우기 위해서 알아야 할 모든 것을 말해 주겠네. 이 정도면 되겠나?"

"할 수 없죠. 그걸 모르고도 지금껏 살아왔는데 24시간쯤 더 기다린다고 죽지는 않겠죠." 나는 실망을 누르고 겨우 대답했다.

동양의 깨달은 수도승으로 변신한 소송의 달인은 내 마음속에 온갖 의문과 정리되지 않은 생각들만 무수히 남겨 놓은 채 그렇게 떠나갔다.

나는 고요한 사무실에 앉아 우리의 세상이 실로 얼마나 작은지를 실감했다. 내가 손끝도 담그지 못한 방대한 지식의 호수에 대해 생각해 보았다. 젊은 시절 느꼈던 호기심과 삶에 대한 열정을 다시 회복한다면 어떤 기분일지도 생각해 보았다. 매일매일 그 해방된 에너지를 가져와서 좀 더 살아 있음을 느끼며 살 수 있다면 얼마나 좋을까. 어쩌면 나도 줄리안처럼 법조계를 떠날지도 모른다. 나에게도 어떤 숭고한 소명이 있을지 누가 알겠는가. 마음속에 이런 묵직한 생각을 품은 채, 나는 불을 끄고 사무실 문을 잠그고 여름밤의 무더위 속으로 걸어 들어갔다.

6장
변화의 지혜

나는 삶의 예술가다. 나의 작품은 내 삶이다.
- 스즈키

 줄리안은 약속한 대로 다음 날 우리 집에 나타났다. 오후 7시 15분쯤, 아내가 〈건축 다이제스트〉에 나오는 집처럼 보이게 할 거라고 굳게 믿고 있는 끔찍한 핑크색 덧문이 달린 케이프코드 스타일의 현관문을 빠르게 네 번 노크하는 소리가 들렸다. 줄리안은 어제와는 놀랄 정도로 많이 다른 모습이었다. 여전히 눈부신 건강미와 평온한 기운을 발산하고 있었지만 그의 옷차림은 왠지 나를 조금 불편하게 만들었다.

그의 유연한 몸을 장식하고 있는 것은 화려하게 수놓인 푸른 후드가 달린 붉은색의 기다란 수도복이었다. 7월의 끈적거리는 여름밤이었음에도 그는 후드를 뒤집어쓰고 있었다.

"잘 있었나, 나의 친구." 줄리안은 열정적으로 인사를 건넸다.

"안녕하세요."

"너무 놀라지 말게, 그럼 자네는 내가 뭘 입고 나타나리라 기대했나, 아르마니?"

우리는 함께 웃음을 터뜨렸다. 처음의 킥킥거림은 이내 박장대소로 변했다. 줄리안은 오래 전 나를 즐겁게 해 주던 그 짓궂은 유머감각을 여전히 간직하고 있었다.

어수선하지만 아늑한 거실에 편안하게 자리를 잡고 앉자, 그의 목에 걸린 화려한 나무 염주가 눈에 들어왔다.

"그게 뭐예요? 정말 아름답네요."

"나중에 이야기해 주지." 그는 엄지와 검지로 염주를 만지면서 말했다. "이게 아니더라도 오늘 밤에는 해야 할 이야기가 아주 많다네."

"어서 시작하시죠. 저는 오늘 좀처럼 일이 손에 잡히지 않았어요. 이 시간이 오기만을 손꼽아 기다렸습니다."

큐 사인이 떨어지자 줄리안은 자신의 개인적인 변화와 그로 인해 느끼는 편안함에 대해서부터 이야기를 시작했다. 그는 오늘날 우리 사회를 갉아먹는 걱정하는 습관을 없애고 마음을 다스리기 위해 배운 고대의 수행법에 대해 이야기해 주었다. 그는 요기 라만과 다른 수도승들이 가르쳐 준 의미 있고 보람찬 삶을 살기 위한 지혜에 대해서도, 그리고 우리 모두의 내면에 깊숙이 잠들어 있는 젊음과 에너지의 원천을 개발할 수 있는 방법에 대해서도 이야기했다.

그의 말에는 확고한 신념이 담겨 있었지만 나는 점점 회의가 들기 시작했다. 내가 짓궂은 장난에 속아 넘어가고 있는 건 아닐까? 이 하버드 출신의 변호사는 한때 감쪽같은 장난을 잘 치기로 유명하지 않았던가. 게다가 그의 이야기는 너무나 환상적이었다. 생각해 보라. 전국에서 가장 유명한 법정 변호사가 갑자기 패배를 선언하고, 전 재산을 몽땅 팔고, 인도로 영적 여행을 떠났다. 그리고 히말라야에서 현명한 선지자가 되어 나타났다. 도저히 있을 수 없는 이야기였다.

"그만하세요, 줄리안! 절 놀리지 마세요. 아무래도 내가 변호사님의 말장난에 놀아나는 듯해요. 그 수도복도 우리 회사 건너편 의상실에서 빌려 입으셨겠죠."

나는 억지 미소를 지으며 말했다.

나의 불신을 예상하기라도 한 듯 줄리안은 재빨리 대답했다.

"재판에서 자네는 변론을 어떻게 입증하나?"

"설득력 있는 증거를 제시하지요."

"그렇지. 그럼 내가 제시하는 증거를 보게나. 주름살 하나 없이 매끄러운 이 얼굴을 보게나. 그리고 이 몸을 보게. 풍부한 에너지가 느껴지지 않나? 내가 얼마나 평화로워졌는지를 보게. 내가 변했다는 것을 자네도 분명히 알 수 있을 텐데?"

그의 말은 일리가 있었다. 불과 몇 년 전만 해도 그는 수십 살은 더 늙어 보였다.

"성형수술을 받으신 건 아니고요?"

"아니." 그가 미소 지었다. "사람들은 겉모습에만 집중하지. 난 내면으로부터의 치유가 필요했네. 균형을 잃고 혼돈에 빠진 내 생활방식은 날 큰 고통에 빠뜨렸어. 내가 겪은 것은 심장마비 이상의 재난이었지. 그것은 내 깊은 중심부의 파열이었단 말일세."

"하지만 당신의 이야기는 너무 신비스럽고 일상적이지가 않아요."

줄리안은 나의 완강한 태도 앞에서도 침착하고 인내심을 잃지 않았다. 그러다가 테이블에 놓아둔 찻주전자를 들고는 나의 잔에 차를 따르기 시작했다. 그는 잔이 다 찼는데도 멈추지 않고 계속 차를 따랐다. 차가 넘쳐흘러 잔 받침에 고였다가 급기야는 아내가 아끼는 페르시아산 양탄자 위로 흘러내렸다. 처음에는 나도 말없이 지켜보고 있었다. 하지만 더 이상 참을 수가 없었다.

"줄리안, 지금 뭐하시는 거예요? 찻잔이 넘치고 있잖아요. 아무리 부어도 더 이상은 들어가지 않아요!" 내가 참을성 없이 소리쳤다.

그는 한참 동안 나를 응시했다. "제발 기분 나쁘게 받아들이지 말게. 나는 자네를 정말 존중하네, 존. 언제나 그랬지. 하지만 자네는 지금 이 찻잔처럼 자신의 생각으로 가득 차 있는 것 같네. 자네가 먼저 잔을 비우지 않으면 어떻게 뭐가 더 들어갈 수가 있겠나?"

나는 그의 말에 담긴 진실에 한 방 먹었다. 그가 옳았다. 보수적인 법조계에서 날마다 똑같은 생각을 하는 똑같은 사람들과 똑같은 일을 해 온 세월이 나의 잔을 가득 채우고 있었던 것이다. 아내 제니는 나에게 늘 새로운 사람을 만나고 새로운 일을 탐구해야 한다고 말했다. "당신이 조금만 더 모험적이었으면 좋겠어요, 존." 그녀는 이렇게 말하곤 했다.

법률 말고 다른 주제의 책을 읽어 본 게 언제였는지 기억조차 나지 않았다. 직업이 내 삶의 전부였다. 나는 너무나 익숙해진 이 황무지 같은 세계가 나의 창조성을 무디게 만들고 내 시야를 좁혀 놓았다는 사실을 깨닫기 시작했다.

"좋습니다. 무슨 뜻인지 이제 알겠어요. 소송 변호사로 일해 온 세월이 저를 지독한 회의주의자로 만들어 놓았나 봅니다. 어제 사무실에서 당신을 본 순간부터 내 안 깊숙한 곳의 무언가가 당신의 변신은 진짜라고, 거기에는 내가 배워야 할 무언가가 있다고 말하고 있었어요. 하지만 저는 그 직감을 믿고 싶지 않았나 봅니다."

"존, 오늘 밤은 자네에게 새로운 인생이 시작되는 첫날 밤일세. 내가 가르쳐 줄 지혜와 방법을 깊이 생각해 보고 한 달만 확신을 가지고 실천해 보게. 그 효능을 깊이 신뢰하는 마음으로 수련을 받아들여 보게나. 수행법이 수천 년 동안 사라지지 않고 이어져 내려온 데는 그만한 이유가 있다네. 분명 효과가 있기 때문이지."

"한 달이라면 꽤 길게 느껴지는데요."

"단 672시간의 내적 수련으로 남은 생애의 깨어 있는 모든 순간을 근본적으로 개선할 수 있다면 꽤 괜찮은 조건 아닌가? 자신에게 투자하는 것이야말로 최고의 투자지. 그것은 자네의 삶뿐만 아니라 자네 주변 사람들의 삶까지도 향상시켜 줄 걸세."

"그런가요?"

"자신을 사랑하는 법을 깨친 후에야 비로소 다른 사람을 진정으로 사랑할 수 있게 된다네. 자네가 가슴을 활짝 열어야만 다른 사람의 가슴도 움직일 수 있게 되는 것이라네. 삶의 중심자리에서 살아 있음을 느낄 때 비로소 자네는 더 나은 사람이 될 수 있는 더 좋은 위치에 서는 거라네."

"그 한 달 672시간 동안 저는 어떤 일을 경험할까요?" 나는 솔직하게 물어보았다.

"몸과 마음과 심지어 영혼의 작용까지 변화하는 것을 체험하고 스스로도 놀라게 될 걸세. 어쩌면 자네가 평생 가졌던 것보다 더 많은 에너지와 열정 그리고 내적 조화를 얻게 될 걸세. 실제로 사람들도 자네가 더 젊고 행복해 보인다고 말하기 시작할 테고. 영원한 행복감과 균형감각이 자네의 삶 속으로 빠르게 되돌아올 거야. 하지만 이것은 시바나의 가르침이 주는 혜택 가운데 극히 일부에 불과하다네."

"우아."

"오늘 밤 자네가 듣게 될 모든 내용은 삶을 개선하기 위해서 고안된 것일세. 개인적, 직업적 삶뿐만 아니라 영적인 삶까지도 말이지. 현자들의 가르침은 오천 년 전이나 오늘날이나 똑같이 유효하다네. 그것은 자네의 내면세계를 풍요롭게 해 줄 뿐만 아니라 외적 세계를 향상시키고, 자네가 하는 모든 일을 훨씬 더 효과적으로 만들어 줄 걸세. 이 지혜는 내가 이제껏 접해 본 것 가운데 가장 강력한 힘을 지니고 있다네. 단순하고 실용적이며 수세기에 걸쳐 삶의 실험실에서 검증된 것이지. 가장 중요한 점은 누구에게나 효과를 발휘한다는 거야. 하지만 나는 이 지혜를 자네에게 전수하기 전에 한 가지 약속을 받아두고 싶네."

나는 조건이 붙을 줄 알고 있었다. "공짜 점심은 없단다." 사랑하는 어머니는 늘 말씀하셨다.

"자네가 시바나 현자들이 가르쳐 준 지혜의 힘을 깨닫고 그 극적인 효능을 직접 체험한 후에는, 이 지혜가 필요한 사람에게 기꺼이 전수하는 것을 자네의 사명으로 삼아야만 하네. 자네에게 요구하는 것은 이게 전부일세. 자네가 동의한다면, 나도 요기 라만과 한 약속을 지킬 수 있게 되는 셈이지."

나는 주저 없이 동의했다. 줄리안은 자신이 그토록 신성시하는 시바나의 수행 체계를 가르쳐 주기 시작했다. 줄리안이 히말라야에 머물면서 터득한 수행법들은 다양했지만 그 핵심에는 일곱 가지의 기본 덕목이 있었다. 자기 지배와 자기 책임 그리고 영적 각성의 열쇠가 되는 일곱 가지 근본원리 말이다.

요기 라만은 줄리안이 시바나에서 머문 지 몇 개월이 지난 후에야 일곱 가지 덕목을 가르쳐 주기 시작했다. 어느 청명한 밤, 모두가 깊은 잠에 빠져 있을 때 요기 라만은 줄리안의 오두막집 문을 가만히 두드렸다. 그는 부드러운 안내자의 음성으로 자신의 속마음을 전했다.

"줄리안, 나는 여러 날 동안 그대를 주의 깊게 관찰해 왔소. 나는 이제 당신이 삶을 선한 것들로 채우고자 하는 깊은 소망을 품은 좋은 사람임을 믿게 되었습니다. 당신은 이곳에 도착한 이래로 우리의 전통에 마음을 열고 그 모두를 자신의 것으로 받아들였소. 우리의 일상적인 관습들을 익혔고 여러 가지 긍정적인 효능을 직접 보았을 것입니다. 그리고 그대는 우리의 생활방식을 존중해 주었소. 우리는 헤아릴 수 없이 오랜 세월 동안 이 단순하고 평화로운 삶을 유지해 왔습니다. 하지만 우리의 수행 방법은 극소수의 사람들에게만 알려져 있죠. 이제 세상은 깨어 있는 삶에 대한 우리의 철학을 들을 필요가 있습니다. 당신이 시바나에서 살기 시작한 지 석 달째 되는 오늘 밤부터는 당신에게 우리 수행법의 내적 원리를 가르쳐 주려 합니다. 그것은 당신의 이익을 위한 것만이 아니라 당신이 떠나 온 세상의 모든 이들을 위한 것입니다. 나는 내 아들과 어릴 때 그랬던 것처럼 날마다 당신과 마주 앉을 것입니다. 슬프게도 아들은 몇 년 전에 떠나갔지요. 그 아이의 운명이 다했고, 나는 그 이별에 아무런 의문도 달지 않았습니다. 나는 우리가 함께한 시간을 즐겼고 그 추억을 소중히 간직하고 있습니다. 이제 나는 그대에게서 내 아들을 발견합니다. 내가 수년간의 고요한 명상 속에서 배워 온 모든 것들이 이제부터 당신의 내면에서 늘 살아 있게 될 것임에 깊은 감사를 느낍니다."

줄리안은 지그시 눈을 감고 있었다. 그의 마음은 자신에게 지혜의 축복을 내려줬던 동화 속에서나 나올 법한 마을로 다시 돌아가 있는 듯했다.

"요기 라만은 내면의 평화와 기쁨 그리고 영혼의 풍요로 넘치는 삶을 가져다줄 일곱 가지 덕목이 지금부터 그가 이야기해 줄 신비로운 우화 속에 담겨 있다고 말했네. 그 우화야말로 모든 가르침의 핵심이었지. 그는 지금 이 거실에서 내가 한 것처럼, 눈을 감고 다음의 광경을 마음의 눈으로 그려 보라고 했지."

당신은 수목이 아름답게 우거진 초록의 정원 한가운데에 앉아 있습니다. 이 정원은 여태껏 본 적 없는 화려한 꽃들로 가득합니다. 주변은 지극히 고요하고 평온합니다. 당신은 이 자연의 오아시스를 영원히 즐길 수 있습니다. 정원이 당신의 오감에 주는 기쁨을 온몸으로 만끽하고 느껴 보세요. 주변을 둘러보세요. 이 마법의 정원 한가운데에는 6층 높이의 붉은색 등대가 우뚝 솟아 있습니다. 갑자기 정원의 정적을 깨고 등대 밑에 있는 문이 끼익 열립니다. 그곳에서 구척장신에 체중이 400kg이나 되는 일본 스모 선수가 비틀거리며 나옵니다. 그는 아무렇지도 않게 정원 한가운데로 걸어옵니다.

"일본인 스모 선수는 거의 알몸이라네. 핑크색 밧줄로 된 샅바로 은밀한 부분만 가리고 있지." 줄리안이 빙그레 웃으며 말했다.

그 스모 선수는 정원을 돌아다니다 누군가가 오래전 두고 간 빛나는 황금 스톱워치를 잘못 밟고 미끄러져서 요란한 소리를 내며 땅바닥에 쓰러집니다. 스모 선수는 순간적으로 의식을 잃고 그 자리에서 꼼짝도 하지 않고 누워 있습니다. 당신이 숨이 끊어졌나 생각하는 순간, 스모 선수는 다시 정신을 차리고 깨어납니다. 어쩌면 근처에 피어 있는 노랑 장미의 싱그러운 향기가 그를 깨웠을지도 모르지요. 기운을 차린 스모 선수는 벌떡 일어나 무심코 왼쪽을 바라다봅니다. 그러고는 눈앞에 펼쳐진 광경에 깜짝 놀랍니다. 정원 가장자리 관목 사이로 수백만 개의 반짝이는 다이아몬드로 뒤덮인 길고 구불구불한 오솔길이 나 있었습니다. 무언가가 스모 선수에게 그 길을 따라가라고 말하는 듯합니다. 그는 그 길을 선택했고, 그것은 영원한 기쁨과 축복의 길로 그를 인도해 줍니다.

히말라야의 산정에서 깨달음의 횃불을 직접 목도했다는 수도승과 마주 앉아서 이런 요상한 이야기나 듣고 있자니 줄리안은 적잖이 실망하고 말았다. 그는 세상을 뒤흔들 만한 지혜의 말을, 다시 말해 당장 실천해 보고 싶어지게 하는 지식이나, 감동의 눈물을 흘리게 할 만한 이야기를 기대했던 것이다. 하지만 그가 들은 것은 스모 선수와 등대가 나오는 시시한 이야기가 전부였다.

요기 라만은 줄리안의 실망을 눈치채고 이렇게 말했다.

"단순함의 힘을 결코 간과하지 마세요. 이 이야기가 당신이 기대했던 만큼 멋진 이야기는 아닐지 몰라도 그 안에는 감성적인 메시지와 순수한 목적이 담겨 있소. 당신이 도착하던 날부터 나는 당신에게 우리의 지혜를 어떻게 전해 줘야 할지를 오랫동안 곰곰이 생각해 보았다오. 처음에는 한 달 동안 일련의 강의를 해주는 것을 고려해 보았지만 이런 전통적인 방법은 당신이 얻게 될 지혜의 신묘함에는 어울리지 않다는 것을 깨달았지요. 그다음에는 우리 형제자매들이 날마다 돌아가면서 조금씩 시간을 내어 이곳의 철학을 가르쳐 주는 방법도 생각해 보았습니다. 하지만 이것도 우리가 전해야 할 것을 당신이 배우는 데는 그리 효과적이지 않은 것 같았지요. 심사숙고 끝에 마침내 나는 일곱 가지 덕목을 포함한 시바나의 수행 체계를 전해 줄 아주 창조적이고도 효과적인 방법을 생각해 냈소이다. 그것이 바로 이 신비한 우화라오." 현자는 말을 이어갔다.

"처음에는 이 이야기가 시시하고 유치하게 들릴 수 있겠죠. 하지만 이 우화의 모든 요소들은 빛나는 삶을 위한 영원한 원리와 심오한 의미를 담고 있소이다. 정원, 등대, 스모 선수, 밧줄, 스톱워치, 장미, 다이아몬드 길은 깨달은 삶을 위한 일곱 가지 영원한 덕목을 상징합니다. 장담하건대, 그대가 이 짤막한 이야기와 그것이 상징하는 근본적인 진리를 기억하기만 한다면, 그대는 앞으로 자신의 삶을 최고의 경지로 끌어올리기 위해 알아야 할 모든 것을 간직하게 되는 셈입니다. 당신과 주변 사람들의 삶의 질에 깊은 영향을 끼쳐 줄 모든 정보와 전략을 갖게 되는 것이죠. 이 지혜를 날마다 실천하면 당신은 정신적, 정서적, 신체적 그리고 영적으로 변화할 것입니다. 부디 이 이야기를 마음속 깊이 새겨서 간직해 두세요. 그대가 의구심 없이 받아들인다면 이 이야기는 극적인 변화를 일구어 낼 것입니다."

"다행스럽게도, 존." 줄리안이 말했다.

"나는 그것을 받아들였다네. 칼 융은 말했지. '사람은 자신의 가슴속을 들여다볼 수 있을 때만 비로소 시야가 선명해진다. 밖을 내다보는 자는 꿈을 꾸지만, 안을 들여다보는 자는 깨어난다.' 나는 그 특별한 밤에 가슴속 깊은 곳을 들여다보았고, 마음을 풍요롭게 하고, 몸을 수양하고, 영혼을 살찌울 영원한 비밀에 눈을 떴다네. 이젠 내가 그 비밀을 자네에게 전해 줄 차례일세."

7장
비밀 정원

사람들은 대체로 육체적으로나 지적으로나 도덕적으로나
자신의 잠재력을 매우 제한된 울타리 안에 가두어 놓은 채 살아간다.
우리 모두는 열어 볼 꿈조차 꾸지 않는 생명의 보고를 지니고 있다.

- 윌리엄 제임스

"존, 우화 속에서 정원은 우리의 마음을 상징한다네." 줄리안이 말했다. "만약 자네가 마음을 제대로 돌보고 비옥한 정원처럼 가꾼다면 기대 이상의 아름다운 꽃을 피우게 될 걸세. 하지만 잡초가 뿌리내리게 내버려 둔다면 마음의 평화와 내면의 조화는 영영 자네를 피해갈 걸세."

"존, 단순한 질문을 하나 하겠네. 만일 내가 자네가 입버릇처럼 이야기하던 뒤뜰 정원에 가서 자네가 아끼던 화단나팔꽃에 유독성 폐기물을 버린다면 기분이 좋지 않겠지?"

"물론이죠."

"훌륭한 정원사라면 정원을 오염시킬 만한 것들이 들어오지 못하도록 늠름한 병사처럼 지키게 마련이지. 하지만 사람들이 날마다 자신의 마음속 비밀스러운 정원에다 버리고 있는 지독한 쓰레기들을 보게나. 걱정과 근심, 과거에 대한 회한, 미래에 대한 안달, 스스로 만들어 낸 온갖 두려움들이 우리의 내면을 황폐화시키고 있다는 말일세. 수천 년 동안 이어져 온 시바나 현자들의 언어에서 걱정을 뜻하는 글자는 화장용 장작더미를 뜻하는 글자와 놀랍도록 비슷하다네. 요기 라만은 그것이 결코 우연이 아니라고 말해 주었지. 걱정은 마음의 힘을 고갈시키고 조만간 영혼에 상처를 입히기 때문이라네." 줄리안은 말을 이어 갔다.

"그러니 삶을 충만하게 살려면 정원 앞에서 단단히 지키고 서서 오로지 최고의 정보만이 들어오게 해야 하네. 사실 우리는 단하나의 부정적인 생각도 들일 만한 여유가 없다네. 세상에서 가장 행복하고 만족스러운 삶을 사는 사람들도 알고 보면 자네나나와 결코 다르지 않네. 모두 살과 뼈로 된 존재들이고, 우리는 모두 동일한 우주의 근원으로부터 왔다네. 하지만 그저 생존하는 삶이 아닌, 자신이 가진 잠재력의 불꽃을 피워 내서 삶이라는 마법과도 같은 춤을 진정으로 음미하는 사람들은, 평범한 삶을 사는 사람들과는 다른 일을 한다네. 그들은 세상과 그 안에 있는 모든 것에 대해 긍정적인 패러다임을 채택한다는 점에서 아주 큰 차이점을 보이지."

줄리안은 또 이렇게 덧붙였다. "현자들이 가르쳐 주기로는 보통 사람들은 하루에 6만 가지 생각을 한다네. 하지만 정말 놀라운 것은 그 생각들의 95%가 어제 했던 것과 같은 생각이라는 사실이었네."

"정말입니까?" 내가 물었다.

"정말이지 않고. 이것이야말로 빈곤한 사고가 인간에게 저지르는 행패라네. 매일 똑같이 부정적인 생각을 하는 사람들은 마음의 나쁜 습관에 빠져 있는 거야. 많은 사람들이 삶에서 좋은 것에 초점을 맞추고 그것을 좀 더 개선하는 데 힘쓰기보다는 과거에 사로잡혀 있어. 어떤 이들은 실패한 인간관계나 돈 문제로 걱정하고, 또 어떤 이들은 자신의 불완전했던 어린 시절을 괴로워하고 있지. 가게 점원이 자신을 어떻게 대했는지를, 직장 동료가 던진 악의가 담긴 말 등을 곱씹으며 더 사소한 일들로 고민하는 사람들도 많다네. 이런 식으로 마음을 쓰는 이들은 근심 걱정이 자신의 생명력을 조금씩 훔쳐가도록 내버려 두는 셈일세. 그들은 마음속의 엄청난 잠재력이 마술을 일으켜서 원하는 모든 것을 삶 속으로 불러내는 것을 가로막고 있는 셈이지. 이런 사람들은 마음 관리야말로 인생 경영의 핵심이라는 사실을 결코 깨닫지 못한다네."

줄리안은 확신에 찬 어조로 말을 이어 나갔다.

"사고방식은 습관에서 비롯되는 걸세. 너무나 단순해. 사실 대부분의 사람들은 자신의 마음속에 있는 엄청난 힘을 깨닫지 못하고 있어. 나는 최고의 사상가들조차도 기껏 자신이 가진 정신 자원의 단 1퍼센트만을 사용한다는 사실을 배웠네. 시바나에서 현자들은 자신의 미개발된 정신적 잠재력을 탐구하려 줄기차게 노력해 왔네. 그리고 그 결과는 놀라웠다네. 요기 라만은 규칙적이고 철저한 수행을 통해 의지에 따라 심장박동을 느리게 할 수 있을 정도로 자신의 마음을 제어할 수 있었다네. 그는 심지어 몇 주일간 잠자지 않고도 견디는 단계에까지 이르렀지. 물론 자네에게 이런 경지를 목표로 삼으라고는 절대 권하지 않을 걸세. 일단은 마음을 있는 그대로, 자연이 준 가장 위대한 선물로 받아들이는 것에서부터 시작해 보세나."

"마음의 잠재력을 풀어놓기 위해 내가 할 수 있는 훈련이 있나요? 심장박동을 늦출 수 있다면 칵테일파티에서 분명히 인기를 끌겠는데요." 내가 건방지게 대꾸했다.

"존, 미리부터 걱정하지는 말게. 고대 수행법의 힘을 보여 줄 몇 가지 수련법을 알려줄 테니 나중에 해보게. 지금은 '마음을 지배하는 힘*mental mastery*'은 더도 덜도 아니라 조건화*conditioning*를 통해 온다는 것을 자네가 이해하는 것이 가장 중요하네. 우리 대부분은 공기를 처음으로 들이마시던 순간부터 똑같은 원료를 가지고 태어난다네. 그런데 남보다 더 많은 것을 성취하거나 더 행복하게 사는 사람들은 이 선천적 원료를 사용하고 개선시키는 방식이 다른 걸세. 내면세계를 변화시키는 데에 전념하겠다고 결심하는 순간, 자네의 삶은 금방 평범함에서 비범함의 세계로 건너가게 될 걸세."

나의 스승 줄리안은 이제 좀 더 흥분해 있었다. 마음의 마법과 그것이 가져다줄 온갖 좋은 것들에 대해 말하는 동안 그의 눈은 빛났다.

"여보게 존, 결국 우리가 절대적인 지배력을 가지고 있는 것은 오직 하나뿐일세."

"우리 아이들 말인가요?" 나는 온화한 미소를 지으며 물었다.

"아니야 친구, 그것은 우리의 마음일세. 날씨나 교통 상황이나 주변 사람들의 기분은 어떻게 할 수가 없지만, 그런 일에 대한 우리의 태도는 얼마든지 통제할 수 있다네. 어떤 상황이 주어져도 우리는 그에 대해 어떻게 생각할지를 결정할 힘을 누구나 가지고 있다네. 이 능력이야말로 우리를 인간답게 만드는 것 중 하나라네. 내가 동양을 여행하면서 배운 가장 근본적인 세상의 지혜 역시 알고 보면 가장 단순한 것일세."

줄리안은 마치 귀중한 지혜의 선물을 준비하기라도 하듯이 잠시 말을 멈췄다.

"객관적 현실, 곧 '실재 세계' 같은 것은 없다네. 이 세상에 절대적인 것은 존재하지 않아. 자네에게 가장 흉악한 원수의 얼굴이 나에게는 가장 좋은 친구의 얼굴일 수도 있고, 어떤 이에게는 비극으로 보이는 사건이 다른 이에게는 무한한 기회의 씨앗이 될 수도 있다네. 항상 낙천적인 사람들과 늘 비관적인 사람들을 갈라놓는 차이는 자신에게 주어진 삶의 상황을 해석하고 처리하는 태도에 있지."

"줄리안, 어떻게 비극이, 비극 아닌 것이 될 수 있다는 거죠?"

"간단한 예가 있네. 한번은 캘커타를 여행하다가 '말리카 찬드'라는 이름의 선생님을 만났었지. 그녀는 가르치는 일을 매우 좋아했고, 학생들을 자기 자식처럼 친절히 대하면서 각자의 잠재력을 북돋워 주었지. 그녀의 모토는 언제나 '너의 I can이 너의 IQ보다 중요하다'였어. 그녀는 지역사회에서도 도움이 필요한 사람들에게 아낌없이 봉사하는, 이타적인 사람으로 널리 알려져 있었어. 그러던 어느 날 밤이었네. 슬프게도 그녀의 소중한 학교가 어떤 방화범이 지른 불길에 하룻밤 사이에 잿더미가 되고 말았지. 오랜 세월 아이들이 성장하는 모습을 말없이 지켜보아 온 학교였는데 말이야. 마을 사람들은 큰 상실감에 빠졌지. 하지만 시간이 지나자 그들의 분노는 무관심으로 바뀌고, 자녀들이 학교 없이 지내게 된 사실을 맥없이 받아들였네."

"말리카는요?"

"그녀는 달랐어. 그녀야말로 영원한 낙천주의자였지. 주변 사람과 달리 그녀는 이미 일어난 상황 속에서 기회를 발견해 냈다네. 그녀는 어떤 난관을 만나도 방법을 찾아보기만 하면 그에 상응하는 좋은 일을 발견할 수 있다고 학부모들을 찾아다니며 설득했어. 이 사건은 가면을 쓴 선물이었던 거지. 불타 버린 학교는 오래되고 낡은 건물이었지. 지붕은 비가 새고 바닥은 개구쟁이들의 작은 발 아래서 마루가 꺼져 가고 있었지. 지금이야말로 공동체가 손을 맞잡고 장차 더 많은 아이들을 가르칠 수 있는 훌륭한 학교를 지을 절호의 기회였던 거야. 그리하여 주민들은 이 예순네 살 먹은 선생님의 추진력을 등에 업고, 마을의 자원을 끌어모으고 기금을 마련해서 새롭고 멋진 학교 건물을 완성해 냈다네. 어떤가? 역경에 맞서는 비전의 힘을 보여 주는 빛나는 본보기 아닌가?"

"그러니까 컵에 물이 반밖에 없다고 보지 말고 반이나 차 있다고 보라는 속담과 같군요."

"그게 바로 상황을 올바로 바라보는 방식이지. 삶에서 어떤 일이 일어나든 그에 대한 반응을 선택할 힘은 오롯이 자네에게 있네. 어떤 상황에서든지 긍정적인 면을 발견하는 습관을 들인다면 자네의 삶은 가장 높은 차원으로 옮겨갈 걸세. 이것이야말로 모든 자연 법칙 중에서도 가장 위대한 법칙 중 하나라네."

"그 모든 것이 마음을 보다 효과적으로 사용하는 데서부터 비롯된단 말씀이죠?"

"맞아, 존. 물질적이든 영적이든 삶에서의 모든 성공은 모두 자네의 어깨 사이에 얹혀 있는 그 5kg 남짓한 덩어리에서 시작된다네. 더 구체적으로 말하자면, 날마다 매분 매초 자네가 머릿속에 집어넣고 있는 생각에서부터 말일세. 자네의 외부 세계는 자네의 내면세계의 상태를 그대로 반영한다네. 자네가 자신의 생각과 삶 속의 사건들에 반응하는 방식을 다스릴 줄만 안다면 자네는 이미 자신의 운명을 지배하기 시작한 걸세."

"정말 그렇군요, 줄리안. 삶이 너무 바빠 이런 것을 생각해 볼 여유조차 없었어요. 법대에 다닐 때 절친한 친구였던 알렉스는 영감을 주는 책들을 즐겨 읽었지요. 그는 그런 책들이 과중한 전공 공부 속에서도 항상 새로운 동기와 활력을 불어넣어 준다고 했어요. 그가 어떤 책에서 봤는데 '위기'라는 한자는 위험을 뜻하는 글자 '위危'와 기회를 뜻하는 글자 '기機'가 합쳐진 거라고 하더 군요. 고대 중국인들도 가장 암울한 상황에서도 밝은 면이 있다는 것을 알았나 봐요. 찾아볼 용기만 있다면 말이죠."

"요기 라만은 그것을 이렇게 말하지. '인생에서 실수란 없다. 교훈만이 있을 뿐이다. 부정적인 경험 같은 것은 없다. 배우고 성장하며 자기의 진정한 주인이 되는self-mastery 길을 걸어갈 기회만이 있을 뿐이다. 분투 속에서 힘이 생겨난다. 때로는 고통조차 훌륭한 스승이 될 수 있다.'"

"고통조차요?" 내가 반문했다.

"물론이지. 고통을 초월하려면 먼저 그것을 경험해야 하네. 달리 말해서, 먼저 가장 낮은 골짜기를 지나지 않고서 어떻게 산꼭대기에 오르는 기쁨을 진정으로 알 수 있겠느냐는 거지. 요점을 알겠나?"

"좋은 것을 맛보려면 나쁜 것도 알아야 한다는 거죠?"

"그렇지. 하지만 일단 어떤 사건도 긍정적이라거나 부정적이라고 분별하지 말 것을 권하고 싶네. 대신 그저 그것을 경험하고, 찬양하고, 그 속에서 배우게. 모든 사건은 교훈을 준다네. 이런 작은 교훈들은 자네를 내적으로 성장시켜 줄 연료가 되네. 그게 없다면 자네는 더 이상 성장하지 못하고 정체될 거야. 자네의 삶을 생각해 보게. 대부분의 사람들은 가장 도전적인 경험을 통해 가장 크게 성장하지. 자네가 뜻하지 않은 결과를 만나서 좌절에 빠진다면, 언제나 하나의 문이 닫히면 반드시 또 다른 문이 열린다는 자연의 법칙을 기억하게."

줄리안은 마치 남부의 목사가 교인들에게 설교할 때처럼 흥분한 채 팔을 치켜올렸다.

"일상생활에서 이 원리를 지속적으로 실천해 보게. 마음이 모든 사건을 긍정적이고 힘을 강화하는 기회로 해석하도록 훈련한다면, 자네의 마음에서 걱정은 영원히 사라져 버릴 걸세. 자네는 더 이상 과거의 노예가 아니라 미래의 설계자가 되는 것일세."

"알겠어요. 개념은 이해했어요. 모든 경험은 심지어 최악의 경험일지라도 교훈을 가져다준다. 그러니 모든 사건 속에 담겨 있는 교훈에 마음의 문을 열어야 한다. 그러면 나는 점점 강해지고 행복해질 것이다. 이밖에 제가 뭘 더 할 수 있을까요?"

"무엇보다도 먼저 기억력이 아닌 상상력의 영광 속에서 살기 시작해야 하네."

"다시 한 번 말씀해 주시겠어요?"

"그러니까 자네의 몸과 마음과 영혼의 잠재력을 해방시키려면 먼저 상상력을 확장시켜야만 한다는 말일세. 잘 듣게, 사물은 항상 두 번에 걸쳐 창조된다네. 먼저 마음의 공방 안에서 창조되고, 그다음, 오직 그다음에서야 현실 속에서 창조된다는 말일세. 나는 이 과정을 '청사진 그리기*blueprinting*'라고 부른다네. 왜냐하면 우리가 외부 세계에서 창조하는 모든 것은 내면세계에, 즉 마음의 스크린에 그린 멋진 청사진에서부터 비롯되기 때문이지. 자네가 생각을 다스리는 법을 배우고, 원하던 모든 것이 실현된 모습을 완벽한 기대 속에서 생생하게 상상해 내면, 잠들어 있던 힘이 자네 안에서 깨어날 걸세. 그러면 자네는 마음의 진정한 잠재력을 해방시켜서 마법과도 같은 삶을 창조해 내기 시작할 걸세. 자네는 그것을 마땅히 누릴 자격이 있네. 오늘 밤 이후부터는 지나간 과거는 잊게. 현재 상태에서 모든 것을 더한 것보다 더 나은 최고의 것을 꿈꿔 보게. 최상의 것을 기대하라고. 자네는 그 결과에 놀랄 걸세." 줄리안은 계속 말을 이어 갔다.

"존, 난 말일세, 법조계에 몸담았던 시절에 내가 아주 많이 안다고 생각했다네. 일류대학에서 공부하고 손에 잡히는 대로 온갖 법률서적을 읽고 최고의 사람들과 함께 일했으니, 당연히 법률 게임에서는 내가 승자였지. 하지만 인생이라는 게임에서는 내가 패배자였다는 사실을 이제야 깨닫게 됐네. 나는 인생의 쾌락을 좇느라 바빠서, 삶의 작은 기쁨들을 다 놓쳐 버렸던 거야. 아버지가 읽어 보라고 권했던 훌륭한 책들을 단 한 권도 읽지 않았네. 진정한 우정도 쌓지 못했네. 위대한 음악을 감상할 줄도 몰랐지. 그럼에도 불구하고 난 참 운이 좋았다고 생각하네. 심장마비야말로 결정적인 순간에 나를 긴 잠에서 깨워 준 모닝콜이었던 거야. 자네가 믿거나 말거나, 그것은 내게 풍요롭고 영감에 찬 삶을 살수 있는 두 번째 기회를 선사해 주었네. 말리카 찬드처럼 나는 고통스러운 경험 속에서 기회의 씨앗을 발견했다네. 더 중요한 것은 내게 그 씨앗을 키워 낼 용기가 있었다는 점일세."

줄리안은 외모만 젊어진 게 아니라 내적으로도 훨씬 더 지혜로운 사람으로 성숙해 있었다. 나는 이날 저녁이 단지 옛 친구와의 매혹적인 대화 이상의 뜻깊은 자리가 될 것임을 깨달았다. 오늘 밤은 내게도 결정적인 순간이 될 수 있음을, 새로운 출발을 위한 확실한 기회가 찾아왔음을 깨달은 것이다. 나는 마음속으로 삶에서 잘못되었던 모든 일들을 돌아보기 시작했다. 물론 내게는 훌륭한 가족이 있었고 널리 인정받는 변호사라는 안정된 직업이 있었다. 하지만 마음이 고요해지는 순간에는 그 밖에도 뭔가가 더 필요하다는 것을 알고 있었다. 나는 내 삶을 뒤덮기 시작한 그 공허감을 채워야만 했다.

어릴 적 나는 아주 멋진 꿈을 꾸었다. 스포츠 영웅이나 기업체 회장이 된 내 모습을 그려 보곤 했었다. 나는 원하는 것은 무엇이든 할 수 있고, 될 수 있다고 진심으로 믿었다. 나는 태양빛 찬란한 서부 해안지대에서 자라난 소년 시절의 느낌을 떠올렸다. 삶의 재미는 단순한 즐거움의 형태로 다가왔다. 발가벗고 헤엄을 치거나 자전거를 타고 숲속을 달리며 햇빛 찬란한 오후를 보내는 것은 재미있었다. 나는 삶에 대한 호기심으로 가득 차 있었다. 나는 모험가였다. 앞으로 펼쳐질 미래에는 아무런 한계가 없었다. 하지만 솔직히 지난 15년 동안 나는 그 같은 해방감과 기쁨을 느껴 본 적이 없다. 대체 무슨 일이 있었던 걸까?

어쩌면 나는 어른이 되면서 남들이 하는 대로 판에 박힌 행동을 하면서 내 자신을 넘겨주어 버렸는지도 모른다. 법대에 입학해서 변호사처럼 말하기 시작하면서부터 꿈꾸는 눈을 잃어버렸는지도 모른다. 어쨌든 줄리안이 내 곁에 앉아 식은 찻잔 위로 자신의 뜨거운 가슴을 흥건히 쏟아부어 준 그날 저녁, 나는 삶을 '꾸려 가는' 일에 그토록 많은 시간을 소모하는 대신, 삶을 '창조하는' 일에 훨씬 더 많은 시간을 쓰기로 마음먹었다.

"자네도 자신의 삶에 대해 생각해 보게 되었나 보군." 줄리안이 말했다. "진정 변화하고 싶다면 자네의 꿈에 대해 생각해 보게. 어릴 적에 꾸었던 것과 같은 꿈 말일세. 조너스 소크*Jonus Salk*(소아마비 백신을 만든 미국 의학자 _역주)가 그것을 가장 멋지게 표현했지. '나는 좋은 꿈을 꾸었고, 악몽도 꾸었다. 나는 좋은 꿈 덕분에 악몽을 이겨냈다.' 존, 자네의 꿈에 묻어 있는 악몽의 먼지를 털어 내게나. 이제부터 다시 삶을 숭배하고, 삶이 품고 있는 모든 경이로움을 찬양하게나. 그런 일들이 일어나게 만드는, 자네가 지닌 마음의 힘에 눈을 뜨게. 그러고 나면 온 우주가 힘을 합쳐 자네의 삶에 기적이 일어나도록 도와줄 걸세."

줄리안은 수도복 깊숙이 손을 넣더니 명함 크기의 카드를 꺼냈다. 그것은 오랫동안 계속 사용한 듯 가장자리가 해어져 있었다.

"하루는 요기 라만과 함께 조용한 산길을 걷고 있었지. 나는 그에게 좋아하는 철학자가 누구냐고 물어보았어. 그는 자기 삶에 영향을 끼친 인물들이 많아서 그중에서 영감의 원천을 한 명만 꼬집어 말하기는 어렵다고 대답하더군. 하지만 늘 가슴속 깊이 새기고 있는 경구가 있다고 했어. 평생을 침묵과 명상 속에서 보내며 그가 간직해 온 모든 가치를 함축하는 말이라고 했네. 히말라야의 깊은 산속, 그 영광스러운 장소에서 이 동방의 현자는 나에게 그 경구를 들려주었지. 나 또한 그 말을 가슴속에 깊이 새기고 있다네. 그 말은 우리가 누구인지, 그리고 무엇이 될 수 있는지를 날마다 상기시키는 경구가 되어 준다네. 인도의 위대한 철학자 파탄잘리가 한 말일세. 아침마다 명상에 들기 전에 이 경구를 읊는 것이 내 나날의 삶에 매우 깊은 영향을 끼쳤지. 존, 명심하게. 말이란 입을 통해 화현하는 우주의 권능이라네."

줄리안은 그 카드를 나에게 보여 주었다. 거기에는 이렇게 적혀 있었다.

어떤 위대한 목적이나 비범한 계획으로부터 영감을 받을 때, 그대의 모든 생각은 구속과 제약을 벗어난다. 마음은 한계를 초월하고 의식은 모든 방향으로 확장하여 그대는 위대하고도 멋진 새로운 세계에 발을 딛는다. 잠들어 있던 힘과 능력과 재능이 살아나고, 그대는 스스로 자신이라 여겼던 존재보다 더 큰 사람이 되어 있는 자신을 발견한다.

그 순간 나는 육체적 활력과 정신적 명민함 사이의 연관성을 발견했다. 줄리안은 그림같이 완벽한 건강을 유지하고 있었고 우리가 처음 만났을 때보다도 훨씬 더 젊어 보였다. 그는 활기가 넘쳤고 한계를 모르는 에너지와 열정 그리고 낙관주의를 지니고 있었다. 그의 생활방식에 많은 변화가 있었음은 확인했지만, 이 놀라운 변신의 출발점은 정신적인 건강의 회복임이 분명했다. 실로 외부의 성공은 내면의 성공에서부터 비롯된다. 줄리안 맨틀은 자신의 생각을 바꿈으로써 삶을 변화시킨 것이다.

"줄리안, 어떻게 하면 저도 이런 영감 넘치고 긍정적인 태도를 기를 수 있나요? 여태껏 쳇바퀴 속에서만 살다 보니 마음의 근육에 힘이 빠진 것 같아요. 그리고 보면 저는 마음의 정원을 떠도는 생각들에 대한 통제력을 거의 잃었어요." 내가 진심으로 물었다.

"마음은 훌륭한 하인이지만 끔찍한 주인이기도 하다네. 마음이 부정적인 생각으로 가득하다면, 그것은 자네가 자신의 마음을 돌보며 삶의 긍정적인 면에 집중하도록 훈련하지 않았기 때문일세. 윈스턴 처칠은 '위대함의 대가는 자신의 낱낱의 생각에 책임을 지는 것이다'라고 했네. 그렇게 스스로 책임을 떠맡고 나면 자네가 찾고 있는 바로 그런 활기찬 마음을 지니게 될 걸세. 기억하게, 마음은 정말이지 몸의 근육과도 같다네. 쓰지 않으면 잃게 될 거야."

"마음도 단련하지 않으면 약해진다는 말인가요?"

"맞아. 이렇게 생각해 보라고. 더 많은 성취를 위해 팔의 근육을 강화하고 싶다면 근육을 단련해야 하지. 다리 근육을 단단하게 만들고 싶다면 그 근육을 써야만 해. 마찬가지로 자네가 마음에게 멋진 일을 시키고자 한다면 마음이 그렇게 하도록 자네가 허락해야 한다네. 마음을 효과적으로 부리는 법을 배우고 나면 그것이 자네가 원하는 모든 것을 삶 속으로 끌어당길 걸세. 마음을 잘 돌보면 마음은 이상적인 건강 상태를 만들어 낼 거야. 그리고 본연의 고요하고 평온한 상태로 돌아가지. 자네가 그것을 요구할 수 있는 현명함을 갖고 있다면 말일세. 시바나의 현자들에게는 아주 구체적인 속담이 있다네. '삶의 울타리는 자신이 스스로 둘러치는 것이다'라고 말이야."

"무슨 소리인지 잘 모르겠는데요, 줄리안?"

"깨우친 사상가들은 자신의 생각이 자신의 세계를 만들어 낸다는 것을 알고 있다네. 삶의 질은 그의 생각이 얼마나 자유로운가에 좌우된다는 말일세. 더 평화롭고 의미 있는 '삶'을 살고 싶다면, 더 평화롭고 의미 있는 '생각'을 해야만 하는 거지."

"저를 위한 속성법은 없을까요? 줄리안."

"무슨 뜻인가?" 줄리안은 구릿빛 손가락으로 수도복의 섬세한 천을 매만지며 부드럽게 물었다.

"방금 해 주신 이야기는 정말 흥미로워요. 하지만 제가 참을성이 부족한 거 아시잖아요. 지금 당장 여기서 해볼 만한, 마음의 작동방식을 바꿔 놓을 수 있는 수련법이나 기술은 없을까요?"

"속성법은 효과가 없네. 내면의 지속적인 변화는 시간과 노력이 필요하다네. 인내심이야말로 인격 변성의 어머니일세. 하지만 삶의 깊은 변화를 일궈 내는 데 몇 년씩 걸린다는 말은 아닐세. 내가 가르쳐 줄 방법을 매일 한 달 동안만 부지런히 실천하면 자네는 그 결과에 놀라게 될 걸세. 자네가 가진 잠재력의 정점에 다가가기 시작하고, 기적의 영역에 발을 딛게 될 걸세. 하지만 거기에 도달하려면 결과에 연연해서는 안 되네. 대신 자아가 성장하고 확장되어 가는 과정을 즐기게. 역설적이게도 결과에 연연하지 않을수록 깨달음은 더 빨리 올 걸세."

"왜 그렇죠?"

"그것은 위대한 스승 밑에서 공부하기 위해 집을 떠난 한 소년의 이야기와도 비슷하다네. 소년은 늙은 현자를 만나자마자 이렇게 물었어. '제가 당신처럼 지혜로워지려면 얼마나 걸릴까요?'"

"스승이 대답했지. '5년.'"

"'너무 오래 걸리는군요.' 소년이 대꾸했네. '그보다 두 배로 열심히 하면요?'"

"'그럼 10년 걸리지.' 스승이 말했네."

"'10년이요? 그건 너무 길어요. 날마다 하루 종일, 밤낮으로 공부하면요?'"

"'15년.' 늙은 현자가 대답했네."

"'이해할 수가 없군요.' 소년이 말했네. '제가 목표를 위해서 더 열심히 노력하겠다고 할 때마다 스승님은 오히려 더 오래 걸릴 거라고 하시는데, 왜 그렇죠?'"

"'간단하네. 자네가 한쪽 눈을 목표에 고정시키면 자네를 그리로 안내해 주는 손길을 볼 눈은 한쪽밖에 남지 않거든.' 스승이 대답했지."

"요점을 잘 알겠습니다. 마치 제 이야기를 듣는 것 같네요." 내가 정중히 받아들였다.

"찾는 것이 무엇이든 준비하고 기다리면 틀림없이 자네를 찾아온다는 사실을 명심하게. 인내심을 발휘하면서 살게."

"줄리안, 하지만 저는 한 번도 행운을 얻어 본 적이 없어요. 제가 가진 모든 것은 순전히 끈질긴 노력으로 얻은 것이었다고요."

"친구, 행운이 뭐라고 생각하나?" 줄리안이 상냥하게 말을 이어갔다. "그것은 준비와 기회의 결혼일 뿐이라네."

줄리안은 부드러운 목소리로 덧붙였다. "시바나의 현자들이 내게 가르쳐 준 수행법을 자네에게 전해 주기 전에, 몇 가지 중요한 원리를 알려주겠네. 첫째, 정신을 지배하는 근원의 힘은 집중력이라는 사실을 항상 명심하게."

"집중력이라고요?"

"알아. 나도 처음에는 놀랐네. 하지만 사실일세. 자네가 배운 것처럼 마음은 놀라운 일들을 성취할 수 있다네. 자네가 소원이나 꿈을 가졌다는 것은 그 자체가 그것을 실현시키는 데 필요한 힘이 자네에게 있다는 뜻이라네. 이것은 시바나의 현자라면 누구나 알고 있는 우주의 위대한 진리 중 하나야. 하지만 마음의 힘을 자유롭게 하려면 먼저 마음을 제어해서 눈앞의 과제에만 집중하게 만들 수 있어야만 한다네. 하나의 목적에 마음을 집중시키는 순간, 놀라운 선물이 자네의 삶 속에 나타날 걸세."

"집중된 마음을 갖는 게 왜 그토록 중요하죠?"

"수수께끼를 하나 내봄세. 아마 자네의 질문에 멋진 대답이 될 걸세. 한겨울에 숲속에서 길을 잃었다고 해보세. 그럴 때는 체온을 잃지 않는 게 절대적으로 중요하지. 배낭에 든 것이라고는 절친한 친구가 자네에게 보내온 편지와 참치 통조림 한 캔, 흐릿해진 시력을 보완해 줄 작은 돋보기뿐이라네. 다행히 불쏘시개로 쓸 만한 마른나무를 찾아냈지만, 불행히도 성냥은 없네. 자, 자네라면 어떻게 불을 붙일 텐가?"

맙소사, 줄리안은 날 막다른 골목으로 몰아붙였다. 아무런 답도 생각나지 않았다.

"모르겠어요."

"답은 아주 간단하네. 마른나무 사이에 편지지를 끼워 넣고 돋보기를 갖다 대는 것이지. 햇빛이 모아져서 몇 초 내로 불을 붙여 줄 테니까."

"참치 통조림은 뭐죠?"

"아, 그것은 답이 너무 싱겁게 드러나지 않도록 내가 일부러 살짝 끼워 넣은 걸세." 줄리안이 미소를 지으며 말했다. "아무튼 요점은 이거야. 불쏘시개 사이에 편지지를 끼워 넣는 것만으로는 아무런 결과도 생기지 않네. 하지만 돋보기를 이용해서 분산된 햇빛을 편지지 위에 모으는 순간 불이 붙는다네. 이 비유는 마음에도 똑같이 적용되지. 분명하고 의미 있는 목표에 마음의 엄청난 힘을 집중시키면 자네의 잠재력에 금방 불이 붙어서 놀라운 결과가 일어날 걸세."

"예를 들면 어떤 결과요?" 내가 물었다.

"그 질문에는 오직 자네만이 답할 수 있네. 자네가 찾고 있는 것은 무엇인가? 더 나은 아버지가 되고 싶은가? 보다 안정되고 보람 있는 인생을 살고 싶은가? 영적으로 더 충만한 삶을 원하는가? 삶에 모험과 재미가 부족하다고 느끼는가? 이 부분에 대해서 잘 생각을 좀 해보게."

"영원한 행복은 어때요?"

"큰 게 아니면 싫다는 거군." 그가 싱긋 웃었다. "작은 한 발짝 같은 건 안 되겠나? 하지만 좋아, 그것도 가질 수 있다네."

"어떻게요?"

"시바나의 현자들은 오천 년의 세월 동안 행복의 비결을 알고 있었다네. 다행히 나에게도 그 선물을 기꺼이 나눠 주었고. 자네도 듣고 싶은가?"

"아뇨, 잠시 쉬고 차고에 페인트칠이나 하러 가야겠어요."

"뭐라고?"

"농담입니다, 농담. 영원한 행복의 비결을 당연히 듣고 싶지요, 줄리안. 그것이야말로 모든 사람이 찾는 궁극의 목표 아닌가요?"

"그렇지. 자, 그것은 말일세… 미안하지만 차 한 잔 더 부탁해도 될까?"

"아이, 시간 끌지 마시고요."

"좋아, 행복의 비결은 간단하다네. '자신이 정말로 하고 싶은 일을 찾아내고, 모든 에너지를 그 일에만 쏟아붓는 것'이지. 세상에서 가장 행복하고 건강하고 자신의 삶에 만족하며 사는 사람들을 연구해 보면 그들은 모두 삶에서 열정을 쏟아부을 만한 일을 찾아냈고, 날마다 그것을 추구했다네. 그들의 소명은 거의 모두가 어떤 식으로든 타인에게 봉사하는 일이었어. 자신이 사랑하는 일에 마음의 힘과 에너지를 집중시키고 있으면 삶 속으로 풍요가 흘러들고, 모든 소망이 우아하고도 쉬운 방법으로 충족된다네."

"그러니까 그저 단순히, 신바람 나는 일을 찾아서 그것을 하라는 건가요?"

"추구할 만한 가치가 있는 것이어야겠지." 줄리안이 대답했다.

"'가치 있다'는 것은 어떻게 정의하시나요?"

"존, 이미 말했듯이 자네의 열정이 어떤 식으로든 다른 이들의 삶을 도와 향상시켜 주는 것이어야 한다네. 빅터 프랭클이 그것을 아주 우아하게 말해 주었지. '성공은 추구할 수 있는 것이 아니다. 행복과 마찬가지로 그것은 부수적으로만 얻어진다. 성공은 사람이 자기 자신보다 큰 대의에 헌신한 끝에, 뜻하지 않은 부수 효과로서 일어나는 결과물이다.' 자네가 일생을 걸 만한 일거리가 무엇인지를 찾아내고 나면 자네의 세계가 다시 살아날 걸세. 자네는 아침마다 무한한 에너지와 열정에 넘쳐서 깨어날 걸세. 자네의 모든 생각은 명확한 목표에 집중되어 있을 것이네. 시간을 낭비하고 있을 틈이 없을 걸세. 그러면 귀중한 정신력이 하찮은 생각들에 낭비되지도 않지. 걱정하는 습관은 절로 사라지고, 자네는 훨씬 더 효율적이고 생산적이 될 걸세. 흥미롭게도 마치 자신의 사명을 깨닫도록 누군가의 거룩한 인도를 받고 있는 듯한 내면의 깊은 조화를 느끼게 된다네. 그것은 정말 멋진 느낌이지. 난 그 느낌을 정말 좋아하네."

줄리안이 즐거운 표정으로 말했다.

"환상적이군요. 아침마다 기분 좋게 일어날 수 있다는 게 참 좋아요. 줄리안, 솔직히 저는 아침마다 이불 속에 더 누워 있고 싶거든요. 그편이 훨씬 낫지요. 교통체증이며 성난 의뢰인들, 상대방의 공격, 이런 부정적인 힘의 끝없는 물결에 휩쓸리는 것보다는 말이죠. 이 모든 게 너무나 피곤해요."

"왜 사람들이 그토록 많은 잠을 자는지 아는가?"

"왜죠?"

"그것 외에는 정말로 할 일이 없기 때문이라네. 해 뜨자마자 일어나는 사람들은 모두가 한 가지 공통점을 가지고 있다네."

"정신이상?"

"재밌지만 아닐세. 그들은 모두 내면에 잠재된 힘의 불꽃에 부채질을 해 줄 목적의식을 품고 있다네. 그들은 자신이 우선시하는 가치에 따라 움직이지. 하지만 강박에 사로잡혀 집착하는 방식으로는 아닐세. 그보다 더 자연스럽고 부드러운 방식이지. 삶에서 하고 있는 일에 대해 열정과 사랑을 가진 사람들은 순간 속에서 산다네. 그들의 주의력은 눈앞의 과제에 완전히 집중되어 있다네. 그러니 에너지가 다른 데로 새는 일이 없지. 이런 사람들이야말로 가장 활기차고 생명력이 넘치는 사람들이지. 자네도 앞으로 이런 사람들을 만나는 행운이 있을 거야."

"에너지가 샌다고요? 뭔가 뉴에이지 이론처럼 들리는데요, 줄리안? 설마 하버드 법대에서 배운 건 아닐 테고요."

"물론 아니지. 시바나의 현자들이 그 개념을 만들어 냈으니까. 그 개념은 수 세기에 걸쳐 내려왔지만 맨 처음 만들어졌던 때와 똑같이 오늘날에도 현실에서 작용한다네. 너무나 많은 사람들이 불필요한 걱정거리에 끝없이 시달리고 있으니까. 그것이 우리에게서 본연의 생기와 에너지를 고갈시키고 있지. 자네, 자전거 타이어 속에 있는 튜브를 본 적 있나?"

"물론 봤죠."

"튜브에 바람이 가득하면 자전거는 우리를 목적지에 쉽게 데려다줄 수 있네. 하지만 튜브가 새면 바람이 빠져서 결국 주저앉아 버리고 말지. 마음의 작동도 마찬가지라네. 걱정은 튜브에서 바람이 빠지듯이 귀중한 정신력과 잠재력을 새 나가게 한다네. 그러면 금방 에너지가 바닥나 버리지. 모든 성취동기와 창조성과 낙관적인 태도가 다 새 나가서 결국 기진해 버린다네."

"저도 그 느낌 알아요. 저는 종종 위기에 부딪혀서 혼돈 속에서 하루를 보냅니다. 몸은 하나인데 처리해야 할 일들은 많아서 누구도 만족시켜 줄 수가 없을 것 같아요. 그런 날에는 육체적인 노동이 없었어도 온갖 걱정거리들 때문에 하루 일과가 끝날 때쯤이면 완전히 소진된 상태가 되지요. 집에 와서 할 수 있는 일이라고는 위스키를 들이켜면서 리모컨을 붙들고 있는 것뿐이에요."

"맞아. 극심한 스트레스가 사람을 그렇게 만들지. 하지만 인생의 목적을 발견하고 나면 삶이 그보다 훨씬 더 편해지고 보람차게 느껴진다네. 자네의 중요한 목표나 소명이 정말 무엇인지를 알아내면 평생 더 이상은 일을 안 해도 될 걸세."

"조기 은퇴 말인가요?"

"아니야." 줄리안은 스타 변호사 시절에 그가 터득한, 무슨 말도 안 되는 소리냐는 말투로 대꾸했다. "일이 놀이가 된다는 말일세."

"일생일대의 목적과 열정을 찾아 나서기 위해서 직업을 버린다는 건 좀 위험하지 않을까요? 제게는 가족을 부양할 책임이 있는데요. 저만 의지하는 네 사람이 있다고요."

"내일 당장 변호사 일을 그만두라는 말이 아닐세. 하지만 모험을 감수하기는 해야 할 거야. 인생을 살짝 흔들어 놓게. 오래된 거미줄을 걷어 내게. 사람들이 덜 다니는 길을 택하게. 대부분의 사람들은 자신의 안전지대 울타리 안에서 안주하지. 요기 라만은 자신에게 줄 수 있는 최고의 선물은 정기적으로 그 경계를 벗어나는 것이라고 나에게 알려 준 최초의 사람이었네. 이것이 영속적으로 자신을 다스리는 길이요, 인간에게 주어진 자질의 진정한 잠재력을 일깨우는 길일세."

"인간에게 주어진 자질이요?"

"자네의 몸과 마음과 영혼 말일세."

"그럼 어떤 모험을 감수해야 하나요?"

"지나치게 현실적인 태도를 내려놓게. 늘 원해 왔던 일을 하기 시작하게. 난 배우가 되려고 직업을 그만둔 변호사와 재즈 뮤지션이 된 회계사를 알고 있어. 그 과정에서 그들은 그토록 오랫동안 찾지 못했던 깊은 행복을 발견했다네. 그러니 일 년에 두 차례 케이맨제도의 호화로운 여름별장으로 휴가를 다녀올 수 없게 된들 어떤가? 용의주도한 계획 아래 위험 부담을 감수하는 것은 엄청난 보상을 안겨 줄 걸세. 2루를 밟고 있으면서 어떻게 3루에 진출할 수 있겠나?"

"무슨 말씀인지 알겠어요."

"그러니 시간을 두고 생각해 보게. 자네가 이 세상을 살아가야 할 진정한 이유를 찾아보고, 그에 의거해서 행동하는 용기를 내게."

"줄리안, 죄송하지만 제가 하는 일은 생각하는 게 전부입니다. 사실 제 문제 중의 하나는 생각을 너무 많이 한다는 거예요. 마음이 도무지 멈추지를 않죠. 마음속에서 하루 종일 쉴 새 없이 재잘거려서 가끔은 미칠 것만 같아요."

"내가 권하는 건 그런 게 아닐세. 오히려 그 반대야. 시바나의 현자들은 자신이 어디에 있으며 또 어디로 가고 있는지 날마다 고요히 명상을 한다네. 그들은 매일 가만히 앉아 인생의 목적과 자신이 어떻게 살고 있는지를 성찰한다네. 그리고 가장 중요한 것은, 다음 날은 어떻게 더 나아질 수 있을지를 정말 깊이 숙고한다는 것일세. 날마다 지속적으로 발전하면서 영구적으로 긍정적인 변화가 가능해지는 것이네."

"그러니까 저도 규칙적으로 시간을 내서 제 삶에 대해 성찰을 해야 한다는 건가요?"

"그렇지. 하루에 10분만 집중해서 자신을 성찰해도 삶의 질에 깊은 변화가 일어날 걸세."

"변호사님이 어떻게 지내시는지는 알겠어요. 문제는 저의 경우 일과에 발동이 걸리면 점심을 먹을 10분조차 낼 수가 없다는 거예요."

"이보게 친구, 자네가 삶을 개선할 시간이 없다고 하는 건 운전하느라 기름을 넣을 새가 없다고 하는 것이나 마찬가지일세. 결국은 기름이 떨어져서 발목을 잡히고 말 걸세."

"예, 저도 알아요. 그런데 줄리안, 뭔가 비법을 알려 주시기로 하지 않았나요?" 지금까지 들었던 지혜를 실천해 볼 실질적인 방법을 배우고 싶은 마음으로 내가 말했다.

"마음을 다스리는 한 가지 확실한 방법이 있는데, 그것은 다른 어떤 방법보다도 강력하다네. 시바나의 현자들이 나에 대한 신뢰와 믿음으로 기쁘게 가르쳐 준 방법이지. 겨우 3주일 동안만 연습했는데도 나는 그 어느 때보다 기운차고 열의와 생기를 느꼈다네. 이것은 4천 년도 넘게 전승된 가르침이라네. 바로 '장미의 심장The Heart of the Rose'이라는 수행법이지."

"더 말씀해 주세요."

"이 연습은 단지 싱싱한 장미 한 송이와 조용한 장소만 있으면 할 수 있네. 자연 속이면 제일 좋겠지만 조용한 방만 있어도 돼.

먼저 장미꽃의 중심, 그 심장부를 응시하기 시작하게. 요기 라만은 장미가 삶과도 매우 흡사하다고 했지. 장미에 다가가면 가시에 찔리듯이 우리의 인생에서도 온갖 역경을 마주칠 테지만 자신의 꿈에 대한 믿음을 잃지 않으면 결국은 가시덤불을 헤치고 찬란한 장미꽃 속으로 들어서게 된다네. 장미꽃을 계속 응시하게. 그 색깔과 질감과 생김새를 살피게. 향기를 맡으면서 오로지 눈앞의 이 대상만을 생각하게. 처음에는 마음에 잡념이 끼어들어서 장미의 중심에서 마음이 분산되기 시작할 걸세. 마음의 수양이 덜 되었다는 뜻이네. 하지만 걱정할 필요는 없네. 금방 나아질 테니까. 그저 주의를 다시 집중의 대상에게로 돌리게. 그러면 금방 마음에 힘이 생겨 길이 들 걸세."

"그게 다인가요? 꽤 쉬워 보이는데요."

"존, 그게 이 수행법의 멋진 점이야." 줄리안이 대답했다. "하지만 이 의식ritual이 효과를 보려면 매일같이 해야만 하네. 처음 며칠 동안은 5분도 하기가 어렵다는 것을 발견하게 될 걸세. 현대인들은 미친 듯한 삶을 살고 있어서 진정한 침묵과 고요가 오히려 낯설고 불편하기만 하지. 대부분의 사람들은 내 말을 들으면 앉아서 꽃이나 들여다보고 있을 시간이 어디 있냐고 하겠지. 그들은 아이들의 웃음소리를 듣고 즐거워할 시간도, 빗속을 맨발로 걸을 시간도 없다고 할 걸세. 그들은 그러기에는 너무나 바쁘다고들 하지. 그들에게는 친구들과 우정을 쌓을 시간조차 없다네. 우정을 쌓는 데도 시간이 걸리거든."

"그런 사람들에 대해서 잘 알고 있군요."

"왜 모르겠나. 내가 그중 한 사람이었는데."

줄리안은 잠시 말을 멈춘 채 가만히 앉아 있었다. 그의 시선은 집들이 때 할머니가 제니와 나에게 선물한 할아버지의 시계에 꽂혀 있었다.

"그렇게 사는 사람들을 생각할 때면 아버지가 즐겨 읽으셨던 영국 소설가의 말이 생각난다네. '시계와 달력이 그대의 눈을 가려 삶의 매 순간이 기적이고 신비임을 잊게 하도록 내버려두지 말라.'"

"인내심을 가지고 장미의 중심을 음미하면서 더욱 더 오랜 시간을 머물게." 줄리안이 특유의 갈라진 목소리로 말을 이었다. "한두 주가 지나면 마음이 다른 대상 사이에서 방황하지 않고 적어도 20분 동안 온전하게 장미에 집중할 수 있어야 하네. 이것은 자네가 마음의 요새를 탈환하고 있다는 첫 번째 지표야. 그때부터 마음은 자네가 집중하라고 명령한 것에만 집중하게 될 걸세. 그러면 마음은 훌륭한 하인이 되어 자네를 위해 비범한 일을 해낼 수 있게 된다네. 명심하게, 자네가 마음을 지배하지 않으면 마음이 자네를 지배한다는 것을."

"그때가 되면 자네는 자신이 훨씬 더 차분해진 것을 깨닫게 될 걸세. 자네는 대다수 사람들을 괴롭혀 온 습관적인 걱정을 없애는 일에 크게 한걸음을 내딛고, 더 활기차고 낙관적인 태도를 즐기게 될 걸세. 무엇보다 중요한 것은 삶에 대한 환희의 감각이 되

살아나고 주변에 주어진 많은 선물들을 감사하며 음미하는 능력도 생겼음을 깨닫게 될 걸세. 날마다 아무리 바쁘더라도, 아무리 많은 문제에 부딪히더라도 장미의 심장으로 돌아가게. 거기가 자네의 오아시스라네. 거기가 자네의 고요한 은둔처야. 거기가 평화의 섬이라네. 침묵과 고요 속에 힘이 깃들어 있다는 것을 결코 잊지 말게. 고요야말로 살아 있는 만물을 관통하여 고동치는 우주적 지성의 근원으로 이어지는 징검다리라네."

나는 그의 말에 빠져들었다. 내 삶의 질이 이처럼 단순한 방법으로 그토록 깊은 차원으로 향상된다는 게 정말 가능할까?

"당신이 보여 주고 있는 극적인 변신에는 장미의 심장 말고 뭔가가 더 있는 게 틀림없어요. 그렇지 않나요?" 내가 목소리를 높이며 말했다.

"맞아. 사실 나의 변신은 매우 효과적인 몇 가지 방법들을 아울러 사용한 결과일세. 걱정 말게. 그것들도 모두 방금 가르쳐 준 방법만큼이나 단순한 거니까. 그리고 똑같이 강력하다네. 존, 지금 자네에게 중요한 것은 온갖 가능성으로 충만한 삶을 살 수 있는 잠재력에 마음의 문을 여는 것이라네."

줄리안은 끝없는 지혜의 샘처럼 자신이 시바나에서 배운 것들을 계속 펼쳐놓았다.

"마음에서 생명력을 갉아먹는 걱정과 기타 부정적인 영향력을 제거하기 위한 또 다른 좋은 방법이 있네. 요기 라만이 '반대 사고Opposition Thinking'라 부르는 수행이지. 나는 자연의 위대한 법칙 아래서는 마음이 한 순간에 오직 하나의 생각밖에 품을 수 없다는 사실을 배웠네. 존, 자네도 해보게. 그 말이 사실이라는 것을 알게 될 걸세."

나는 즉석에서 시도해 보았다. 그것은 사실이었다.

"이 알려지지 않은 정보를 이용하면 누구나 쉽게 단기간에 긍정적이고 창조적인 마음의 태도를 만들어 낼 수 있다네. 그 과정은 단순해. 바람직하지 못한 생각이 마음을 차지하고 있을 때 즉시 그것을 기분 좋은 생각으로 대체하게. 마음을 슬라이드 프로젝터라고 한다면 모든 생각은 한 장의 슬라이드와도 같다네. 그러니 부정적인 슬라이드가 마음의 화면에 뜨면 재빨리 그것을 긍정적인 슬라이드로 바꿔야 하는 것이지."

"내가 목에 걸고 있는 염주는 바로 이때 쓰는 거라네." 줄리안은 더욱 열정적으로 덧붙였다. "나는 부정적인 생각이 떠오르는 것을 알아차릴 때마다, 염주알을 하나씩 빼서 배낭 속에 있는 컵에다 담아 두네. 그렇게 모인 걱정의 구슬들은 내가 마음의 주인이 되어 마음을 채우고 있는 생각들을 책임지려면 아직도 멀었다는 사실을 부드럽게 상기시켜 주는 역할을 한다네."

"오, 정말 멋진데요. 정말 실용적인 물건이로군요. 이런 이야기는 이제껏 들어 본 적이 없어요. '반대 사고'라는 개념에 대해 좀 더 말씀해 주세요."

"실생활에서 본보기를 하나 들어 보겠네. 자네가 법정에서 힘든 하루를 보냈다고 가정해 보자고. 판사는 자네의 법리 해석에 반대하고 상대편 소송 대리인의 논고도 만만치 않은 데다 자네의 의뢰인은 자네가 하는 일에 대해 불만이 이만저만이 아니야. 자네는 집에 돌아와서 울적한 기분으로 소파에 주저앉지. 첫 번째 단계는 자신이 이런 우울한 생각에 싸여 있는 것을 알아차리는 것일세. 자신에 대한 알아차림이야말로 자신의 주인이 되는 길로 가는 징검다리라네. 두 번째 단계는 그런 우울한 생각이 들어오도록 허락한 만큼이나 쉽게, 그것을 기분 좋은 생각으로 바꿔 놓을 수 있다는 사실을 온전히 인식하는 것일세. 자, 우울한 것의 반대를 생각해 보게. 상쾌하고 힘이 나는 기분에 집중하게. 자신이 행복하다고 느끼게. 어쩌면 미소를 짓기 시작하게 될지도 모르네. 즐거운 열망에 차 있을 때처럼 몸을 움직이게. 똑바로 앉아서 심호흡을 하면서 긍정적인 생각을 품는 마음의 힘을 단련시키게. 그러면 몇 분 지나지 않아서 기분이 완전히 달라진 것을 발견하게 될 걸세. 부정적인 생각이 습관적으로 떠오를 때마다 그 반대의 생각을 품는 연습을 계속하면 자네는 몇 주 내로 부정적인 생각이 더 이상 맥을 못 춘다는 사실을 발견하게 될 걸세. 무슨 말인지 이해하겠는가?"

줄리안은 설명을 이어갔다. "생각은 그 자체로 살아 있는 것일세. 말하자면 작은 에너지 덩어리라고 할 수 있네. 대부분의 사람들은 자신이 품고 있는 생각의 본질에 대해서는 생각조차 해보지 않고 살지. 하지만 바로 그 생각의 질이 그들의 삶의 질을 좌우한다네. 생각은 우리가 수영하는 호수나 산책하는 거리와 마찬가지로 물질세계의 일부라네. 나약한 마음은 나약한 행동을 낳지. 누구라도 매일의 훈련을 통해 강한 마음을 단련할 수 있네. 그것은 기적을 일으킬 수 있다네. 충만한 삶을 살고 싶다면 가장 아끼는 보물을 대하듯이 자신의 생각을 돌봐야만 하네. 내면의 모든 혼란을 제거할 수 있도록 열심히 수행하게. 그 보상은 풍성할 테니까."

"줄리안, 저는 한 번도 생각을 살아 있는 것이라고 생각해 본 적이 없어요." 나는 놀라움을 금치 못했다. "하지만 생각이 제 세계의 모든 요소에 어떻게 영향을 미치는지를 이젠 알겠어요."

"시바나의 현자들은 오로지 순수한 *sattvic* 생각만을 해야 한다고 굳게 믿고 있었다네. 그들은 내가 방금 가르쳐 준 기법 외에도 자연식, 긍정 확언, 만트라*mantra* 외기, 지혜가 담긴 책 읽기, 그리고 깨우친 동료와의 지속적인 교제 등의 다양한 수행법들을 통해 그와 같은 상태에 이르렀다네. 마음의 사원에 불순한 생각이 단 하나라도 들어오면 그들은 먼 길을 걸어가서 폭포수 아래에 서서 얼음장같이 차가운 물벼락을 더 이상 견딜 수 없을 때까지 맞으며 자신을 경책했다네."

"줄리안, 이 현자들은 지혜로운 사람들이라고 말하지 않았었나요? 부정적인 생각 하나가 올라왔다고 해서 히말라야 산중의 얼음처럼 차가운 폭포수를 맞는다는 건 너무 극단적인 행동 아닌가요?"

여러 해 동안 세계 정상급 법정 전사로 살아온 사람답게, 줄리안이 즉시 맞받아쳤다. "존, 딱 잘라서 말하지. 정말이지 우리에게는 부정적인 생각은 단 하나라도 허용하는 사치를 누릴 여유가 없다네."

"정말요?"

"정말이야. 걱정스러운 생각은 잡초의 싹과도 같아서 처음에는 작지만 갈수록 점점 더 크게 자라난다네. 그러다가 금방 자신만의 한 세계를 구축하지."

줄리안이 잠시 말을 멈추더니 미소를 지었다. "내가 여행을 통해 배운 이런 주제의 철학들을 이야기하면서 너무 전도사처럼 굴었다면 미안하네. 그것은 내가 스스로 불행하다고 여기며 아무런 영감 없이 사는 이들의 삶을 향상시켜 줄 도구를 발견했기 때문일세. 그들이 일상생활에서 '장미의 심장' 기법과 '반대 사고' 기법을 지속적으로 활용하기만 한다면 원하는 삶을 성취할 수 있을 테니 말이야. 이것은 그 누구라도 마땅히 배울 자격이 있네."

"요기 라만의 신비로운 우화 중에서 '정원' 다음의 덕목으로 넘어가기 전에 인격 성장에 큰 도움을 줄 비결을 하나 더 알려줘야겠네. 이 비결은, 만물은 언제나 먼저 마음속에서 한 번, 그다음에 현실 속에서 한 번, 이렇게 두 번에 걸쳐 창조된다는 고대의 영원한 법칙에 근거한 것일세. 나는 이미 생각은 살아 있는 에너지이며 우리가 물리적 세계에 영향을 미치기 위해 내보내는 물질적인 메신저라고 말했었지. 또 외부 세계에 눈에 띄는 향상을 가져오려면 먼저 내부에서 생각의 그릇을 키우는 일부터 시작해야만 한다고도 말했었고." 줄리안은 말을 이어 갔다.

"시바나의 현자들은 생각을 순수하고 온전하게 만드는 멋진 방법을 가지고 있었네. 그것은 아무리 단순한 소망일지라도 현실로 바꿔 주는 매우 효과적인 방법이었네. 누구나 이 방법을 적용할 수 있네. 넉넉한 수입을 바라는 새내기 변호사나, 좀 더 풍요로운 가족생활을 원하는 주부나, 매출을 올리고 싶어 하는 판매원에게나 똑같이 말이지. 이 방법을 현자들은 '호수의 비밀*The Secret of the Lake*'이라고 부르지. 현자들은 보통 새벽 네 시에 일어난다네. 새벽은 마법적인 성질을 지니고 있어서 수행에서 큰 이로움을 얻을 수 있다고 생각했거든. 현자들은 가파르고 좁은 산길을 지나서 주거지 가장 아래쪽으로 내려갔어. 그들은 거기서 다시 멋진 소나무들이 줄지어 서 있고 이국적인 꽃들이 만발한 거의 눈에 띄지 않는 소로를 따라 걸어서 널찍한 개활지에 도착했지. 빈터 가장자리에는 흰색의 작은 연꽃이 만발한 푸른 물빛의 호수가 있었어. 호수는 놀라울 정도로 고요하고 잔잔했네. 정말 기적 같은 광경이었지. 현자들은 이 호수가 오랜 세월 동안 선조들의 친구였다고 말하더군."

"그 호수의 비밀은 무엇이었나요?" 내가 참지 못하고 물어보았다.

줄리안은 현자들이 호수의 고요한 물을 들여다보면서 자신의 꿈이 실현되는 것을 심상화*envisioning*했다고 설명했다. 삶에서 기르기를 원하는 것이 수행의 미덕이라면 그들은 새벽부터 어김없이 일어나 엄격한 요가 수련을 하고 의지력을 키우기 위해 침묵 속에서 하루를 지내는 자신의 모습을 심상화했다. 더 많은 기쁨이 소망이라면 호수의 물을 들여다보면서 형제자매들을 마주칠 때마다 미소를 짓거나 배꼽을 잡고 웃고 있는 자신의 모습을 심상화했다. 더 큰 용기를 소망한다면 위기나 도전 앞에서도 꿋꿋하게 대처하는 자신의 모습을 심상화했다.

"요기 라만은 자신도 어릴 때는 자신감 없는 아이였다고 말하더군. 그는 또래 아이들보다 작았거든. 아이들은 라만을 잘 대해 줬지만 그럼에도 그는 부끄럼을 타는 소심한 아이로 자랐다네. 요기 라만은 이 약점을 고치기 위해서 이 천국 같은 호수를 찾아왔네. 그리고 호수를 그가 되고 싶어 하는 사람의 모습을 그리는 화폭으로 사용했다네. 어떤 날은 당당하고 강력한 목소리를 지닌 힘 있는 지도자가 된 자신의 모습을, 또 어떤 날은 좀 더 나이가 들어 크나큰 내면의 힘과 인품을 지닌 지혜로운 성자의 모습을 그렸다네. 그는 인생에서 갖고자 소망한 모든 덕목을 호수의 수면에서 먼저 보았지."

"몇 달 만에 요기 라만은 스스로 마음속에서 그렸던 그 사람이 되어 있었다네. 알겠나, 존? 마음은 심상을 통해 작용한다네. 심상은 자아상에 영향을 미치고, 자아상은 기분과 행동과 성취에 영향을 미친다네. 자네의 자아상이 자네는 아직 성공한 변호사가 되기에는 너무 어리다거나, 습관을 고치기에는 너무 늦었다고 말하고 있다면 그 같은 목표는 결코 이루지 못할 걸세. 자네의 자아상이 건강한 몸으로 여유롭게 사는 것은 애초에 자네와는 출신부터 다른 사람들에게만 가능한 일이라고 말하고 있다면 그 예언은 결국 자네의 현실이 될 거란 말일세."

"하지만 마음의 영화 화면에다 영감과 상상력이 넘치는 그림을 비추고 있으면 삶 속에서 멋진 일이 일어나기 시작한다네. 아인슈타인은 '상상력이 아는 것보다 더 중요하다'고 말했지. 날마다 몇 분 동안만이라도 창조적인 심상화 훈련을 할 시간을 가져야 하네. 자신을 되고 싶은 모습으로 바라보게. 그것이 훌륭한 판사의 모습이든, 아니면 좋은 아버지의 모습이든, 아니면 이 사회의 모범적인 시민의 모습이든 간에 말일세.

"호수의 비밀 수행을 하려면 저만의 특별한 호수를 발견해야 하나요?" 내가 순진한 표정으로 물었다.

"아닐세. 호수의 비밀은 긍정적인 이미지를 사용하여 마음에 영향을 미치는 오래된 기법에 현자들이 붙인 이름일 뿐일세. 자네가 원하기만 하면 거실이든 사무실이든 어디서나 연습할 수 있다네. 문을 닫고, 전화기는 내려놓고, 눈을 감게. 그리고 심호흡을 몇 번 하게. 2~3분 후면 몸이 이완되는 것을 느낄 수 있지. 그다음에는 자네가 되고자 하는 모습, 삶에서 성취하고 싶은 것을 마음속에 그리게. 세상에서 제일 좋은 아버지가 되고 싶다면 아이들과 웃으며 노는 모습을, 그들의 질문에 가슴을 열고 응답하는 자신의 모습을 마음속에 그리게. 심각한 상황에서도 자비롭고 사랑 가득한 태도로 반응하는 자신의 모습을 그리게. 실제로 현실의 캔버스 위에서 비슷한 상황이 펼쳐질 때, 자신의 행동을 어떻게 제어할지 마음속에서 리허설하게."

"심상화의 마법은 너무나 다양한 상황에 적용할 수 있다네. 법정에서 심리에 잘 대응하는 데도, 주변과의 관계를 개선하는 데도, 영적 발전을 위해서도 말일세. 이 방법을 꾸준히 사용하면 경제적인 보상도, 물질적 풍요도 얻게 된다네. 그게 자네에게 중요하다면 말이지. 마음은 삶 속에 일어나기를 바라는 모든 것을 끌어당기는 자력을 지니고 있다는 사실을 반드시, 늘 명심하게. 삶에 결핍이 있다면 그것은 자네의 생각 속에 결핍이 있기 때문이네. 마음속에는 멋진 그림만을 간직하게. 단 하나의 부정적인 이미지도 마음에는 독이 된다네. 이 오랜 방법이 가져다주는 즐거움을 경험하기 시작하면 자네는 마음의 무한한 잠재력을 깨닫고 지금 자네 안에서 잠자고 있는 능력과 에너지의 보물창고를 열어젖히기 시작할 걸세."

나에게는 줄리안이 마치 외국어로 말하고 있는 것만 같았다. 나는 영적, 물질적 풍요를 끌어오는 마음의 자력에 대해 이야기하는 것을 이제까지 들어 본 적이 없었다. 또 상상력의 힘과 그것이 자기 세계의 모든 측면에 깊은 영향력을 미친다는 이야기도 한 번도 들어 본 적이 없었다. 하지만 나는 줄리안의 말에 마음 깊이 믿음이 갔다. 그는 법적 통찰력으로 세계적으로 존경받던 완벽한 판단력과 지적 능력을 자랑하던 사나이다. 그는 내가 지금 따라가고 있는 법조인의 길을 앞서 갔던 사나이다. 줄리안은 동방으로 떠난 오디세이에서 무언가를 찾아냈다. 그 사실만은 분명했다. 변신한 그의 모습, 그의 활기찬 신체와 평온한 마음가짐은 그의 조언을 귀 기울여 듣는 것이 현명한 선택이라는 것을 확인시켜 준다.

그의 말은 생각해 볼수록 그럴듯했다. 우리의 마음은 대다수가 사용하고 있는 것보다 훨씬 더 큰 잠재력을 지니고 있는 게 틀림없다. 그렇지 않고서야 어떻게 자동차 밑에 깔린 아이를 구해 내기 위해 엄마가 자동차를 들어 올릴 수 있겠는가? 그렇지 않고서야 어떻게 무술가가 겹겹이 쌓인 벽돌을 맨손으로 단번에 깨부수겠는가? 그렇지 않고서야 어떻게 동양의 요기가 자신의 의지로써 심장박동을 늦추거나 극한의 고통을 눈도 깜짝 않고 견뎌내겠는가?

어쩌면 진짜 문제는 누구나 지니고 있다는 잠재력에 대한 내 자신의 신념의 결핍인지도 모른다. 어쩌면 히말라야의 수도승으로 변신하여 오늘 저녁 내 앞에 앉아 있는 이 전직 변호사야말로 '일어나서 최고의 삶을 만들기 시작하라'고 나를 깨우는 일종의 모닝콜인지도 모른다.

"줄리안, 그런데 사무실에서 이런 연습을 하고 있으면 동료들이 날 이상한 작자로 여길 텐데요."

"요기 라만과 현자들은 대대로 전해져 내려오는 격언을 자주 말하곤 했지. 우리에게 중요한 저녁이 된 지금, 내가 그 격언을 자네에게 전하는 특권을 누리게 됐군. 바로 이걸세. '다른 사람보다 나아지는 것은 전혀 고귀한 일이 아니다. 참된 고귀함은 과거의 자신보다 나아지는 데 있다.' 내 말인즉슨 마땅히 누려야 할 모든 것을 얻어서 더 나은 삶을 살고자 한다면 자신과 경주해야만 한다는 말일세. 중요한 것은 자네가 자신에게 하고 있는 말일세. 자신이 하는 일이 옳다고 믿는다면 남들이 이러쿵저러쿵 하는 말에는 신경을 쓰지 말게. 자네의 양심과 가슴이 옳다고 하는 한 원하는 건 무엇이든지 할 수 있다네. 옳은 일을 하는 것을 결코 부끄러워 말게. 좋다고 생각하는 것을 택하고, 그런 다음에는 그것을 지키게. 그리고 자신이 부여한 가치를 다른 사람들의 가치와 비교하는 궁색한 습관에는 절대로 빠지지 말게. 요기 라만도 말했지. '다른 사람의 꿈에 대해 생각하는 모든 순간이 그대 자신의 꿈으로부터 시간을 빼앗아 간다.'"

이제 시간은 정확히 자정을 7분 지나고 있었다. 놀랍게도 나는 전혀 피곤하지 않았다. 내가 그렇게 말했더니 줄리안이 미소를 지었다. "자네는 깨달은 삶의 또 다른 원리를 방금 배운 걸세. 피로는 대부분 마음의 창조물이라네. 피로는 방향도 꿈도 없이 살아가고 있는 사람들의 삶을 지배한다네. 예를 들어 이야기해 주지. 오후에 사무실에 앉아서 무미건조한 사건 경위서를 읽다 보면 마음이 산만해지고 졸음이 몰려오는 것을 경험한 적이 있지?"

"때로는요." 나는 그게 내 고질적인 버릇이라는 사실을 들키지 않기를 바라면서 대답했다. "가끔 일하려고 하면 졸음이 오는 것을 느끼기는 하죠."

"그럴 때 친구가 전화를 해서 밤에 만나서 놀자든지 골프 게임에서 이길 수 있는 비결을 묻는다든지 하면 자네는 당장 생기가 돌고 피로감은 어느새 싹 달아나서 흔적도 찾아볼 수 없게 되지. 안 그런가?"

"족집게로군요. 상담사 양반."

줄리안은 씩 웃더니 자신의 말이 먹히고 있음을 확인하고 상승세를 이어갔다. "그러니까 자네의 그 피로라는 건 마음이 지어낸 산물일 뿐이라네. 지루한 일을 할 때마다 일종의 버팀목으로 삼기 위해 자네의 마음이 만들어 낸 나쁜 습관이지. 오늘 밤 자네는 나의 이야기에 완전히 매료됐고 내가 배운 지혜를 배우기 위해 애쓰고 있네. 바로 그 호기심과 마음의 집중 상태가 자네에게 기운을 불어넣어 주고 있는 거라네. 오늘 밤 자네의 마음은 과거에 가 있지도 않았고 미래에 가 있지도 않았네. 오롯이 현재에, 우리의 대화에 집중되어 있었지. 마음이 현재에서 살도록 계속 집중시키고 있으면 자네는 시곗바늘이 몇 시를 가리키든 상관없이 언제나 무한한 에너지를 느끼게 된다네."

나는 그 말에 수긍하며 고개를 끄덕였다. 줄리안이 들려준 지혜는 명백했지만 지금까지 나는 그런 생각을 한 번도 해본 적이 없었다. 상식이 언제나 상식적이지만은 않은 것 같았다. 어릴 때 아버지께서 내게 해 주시곤 하던 말이 생각났다. '결국 구하는 사람만이 찾아낸단다.' 아버지가 지금 내 곁에 계셨으면 좋았을걸.

상징

정원

덕목   마음의 주인이 되라.

지혜   * 마음을 가꾸어라. 기대도 못했던 꽃이 피어나리라.
       * 삶의 질은 생각의 질에 좌우된다.
       * 실패는 없다. 교훈만이 있을 뿐.
         실패를 자아의 확장과 영적 성장의 기회로 바라보라.

방법   * 장미의 심장
       * 반대 사고
       * 호수의 비밀

인용구 행복의 비결은 단순하다. 정말로 좋아하는 일을 찾아내고
       그것을 하는 데에 모든 정열을 쏟으라. 그렇게 하면 풍요가
       삶 속으로 흘러들어 오고 모든 소망이 쉽고도 우아하게 충족된다.

8장

내면의 불꽃

자신을 신뢰하라. 평생을 살아도 행복할 그런 삶을 창조하라.
가능성이라는 내면의 작은 불씨에 부채질하여
성취라는 불꽃으로 피워 올려 자신을 활짝 꽃피워라.

– 포스터 맥클러랜

 "히말라야의 산꼭대기에서 요기 라만이 이 신비로운 우화를 전해 준 날은 사실 많은 면에서 오늘과 비슷했었네." 줄리안이 말했다.

"그런가요?"

"우리의 만남은 초저녁부터 시작되어 한밤중까지 이어졌네. 우리 두 사람 사이에서는 공중에서 전기가 치직거리는 것 같은 화학작용이 일어났지. 전에도 말했지만 라만을 처음 만난 순간부터 나는 그가 마치 형처럼 느껴졌어. 나는 형도 없는데 말일세. 오늘 밤 자네와 마주 앉아서 자네의 흥미로운 표정을 보고 있자니, 그때와 똑같은 에너지와 유대감이 느껴지는군. 우리가 한 팀이 된 이래로 내가 자네를 동생처럼 여겨 왔다는 말도 해야겠군. 사실을 말하자면, 자네 안에서 내 자신의 모습을 많이 발견했거든."

"줄리안, 당신은 놀라운 소송 전문가였어요. 변호사님의 놀라운 실력은 결코 잊지 못할 것입니다."

그가 자신의 추억 박물관을 둘러볼 생각이 없는 것은 분명했다.

"존, 나는 요기 라만의 우화에 담긴 덕목들을 계속 이야기해 주고 싶네. 하지만 그 전에 확실히 해둘 게 있네. 자네는 이미 매우 효과적인 변화의 방법들을 배웠네. 모두 자네가 꾸준히 실천하기만 하면 기적을 보여 줄 수행법들이지. 오늘 밤 나는 자네에게 온 가슴을 열고 내가 아는 모든 것을 내보일 걸세. 그게 나의 임무이니까. 다만 그것을 배운 후에, 안내자를 찾는 모든 이들에게 이 지혜를 전해 주는 것이 얼마나 중요한 임무인지를 자네가 제대로 이해했는지를 확인하고 싶다네. 우리는 지금 매우 혼란스러운 시대에 살고 있지. 사회 곳곳에 부정성이 만연하고, 수많은 사람들이 마치 방향타를 잃은 배처럼 표류하고 있다네. 피곤하고 지친 영혼들은 암초에 좌초하지 않도록 지켜 줄 등대를 찾고 있지. 자네가 선장이 되어야 하네. 나는 자네가 도움이 필요한 이들에게 시바나 현자들의 메시지를 전해 줄 것이라 믿네."

잠시의 숙고 후, 나는 그 임무를 받아들이겠노라고 줄리안에게 분명히 약속했다. 그러자 그가 열정적으로 말을 이었다.

"자네가 다른 이들의 삶이 더 나아지도록 돕는 동안, 자네의 삶도 가장 높은 경지로 들어 올려진다네. 이것이 바로 모든 수행의 미덕이지. 이 진리는 비범한 삶에 관한 고대의 패러다임에 근거하고 있다네."

"경청하고 있답니다."

"기본적으로 히말라야의 현자들은 단순한 법칙을 따라 살아왔다네. '가장 많이 봉사하는 사람이 가장 많이 수확한다.' 정서적으로든 신체적으로든 정신적으로든 영적으로든 말일세. 이것이 바로 내면의 평화와 외적 성취를 동시에 얻는 길이라네."

나는 언젠가 '다른 사람을 연구하는 사람은 지혜로워진다. 그러나 자기 자신을 연구하는 사람은 깨달음을 얻는다'라는 문장을 책에서 읽은 적이 있다. 지금 여기, 나는 아마도 처음으로 자신을 정말로 잘 아는 사람을, 어쩌면 가장 높은 자아를 깨달은 사람을 보고 있다. 검박한 옷차림에 젊은 붓다의 엷은 미소가 걸린 평화로운 얼굴, 완벽한 건강과 행복 그리고 이 만화경 같은 우주 속에서의 자신의 역할을 무엇보다도 우선시하는 감각까지, 줄리안은 이 모든 것을 다 가지고 있는 것만 같았다. 그렇지만 그는 아무것도 소유하지 않았다.

"이 법칙은 등대와 관련이 있네." 줄리안은 눈앞의 임무에 주의를 집중한 채 말했다.

"저도 그게 요기 라만의 우화와 어떻게 연결되는지 궁금하던 참이에요."

"이제부터 설명해 보겠네." 세속을 떠나 수도승으로 변신한 변호사라기보다는 박식한 교수와 같은 태도로 그가 말했다. "이제 자네는 마음이 비옥한 정원과 같다는 것을 알고 있네. 그 정원을 풍성하게 하려면 날마다 가꾸고 돌봐야 한다는 것도 배웠지. 불순한 생각과 행동의 잡초가 마음의 정원에 무성해지도록 내버려 둬서는 절대로 안 되네. 마음의 문 앞에서 보초를 서게. 정원이 건강하고 강해지도록 잘 지켜야 하네. 그렇게만 한다면 마음은 자네의 삶에 기적을 일으켜 놓을 걸세."

"정원의 한가운데에 등대가 우뚝 서 있었던 것을 기억할 걸세. 이 상징은 깨달은 삶을 위한 또 다른 고대의 원칙을 자네에게 상기시켜 줄 걸세. 그것은 '삶의 목적은 목적 있는 삶을 사는 것이다'라는 것일세. 진실로 깨달은 사람은 자신이 삶에서 정서적으로, 물질적으로, 신체적으로, 영적으로 무엇을 원하는지를 안다네. 인생의 모든 측면에서 명확하게 규정된 목표와 우선순위는 등대와 같은 역할을 해 줄 걸세. 바다가 거칠어질 때 자네를 올바른 방향과 안식처로 안내해 주는 등대 말이야. 존, 누구든지 자신이 움직여 가는 방향을 바꾸겠노라고 마음먹기만 하면 삶을 변혁시킬 수 있다네. 하지만 자신이 어디로 가고 있는지조차 모른다면 거기에 언제 도달할지 어떻게 알 수 있겠는가?

줄리안은 요기 라만에게 이 원칙을 배우던 시절로 나를 데려갔다. 그는 현자가 했던 말을 그대로 기억해 냈다.

"요기 라만은 말했지. '삶이란 참 우스운 것입니다. 사람들은 일을 덜 할수록 행복을 느낄 기회가 더 많아지리라고 생각하지요. 하지만 행복의 진정한 원천은 한마디로 성취라고 할 수 있습니다. 인생의 목적을 향해 확신을 가지고 나아가면서 목표를 이루기 위해 꾸준히 노력하는 데서 지속적인 행복은 온답니다. 이

것이 당신의 내면에 숨어 있는 불씨에 불을 붙이는 비결입니다. 기껏 성취 지향적 사회로부터 멀리 떠나와서 히말라야의 깊은 산 속 신비로운 현자를 만나서 얻은 가르침이 행복의 비결은 성취에 있다는 것이라니, 얼마나 기가 찬 노릇일지 나도 잘 압니다. 하지만 이것은 사실이라오.'"

"일중독에 빠진 수도승들인가요?" 내가 장난스럽게 대꾸했다.

"그것과는 사뭇 다르지. 현자들은 지극히 생산적인 사람들이지만 그 생산성은 세속인들처럼 광적인 것이 아니라네. 반대로 아주 평화롭고 오롯이 집중된, 일종의 참선과도 같은 것이지."

"어떻게 그럴 수 있죠?"

"그들이 하는 모든 행위에는 목적이 있었네. 수도승들은 세상과 동떨어진 곳에서 매우 영적인 삶을 살고 있지만, 한편으로는 지극히 효율적으로 산다네. 그들 중 어떤 이는 철학적인 논문을 다듬으면서 하루를 보내고, 어떤 이는 지성과 창조성을 자극하는 멋진 시를 쓰고, 또 어떤 이는 마치 빛나는 연화좌의 부처처럼 앉아서 깊은 침묵의 명상 속에서 하루를 보내더군. 시바나의 현자들은 시간을 낭비하지 않았어. 그들의 집단적 양심은 삶에는 목적이 있고 그것을 완수해야 할 의무가 우리에게 있다고 말해 주는 것 같았어."

"요기 라만은 나에게 이렇게 말했네. '시간이 멈춘 듯한 이곳 시바나에서 자신의 소유물 하나 없이 단순하고 소박하게 살고 있는 수도승들에게도 성취하고자 할 만한 어떤 것이 있기나 한지

의아할 것입니다. 하지만 성취의 대상이 꼭 물질적인 것만 있는 것은 아니라오. 개인적으로 나의 목표는 마음의 평화를 얻고 자신의 주인이 되어 깨달음을 얻는 것입니다. 만약 이번 생애에 그것을 이루지 못하고 삶을 마감한다면 나는 틀림없이 만족하지 못한 채 숨을 거둘 겁니다.'"

줄리안은 시바나의 스승이 그때 처음으로 자신의 죽음에 대해 언급했다고 말했다.

"요기 라만은 충격을 받은 듯한 내 표정을 보고는 이렇게 말하더군. '아무 걱정할 필요가 없어요, 친구. 나는 이미 백 살이 넘게 살았고 당장은 떠날 계획이 없으니까. 내 말의 요지는 인생을 살면서 물질적이든 정서적이든 신체적이든 영적이든 자신이 이루고자 하는 목표를 분명히 알고, 그것을 이루면서 나날을 보낸다면 궁극적으로 영원한 기쁨을 찾게 되리라는 것입니다. 당신도 나만큼이나 순수한 기쁨으로 가득 찬 삶을 살게 될 것입니다. 또 빛나는 현실에 눈을 뜨게 될 것입니다. 하지만 인생의 목적을 알고 지속적으로 실천함으로써, 그 비전을 현실 속에 명확히 드러나게 해야만 합니다. 이것을 '다르마Dharma'라고 부르는데, 산스크리트어로 '삶의 목적'이라는 뜻이라오.'"

"삶의 참된 만족은 자신의 다르마를 완수하는 데서 얻을 수 있다는 말인가요?" 내가 물었다.

"그렇다네. 다르마로부터 내적 조화와 영원한 만족이 샘솟는다네. 다르마라는 개념은, 인간은 누구나 지구상에 있는 동안 영웅적인 사명을 지게 된다는 고대의 원칙에 기초하지. 우리는 일생의 사명을 실현할 수 있도록 저마다 고유의 능력과 재주를 부여받았네. 결국 열쇠는 자신이 선물 받은 재능을 찾아내고, 그 과정에서 삶의 중요한 목적을 발견하는 데 있지."

나는 그의 말에 끼어들었다. "그게 일전에 말했던 '위험을 감수하기'와 관련이 있겠군요."

"맞기도 하고, 틀리기도 해."

"그게 무슨 말인가요?"

"맞아. 자신이 무엇을 가장 잘하는지 그리고 그에 따른 생의 목적이 무엇인지를 발견하려면 때로는 모험을 감수해야 하는 것처럼 보일 수 있어. 사실 자기 존재의 진정한 목적을 찾는 순간, 자신의 발전을 가로막아 온 직업을 그만두게 되는 사람들이 많거든. 자기 검증과 영혼의 탐색에 수반되는 외견상의 위험은 언제나 존재한다네. 하지만 틀렸어. 자신을 찾고 자신의 사명을 발견해 내는 일에 위험 요소 따위는 없으니까. 자기 자신에 대한 지식이야말로 깨달음을 위한 핵심 설계도라네. 그것은 아주 좋은 것, 실로 본질적인 일이지 위험한 일이 아니라네."

"줄리안, 당신의 다르마는 무엇인가요?" 나는 불타는 호기심을 감추며 넌지시 물었다.

"나의 다르마는 단순해. 이웃을 위해 사심 없이 봉사하는 것일세. 명심하게, 게으름뱅이처럼 빈둥거리며 시간을 보내거나 늘어져 잠만 자서는 진정한 기쁨을 찾지 못할 걸세. 영국 총리였던 벤자민 디즈레일리는 성공의 비밀이 '목적의 일관성'이라고 말했네. 자네가 찾는 행복은 성취하고자 애쓰는 목표의 가치를 숙고하고, 그것을 이루어 가기 위해 일관되게 행동하는 데에서 온다네. 이것은 전혀 중요하지 않은 일 때문에 가장 중요한 일을 희생시켜서는 결코 안 된다는 시바나의 영원한 철학을 근거로 한 말이지. 요기 라만의 우화에 나오는 등대는 명확하게 설정된 의미 있는 목표의 강력한 힘을 상징한다네. 또 그것을 위해 행동할 수 있는 인격적인 힘을 갖추는 것이 얼마나 중요한지도 상기시켜 줄 걸세."

줄리안은 고도로 진화된, 그러니까 자신의 잠재력을 최고조로 개발한 이들은 모두가 자신의 재능을 탐구하여 삶의 목적을 찾아내고, 자신에게 부여된 소명을 다하는 것이 얼마나 중요한지를 일찌감치 깨달은 사람들이라고 했다. 그렇게 해서 어떤 이는 의사가 되고, 어떤 이는 예술가가 되어 인류를 위해 이타적으로 봉사한다. 또 어떤 이는 자신이 소통에 능하다는 사실을 발견하여 훌륭한 교사가 되고, 어떤 이는 천부적인 재능으로 경제나 과학 분야에서 혁신을 일으킨다. 중요한 것은 자신의 위대한 임무를 자각하고, 그것을 실현하기 위해 자기를 단련하고, 그것이 과연 사람들에게 도움이 되는지를 수시로 점검하는 것이라고 했다.

"일종의 목표 설정 같은 건가요?"

"목표 설정은 출발점이지. 목표를 적어서 나열해 보면 창조적 에너지의 물꼬가 틔워져 자네를 목적지로 인도해 준다네. 믿거나 말거나 요기 라만과 현자들은 목표를 이루는 데 전심전력을 다하네."

"정말요? 히말라야 깊은 산속에서 밤에는 명상을 하고, 낮에는 온종일 목표를 세우는 수도승들이라니, 너무 멋지지만, 솔직히 믿기는 어렵군요!"

"존, 언제나 결과를 보고 판단하게나. 나를 보게. 요새는 가끔 거울을 보면 나조차도 못 알아볼 정도라네. 한때는 불만투성이였던 내가 이제는 모험과 신비와 흥분으로 가득한 존재로 바뀌어 버렸으니 말일세. 나는 다시 활기찬 건강을 누리고 있네. 정말 행복하다네. 내가 자네에게 전해 주는 지혜는 그만큼 강력하고 중요하며 생명력을 되살리는 것이어서 자네는 그저 마음의 문을 열기만 하면 되네."

"전 정말로 마음을 활짝 열고 있어요, 줄리안. 당신의 말은 모두 완벽하게 이해돼요. 몇 가지 수행법은 좀 이상하게 들리지만요. 그렇지만 제가 실행에 옮기겠다고 약속했으니 반드시 그렇게 하겠습니다. 가르쳐 주신 내용이 강력하다는 것에는 동의해요."

"내가 보통 사람들보다 더 멀리 보는 것이 있다면, 그것은 오로지 내가 훌륭한 스승들의 어깨 위에 서 있기 때문이라네." 줄리안이 겸손하게 대꾸했다. "또 다른 예시가 있네. 요기 라만은 뛰어난 궁수였다네. 진정한 활의 달인이었지. 어느 날 그는 삶의 모든 측면에서 명확히 정의된 목표를 설정하고 자신의 사명을 완수하는 것이 중요하다는 그의 철학을 눈앞에서 보여 주기 위해서 결코 잊지 못할 시범을 내게 보여 주었네."

"우리가 앉았던 곳 근처에는 우람한 떡갈나무가 서 있었지. 현자는 늘 목에 걸고 있던 화환에서 장미 한 송이를 뽑아서 그것을 나무 한가운데에다 걸어 놓았네. 그런 다음 그는 먼 곳으로 산행할 때면 늘 지니고 다니던 커다란 배낭에서 세 가지 물건을 꺼냈다네. 그것은 향기롭고 단단한 향나무로 만든 활과 화살 그리고 백합처럼 하얀 손수건이었네." 줄리안은 마치 부끄럽다는 듯이 이렇게 덧붙였다. "내가 판사와 배심원들에게 좋은 인상을 남기기 위해 값비싼 명품 신사복 윗주머니에 꽂았던 것과 같은 손수건 말일세."

요기 라만은 줄리안에게 손수건으로 자신의 눈을 가려 달라고 부탁했다.

"장미가 얼마나 멀리 있지요?" 요기 라만이 제자에게 물었다.

"30미터쯤요." 줄리안이 눈대중으로 대답했다.

"내가 매일 고대의 궁술을 연마하는 것을 본 적이 있나요?" 현자는 제자가 뭐라고 대답할지 뻔히 알면서도 이렇게 물었다.

"스승님이 거의 100미터쯤 떨어진 과녁의 한복판을 명중시키는 것을 보았습니다. 지금 같은 거리에서 과녁을 맞추지 못한 적은 한 번도 없습니다." 줄리안이 공손하게 대답했다.

스승은 눈을 가린 채 두 발을 단단히 딛고 서서 나무 한가운데에 걸려 있는 장미를 향해 활시위를 힘껏 당겼다. 그러나 화살은 당혹스러울 정도로 과녁을 한참 벗어나 턱! 하고 다른 떡갈나무에 가서 꽂혔다.

"이번에도 멋진 마술 같은 솜씨를 보여 주실 줄 알았는데요. 스 승님, 어떻게 된 거죠?"

"우리는 단 한 가지 이유 때문에 이 한적한 곳까지 왔습니다. 나는 내가 가진 세상의 모든 지혜를 당신에게 알려 주기로 했지 요. 오늘 나는 인생의 목표를 명확히 설정하고 자신이 가는 방향 을 정확히 아는 것이 얼마나 중요한지를 설명하기 위해 이런 시 범을 보였습니다. 당신이 방금 본 장면은 삶의 목적을 이루고자 하는 사람에게 가장 중요한 원칙이 무엇인지 확인해 주고 있소. '보이지 않는 과녁은 결코 맞출 수 없다'는 원칙 말입니다. 사람들 은 더 행복해지고, 더 활기차고, 더 열정에 가득 찬 삶을 꿈꾸며 평생을 살아가고 있소. 그러나 그들은 한 달에 단 10분이라도 시 간을 내어서 자신의 목표를 적어 보고, 인생의 의미인 자신의 다 르마를 깊이 숙고하는 데는 매우 인색하다오. 목표 설정은 당신 의 삶을 멋진 인생으로 만들어 줄 겁니다. 당신의 세계는 더 풍요 롭고 기쁜, 마법과 같은 세계가 될 것입니다."

"줄리안, 우리 선조들은 정신과 육체와 영혼의 세계에서 소망 하는 것을 실현하려면 명확히 정의된 목표를 설정하는 것이 가장 중요하다고 가르쳤습니다. 세속의 사람들은 금전적이거나 물질 적인 목표를 세우고 삽니다. 그것이 당신이 가치 있게 여기는 것 이라면 거기에는 잘못될 것이 전혀 없습니다. 하지만 자신의 진 정한 주인이 되어 내면의 깨달음을 얻고자 한다면 다른 영역에서도 구체적인 목표를 정해야만 합니다. 나 역시 내가 소망하는 마음의 평화와 날마다 내 안에서 발휘되는 생명력과 이웃들에게 나눠 줄 사랑에 대해 분명히 정의된 목표를 가지고 있다면 그대는 놀랄 텐가요? 목표 설정은 물질적인 욕망으로 가득 찬 세계에서 사는 당신같이 뛰어난 변호사들에게만 필요한 것이 아닙니다. 자기 내면세계의 질을 향상시키고 싶은 사람이라면 누구나 종이를 꺼내어 자신의 인생 목표를 적어 보는 것이 좋을 것입니다. 삶의 목적을 생각하고 적는 그 순간부터 자연의 위대한 힘이 작용하여 꿈을 현실로 바꿔 놓기 시작할 테니까요."

　줄리안의 이야기는 나를 깊이 매혹시켰다. 내가 고등학교 축구선수였던 시절에 우리 코치는 매 경기에서 우리가 원하는 목표가 무엇인지를 아는 것이 중요하다는 점을 끊임없이 강조했었다. '네가 원하는 결과를 분명히 알라'는 그의 신조 덕분에 우리 팀은 우리를 승리로 이끌어 줄 분명한 전략 없이는 경기장에 들어설 꿈도 꾸지 않았다. 그런데 나는 어째서 이 나이를 먹도록 내 삶을 위한 인생 전략을 짤 시간조차 갖지 않았었는지 갑자기 의아해졌다. 줄리안과 요기 라만은 아마도 답을 가지고 있을 것이다.

　"종이에 인생의 목표를 적는 것이 뭐가 그렇게 특별하다는 거죠? 그런 단순한 행동이 어떻게 변화를 일으킬 수 있다는 건가요?" 내가 질문했다.

　줄리안이 기쁜 표정을 지었다. "자네가 흥미를 보이니 기운이

나네. 존, 열정은 성공적인 삶을 위한 필수 재료일세. 자네가 그
것을 가지고 있다니 너무나 기쁘네. 우리는 날마다 하루에 평균
60,000개의 생각을 한다고 말했었지. 종이 위에다 소망과 목표를
적을 때 자네는 잠재의식에게 '이 생각이 나머지 59,999개의 다
른 생각들보다 훨씬 더 중요하다'는 신호를 보내고 있는 걸세. 그
러면 자네의 마음은 마치 유도미사일처럼 자네의 운명을 실현할
모든 가능성을 찾아 나서기 시작할 걸세. 이것은 실로 너무나 과
학적인 작용이지. 대부분의 사람들은 전혀 의식하지 못하면서 살
지만 말일세."

"우리 회사의 동료 몇몇은 목표 설정에 진심이에요. 그러고 보
니 그들은 경제적으로 가장 성공한 사람들이군요. 하지만 그들이
가장 균형 잡힌 삶을 산다고는 생각하지 않아요." 내가 나의 관찰
을 피력했다.

"아마도 그들이 올바른 목표를 설정하지 못해서이겠지. 존, 인
생은 정확히 자네가 삶에서 요구하는 것을 가져다준다네. 사람들
은 그저 기분 좋게 살거나, 활기차게, 더 만족스럽게 살기를 원하
지. 하지만 그들에게 원하는 것이 정확히 무엇이냐고 물어보면
그들은 똑 부러진 답을 갖고 있지 않다네. 목표를 정하고 자신의
다르마를 찾아 나서는 순간부터 자네는 자신의 삶을 변화시키고
있는 거라네." 줄리안이 진심 어린 눈을 반짝이며 말했다.

"자네는 기이한 이름을 가진 사람을 만난 뒤 갑자기 그 이름을
신문이나 TV, 회사에서 계속 발견하게 되는 경험을 해본 적 있

나? 아니면 새로운 일, 예컨대 제물낚시에 관심이 생겼는데 그 후로는 가는 곳마다 제물낚시에 대한 이야기만 듣게 된 적은? 이것은 요기 라만이 '조리키joriki, 禪定力'라고 부르는 고대의 원칙을 보여 주는 사례일세. 조리키는 '집중된 마음의 힘'을 뜻한다고 배웠네. 마음의 에너지를 한 방울도 남김없이 자기 발견에 쏟아붓게. 자신이 무엇에 뛰어난지, 무엇을 할 때 행복한지를 깨닫게. 자네는 지금 법률가로 일하고 있지만 인내심 있고 가르치는 것을 좋아하는 것을 보면 어쩌면 학교 선생님이 되었어야 할 사람일수도 있네. 아니면 좌절한 화가나 조각가가 어울릴지도 모르고. 그게 뭐든 간에 자신의 열정을 발견하고 그것을 따라가게나."

"깊이 생각해 보니 어떤 천재적인 잠재력의 빗장을 열어 이웃을 도울 수 있었는데도 그러지 못하고 생을 마감하게 된다면, 그것은 너무나 슬픈 일일 것 같아요."

"맞네. 그러니 이 순간부터는 인생의 목적을 절실히 의식하도록 하게. 자네 주변에 넘쳐나는 가능성에 눈뜨도록 마음을 깨우게. 더 강한 열정으로 살아가게. 인간의 마음은 세상에서 가장 큰 여과기라네. 제대로만 사용한다면 그것은 자네가 인식하는 것 가운데 중요하지 않은 것은 낱낱이 걸러내고 자네가 찾고 있는 정보만을 제공해 줄 걸세. 우리가 거실에 앉아 있는 바로 이 순간에도 수백 수천 가지의 일들이 우리의 주의가 미치지 않는 가운데 일어나고 있지. 산책하는 연인들의 웃음소리, 자네 뒤에 있는 어항 속의 금붕어, 에어컨에서 나오는 시원한 바람, 내 심장박동까지. 내가 심장의 박동에 주의를 집중하기로 마음먹는 순간부터 나는 그 리듬과 강약을 알아차리기 시작하지. 마찬가지로 자네가 인생의 주요 목표에 집중하기로 결심하면, 자네의 마음은 중요하지 않은 것은 걸러내고 중요한 것에만 집중하기 시작한다네."

"사실은 저도 이미 제 인생의 목적을 찾았어야 한다고 생각해요." 내가 말했다. "오해는 마세요, 제 삶에도 훌륭한 일들이 많았거든요. 하지만 기대했던 것만큼 보람차지는 않았어요. 만약 오늘 이 세상을 떠나야 한다면 내가 이만큼 큰 변화를 이루어 냈노라 자신 있게 말할 수는 없겠죠."

"그렇게 생각하니 기분이 어떤가?"

"우울하죠." 나는 완전히 솔직해진 기분으로 대답했다. "저에게 재능이 있다는 건 알아요. 사실 저는 어려서 그림을 꽤 잘 그렸어요. 변호사라는 직업이 안정된 삶을 약속하면서 저를 유혹하기 전까지는 말이에요."

"화가가 될 걸 하고 후회한 적이 있나?"

"그렇게 깊이 생각해 본 적은 없어요. 하지만 한 가지는 말할 수 있어요. 그림을 그릴 때면 천국에 있는 기분이었지요."

"그림 그리는 것이 자네를 신바람 나게 만들었단 말이군?"

"그럼요. 작업실에서 그림을 그리고 있을 때는 시간 가는 줄을 몰랐어요. 캔버스에 푹 빠져 있곤 했죠. 그림은 제게 해방감을 주었어요. 마치 시간을 초월해서 다른 차원으로 건너간 것만 같았죠."

"존, 그것이 바로 자신이 진정 사랑하는 일을 추구하며 마음을 쏟을 때 드러나는 힘이라네. 괴테도 말했지. '우리는 자신이 사랑하는 것에 의해 형성되고 만들어진다.' 어쩌면 자네의 다르마는 아름다운 그림으로 세상을 밝게 만드는 것일지도 모르지. 최소한 매일 조금씩이라도 시간을 내어 그림을 그리기 시작해 보게나."

"현자들의 철학을 인생을 변화시키는 것보다 훨씬 더 평범한 일에다 적용해 보는 건 어떨까요?" 나는 씩 웃으면서 줄리안에게 말했다.

"그것도 좋겠지. 예를 들자면?"

"저의 사소한 목표 중 하나는 허리에 차고 다니는 스페어타이어 같은 뱃살을 없애는 건데요, 어디서부터 시작해야 할까요?"

"헤맬 것 없네. 사소한 것부터 시작해서 목표를 설정하고 달성하는 기술을 통달하게."

"천리 길도 한 걸음부터란 말씀이시죠?" 내가 직관적으로 대꾸했다.

"바로 그걸세. 자잘한 목표를 이루어 내는 데 능숙해지면서 보다 큰 목표를 성취할 수 있는 준비를 갖추게 된다네. 그러니 자네의 질문에 있는 그대로 대답하자면, 큰 목표를 세워나가는 과정에 그보다 작은 온갖 목표를 세워나가는 건 잘못된 게 하나도 없네."

줄리안은 시바나의 현자들이 목표를 달성하고 삶의 목적을 충족시키기 위해 만든 다섯 단계의 실천법을 가르쳐 주었다. 그것은 실용적이고 단순했으며, 실제로 효과가 좋았다. 첫 번째 단계는 결과를 선명한 심상心象으로 그리는 것이었다. 줄리안은 만약 살을 빼는 것이 목표라면 매일 아침 기상 직후에, 날씬하고 건강한 몸매에 생기 넘치고 기운이 충만한 자신의 모습을 상상하라고 말했다. 머릿속 이미지가 선명할수록 더 효과가 있을 것이라고 했다. 그는 마음이야말로 무한한 힘의 보물창고여서 목표를 '심상으로 그리는' 이 단순한 행위가 소망의 실현으로 가는 문을 열어 줄 것이라고 했다. 두 번째 단계는 자신에게 약간의 '긍정적인 압력'을 가하는 것이었다.

"사람들이 어떤 결심을 하고도 실천하지 않는 주된 이유는, 예전의 익숙한 습관으로 되돌아가기가 너무나 쉽기 때문이라네. 압력이 항상 나쁜 것만은 아닐세. 압력은 훌륭한 성과를 이루어 내도록 영감을 불어넣어 줄 수 있다네. 사람들은 대개 더 이상 도망갈 곳이 없게 되어, 내면에 잠들어 있는 잠재력의 원천을 개발하지 않을 수 없을 때 엄청난 일을 해낸다네."

"어떻게 하면 자신에게 긍정적인 압력을 가할 수 있을까요?" 나는 그 방법을 아침에 일찍 일어나는 일부터, 인내심 많고 자애로운 아버지가 되는 일까지, 모든 문제에 적용할 가능성을 그려 보면서 물었다.

"방법은 무궁무진해. 가장 좋은 것 중 하나는 공개 서약이야. 알고 지내는 모든 사람들 앞에서 몸무게를 줄이겠노라고, 아니면 소설을 쓰겠노라고, 무슨 목표이든 간에 선언하는 것이지. 일단 세상에 목표를 알리고 나면, 그 즉시 목표의 성취를 향해 일하라는 압박감이 밀려올 걸세. 실패자로 보이고 싶은 사람은 없을 테니 말일세. 시바나의 스승들은 긍정적인 압박감을 만들어 내기 위해 좀 더 극적인 방법을 사용했다네. 그들은 만약 자신이 예컨대 일주일 금식이나 새벽 4시에 일어나 명상하기 등의 결심을 이행하지 못한다면, 얼음장 같은 폭포수 밑에서 사지가 마비될 때까지 물을 맞고 서 있겠노라고 서로에게 선언한다네. 이것은 긍정적인 압력을 이용해서 좋은 습관을 기르고 목표를 성취하는 방법의 극단적인 예지."

"줄리안, '극단적'이란 말조차도 너무 온건한 표현인데요. 그야말로 괴이한 의식이잖아요!"

"하지만 '극단적으로' 효과적이지. 요점은 간단하네. 좋은 습관에는 즐거움을, 나쁜 습관에는 처벌을 연상하도록 마음을 훈련시켜 놓으면 자네의 약점들은 금방 떨어져 나가 버린다네."

"소망을 실현시키는 다섯 단계가 있다고 하셨는데, 나머지 세 단계는 무엇인가요?" 내가 참지 못하고 물었다.

"그래. 존, 첫 번째 단계는 결과에 대한 선명한 심상을 갖는 것이었고, 두 번째 단계는 성취동기를 주기 위해서 긍정적인 압력을 가하는 것이었지. 세 번째 단계는 단순하다네. '목표를 세울 때는 반드시 마감 시간을 정하라.' 목표에 생명력을 불어넣으려면 거기에 정확한 시한을 정해 둬야만 한다네. 자네가 변론을 준비할 때와 마찬가지지. 자네는 당연히 공판 날짜가 잡혀 있지 않은 소송보다 내일 당장 판사가 심리하는 소송에 주의를 집중하지 않나?"

"아, 그리고," 줄리안이 설명했다. "종이에 기록되어 문서화되지 않은 목표는 목표가 될 수 없다는 점을 명심하게. 나가서 일기장을 사게. 값싼 스프링 노트 한 권이면 충분하네. 이것을 자네의 '꿈의 책Dream Book'이라 부르게. 그리고 거기에 자네의 모든 꿈과 소망과 목표를 적게. 그렇게 자신을 알아가면서 자신이 무엇에 관심이 있는지를 파악하게."

"전 제 자신을 이미 다 알고 있는데요?"

"대부분의 사람들은 모르고 있다네. 그들은 자신의 강점과 약점, 소망과 꿈을 알아내는 데 시간을 투자하지 않네. 중국인들은 자신의 이미지를 이런 식으로 정의하네. '사람의 모습을 비춰 보여 주는 세 개의 거울이 있다. 첫 번째 거울은 자신이 보는 자신의 모습을, 두 번째 거울은 남이 보는 자신의 모습을, 세 번째 거울은 진실을 비춰 보여 준다.' 자네 자신을 알게, 존. 진실을 알란 말일세."

"삶의 각 영역별로 관련된 목표들을 나눠서 적을 수 있도록 꿈의 책에 장을 나누게. 예컨대 건강 목표, 능력 향상 목표, 경제적 목표, 인간관계나 사회적 목표 그리고 아마도 가장 중요한 것이 될 영적 목표 등으로 말일세."

"우아, 그것 재미있겠는데요! 제 자신에 대해 그처럼 창조적으로 접근해 볼 생각조차 해본 적이 없어요. 정말 도전을 시작해야겠어요."

"좋은 생각이야. 내가 배운 또 다른 효과적인 방법은 자신이 원하는 것이나 자신이 닮고 싶은 재능과 자질을 가진 사람들의 사진으로 꿈의 책을 채우는 것이라네. 이제 자네의 그 '스페어타이어' 문제로 돌아가자면, 살을 빼서 매끈한 몸매를 갖고 싶다면 마라톤 선수나 유명 운동선수의 사진을 꿈의 책에 붙여 놓게. 세상에서 가장 좋은 남편이 되고 싶다면 그것의 상징이 될 만한 사람, 어쩌면 자네 아버지의 사진을 인간관계 장에다 붙여 놓으면 좋겠지. 자네가 바닷가 별장이나 스포츠카를 꿈꾼다면 그런 멋진 집이나 자동차의 사진을 찾아서 꿈의 책을 꾸미는 데 써도 좋아. 그런 다음 매일 단 몇 분만이라도 그 책을 들여다보며 꿈을 키워 가게. 그 결과는 놀라울 테니까."

"줄리안, 이건 정말 혁신적이네요. 그러니까 수 세기 동안 전해져 온 아이디어라 할지라도 그중 단 몇 가지만 실천하면 나날의 삶의 질이 훨씬 더 나아지겠어요. 제 아내도 그 책을 가지고 싶어 하겠는데요. 아내는 아마도 이 끔찍한 뱃살이 없는 나의 모습으로 꿈의 책을 채울 것 같아요."

"내가 보기에는 그리 심하지 않은걸." 줄리안이 날 다독이듯이 말했다.

"그럼 제니는 왜 저를 미스터 도넛이라고 부를까요?" 내가 웃으며 말했다.

줄리안이 참지 못하고 웃음을 터뜨렸다. 나도 따라 웃지 않을 수가 없었다. 우리는 함께 바닥을 떼굴떼굴 굴렀다.

"자신을 보고도 웃지 못하는 사람이 누구를 보고 웃을 수 있겠어요?" 나는 계속 킥킥거리며 말했다.

"그건 맞는 말이네, 친구. 과거의 생활방식에 얽매여 살 때 나의 문제는 인생을 너무 심각하게 생각한다는 것이었지. 지금은 그보다 훨씬 장난스럽고 아이 같은 시각을 갖게 되었네. 이제는 아무리 사소한 것일지라도 삶이 가져다주는 모든 선물을 만끽한다네."

"이런, 이야기가 삼천포로 빠졌군. 자네에게 해 줄 이야기가 너무나 많은데 그게 모두 한꺼번에 쏟아져 나오려고 해서 큰일일세. 목표를 이루기 위한 다섯 단계의 방법으로 돌아가 보세. 일단 원하는 결과를 마음속에 선명히 그린 다음, 자신에게 긍정적인 압력을 가하면서, 마감 시간을 정하여 노트에다 적었다면, 그 다음 단계는 요기 라만이 말하는 소위 '21일의 법칙'을 적용하는 것일세. 시바나의 현자들은 새로운 행동이 습관으로 굳어지려면, 21일 동안은 거르지 않고 새로운 행동을 반복해야 한다고 믿었다네."

"21일이 왜 그렇게 특별한 걸까요?"

"현자들은 삶을 지배하는 새롭고 유용한 습관을 만들어 내는 데 모두 달인이었지. 요기 라만은 일단 나쁜 습관이 생기고 나면 결코 지울 수가 없다고 말했어."

"아니, 오늘 저녁 내내 저보고 삶의 방식을 바꾸라고 하지 않으셨나요? 나쁜 습관을 결코 지울 수가 없다면 어떻게 삶의 방식을 바꿀 수가 있나요?"

"난 나쁜 습관이 생기면 결코 '지울' 수 없다고 했지 나쁜 습관을 좋은 습관으로 '대체할' 수 없다고는 말하지 않았네." 줄리안이 바로잡았다.

"오, 줄리안, 예나 지금이나 당신은 수사학의 대가였지요. 그래요, 무슨 말인지 알겠어요."

"새로운 습관을 영원히 정착시키는 유일한 방법은 그것에 엄청난 에너지를 쏟아부어서, 낡은 습관을 마치 불청객처럼 쫓아버리는 것이라네. 흙탕물이 담긴 컵에 맑은 물을 계속 부어 흘러넘치게 하듯이 말일세. 좋은 습관이 온전히 심어지는 데에는 보통 21일이 걸린다네. 새로운 신경회로가 만들어지는 데 소요되는 시간이지. 충분히 흘러넘치고 나면 컵에는 오롯이 맑은 물만 담겨 있을 걸세."

"잘 알겠어요. 그렇다면 제가 근심하는 습관을 지우고 좀 더 평화로운 마음으로 살기 위해 '장미의 심장' 수행을 시작하기로 했다면 매일 같은 시간에 해야만 하나요?"

"좋은 질문이네. 하지만 내가 먼저 말하고 싶은 것은, 그 무엇도 억지로 '해야만 하는' 것은 없다는 점일세. 내가 오늘 밤 자네에게 알려 주는 현인들의 철학은 자네의 성장과 발전을 진심으로 원하는 친구로서 전하는 것이라네. 모든 전략과 수단, 방법들은 오랜 세월에 걸쳐 그 효과와 결과가 검증된 것이지. 그것은 내가 보장하지. 그리고 비록 내 가슴은 자네가 현자들의 수행법을 하나도 빠짐없이 행하도록 권해야 한다고 말하지만, 내 양심은 그저 지혜를 전하는 나의 의무만 다하고 그것을 실천하는 것은 자네 몫으로 남겨 놓으라 말하고 있네. 그러니까 요점은 뭐든지 해야만 하기 때문에 하지는 말라는 걸세. 무엇을 하는 유일한 이유는 그것을 하고 싶기 때문이고, 또 그렇게 하는 것이 옳은 일임을 알기 때문이라네."

"맞아요. 줄리안, 걱정 마세요. 단 한순간도 제게 이런 정보를 억지로 밀어 넣으려 한다고 느끼지 않았어요. 아무튼 요즘 제가 목구멍에 밀어 넣는 유일한 것은 한 상자의 도넛이에요. 한 상자쯤은 가볍죠." 나는 농을 치며 웃었다.

줄리안은 조심스럽게 미소를 지었다. "고맙네, 친구. 이제 자네의 질문에 답하자면, 내가 권하고 싶은 것은 장미의 심장 기법을 날마다 같은 시간 같은 장소에서 하라는 걸세. 의식ritual에는 엄청난 힘이 있다네. 운동선수가 큰 시합을 앞두고 똑같은 음식을 먹거나 똑같은 방식으로 신발 끈을 묶는다면 이는 의식의 힘을 빌리고 있는 거라네. 교인들도 똑같은 예복을 입고 똑같은 의례를 치르며 의식의 힘을 이용한다네. 사업가들이 중요한 프레젠테이션을 앞두고 똑같은 길을 걷거나 똑같은 이야기를 하는 것도 의식의 힘을 이용하는 거라네. 자네의 일과에 어떤 활동을 새롭게 끼워 넣어서 날마다 같은 방식으로 행하면 그것은 금방 하나의 중요한 습관이 된다네."

"예컨대 대부분의 사람은 잠에서 깨면 무심결에 똑같은 행동을 한다네. 눈을 뜨면 침대에서 일어나 욕실로 가서 양치질을 시작하지. 그러니 자신의 목표를 품고 21일 동안 버티면서 날마다 같은 시간에 새로운 활동을 하면 그것은 자네의 새로운 일과로 편입될 걸세. 그게 명상이든, 일찍 일어나기든, 매일 한 시간씩 독서하기든 간에 자네는 곧 새로운 습관을 양치질만큼이나 쉽게 하게 될 거야."

"삶의 목적을 따라 나아가기 위한 마지막 단계는 무엇인가요?"

"현자들이 가르쳐 준 마지막 단계는, 자네가 삶의 길을 나아갈 때도 동일하게 적용할 수 있는 방법일세."

"제 잔은 아직 비어 있어요." 내가 존경심을 듬뿍 담아서 말했다.

"'과정을 즐겨라.' 시바나의 현자들은 이 철학에 대해 자주 말했다네. 그들은 웃지 않고 보낸 하루, 사랑 없이 보낸 하루는 살아 있지 않은 하루라고 진심으로 믿었다네."

"제가 제대로 알아들었는지 모르겠네요."

"내 말은 인생의 목표와 목적을 향해 가되 즐기면서 가라는 것일세. 신나고 짜릿하게 사는 것이 얼마나 중요한지를 결코 잊지 말게. 살아 있는 모든 것 속에 깃들어 있는 절묘한 아름다움을 지나쳐 버리지 말게. 자네와 내가 이야기를 나누고 있는 바로 오늘, 지금 이 순간은 하나의 선물이라네. 가슴을 영감과 기쁨과 호기심으로 가득 채우게. 이웃에 대한 사심 없는 봉사와 자신의 소명에 온 마음을 쏟아붓게. 나머지는 우주가 알아서 돌봐줄 테니까. 이것은 자연의 가장 진실한 법칙 중 하나라네."

"과거에 일어난 일은 결코 후회하지 말란 이야기인가요?"

"물론이지. 이 우주에 무질서란 없다네. 자네에게 일어난 모든 일, 일어날 모든 일에는 다 목적이 있어. 내가 한 말을 명심하게, 존. 모든 경험은 가르침을 준다네. 그러니 사소한 일에 매달리지 말고 인생을 즐기게."

"그게 전부인가요?"

"아직도 자네에게 전해 줄 지혜가 많아. 피곤한가?"

"전혀요. 사실은 기운이 넘쳐요. 변호사님은 정말로 기운을 북돋워 주는 사람이에요."

"좋아. 요기 라만의 우화에 나오는 다음 덕목을 이야기하기 전에 목표와 꿈의 실현에 대해 마지막으로 강조해 두고 싶은 것이 하나 있네."

"네."

"현자들이 거의 경외심을 품고 말하는 단어가 하나 있네."

"말씀해 주세요."

"이 단순한 단어는 그들에게 아주 깊은 의미를 담고 있는 듯했네. 일상적인 대화에 감초처럼 등장하곤 했거든. 그것은 '열정'이라는 단어일세. 자네가 목표를 이루면서 소명을 따라 가는 동안 항상 마음에 간직해야 할 단어일세. 불타오르는 열정은 자네의 꿈을 이루기 위해서 없어서는 안 될 가장 강력한 연료라네. 우리 사회에서는 열정이 잊혀진 단어가 되어 버렸지. 우리는 어떤 일을 사랑해서 하고 있는 게 아니야. 해야만 한다고 생각하기 때문에 하고 있지. 이것이야말로 불행의 공식일세. 나는 지금 낭만적인 열정을 말하고 있는 게 아니네. 물론 그것도 성공적이고 영감을 주는 삶을 위한 또 다른 재료이기는 하지. 하지만 내가 말하고 있는 것은 삶에 대한 열정이라네. 아침마다 충만한 기운과 함께 하루에 대한 기대로 흥분에 들떠서 일어나는 즐거움을 되찾기를 바라네. 자네가 하는 모든 일에 뜨거운 열정의 숨을 불어넣게. 그러면 이내 물질적으로나 영적으로도 풍성한 수확을 거두게 될 테니까."

"참 쉬운 일처럼 들리긴 하네요."

"쉬운 일일세. 오늘 밤부터 자네 삶의 운전대를 확실히 잡게. 자네가 자네 운명의 영원한 주인이 되기로 결심하게. 자네만의 경주를 시작하게. 자네의 소명을 찾아내고 영감에 가득 찬 삶의 황홀경을 경험해 보란 말일세. 마지막으로, 자네 앞에 놓인 미래도, 자네 뒤에 놓인 과거도 지금 자네 안에 있는 것에 비하면 아무것도 아니라는 사실을 명심하게."

"고맙습니다, 줄리안. 정말 제가 꼭 들어야 할 말이었어요. 저는 제 삶에 부족한 것이 무엇인지를 전혀 깨닫지 못하고 있었어요. 이제껏 저는 삶의 진정한 목적을 모른 채 헛되이 방황하면서 살아왔어요. 앞으로는 모든 게 달라질 거예요. 약속할 수 있어요. 정말 고마워요."

"천만에, 친구. 나는 그저 내 삶의 목적을 이루고 있을 뿐이라네."

상징

등대

덕목　　삶의 목적을 따르라.

지혜　　* 삶의 목적은 목적 있는 삶을 사는 것이다.
　　　　* 필생의 업을 찾아 실현하는 것이 영원한 만족을 준다.
　　　　* 개인적, 직업적, 영적 목표를 명확히 정하고 행동에 옮기는
　　　　　용기를 내라.

방법　　* 자기 검증의 힘
　　　　* 꿈의 책
　　　　* 목표 달성을 위한 5단계의 실천법

인용구　신나고 짜릿하게 사는 것이 얼마나 중요한지를 결코 잊지 말라.
　　　　살아 있는 모든 것 속에 깃들어 있는 절묘한 아름다움을
　　　　지나쳐 버리지 말라. 바로 오늘, 지금 이 순간은 하나의 선물이다.
　　　　그대의 소명에 온 마음을 쏟아부어라. 나머지는 우주가 알아서
　　　　돌봐줄 테니까.

9장

자기를 다스리기

훌륭한 사람은 끊임없이 자신을 단련한다.

- 공자

"시간이 너무 빨리 지나가는군." 줄리안은 자신의 빈 잔에 다시 차를 따르면서 말했다. "밤이 너무 늦었네. 이러다가 날이 새겠군. 어떤가? 이야기를 더 듣고 싶은가 아니면 오늘 밤은 이 정도로 충분한가?"

줄리안이 손에 쥐고 있는 보석 같은 지혜의 말들을 다 듣기도 전에 그를 보낸다는 것은 말도 안 되는 일이었다. 사실 처음에는 그의 이야기가 판타지로만 들렸다. 그러나 들으면 들을수록 그가 터득한 영원한 철학에 빠져들게 되고, 나는 어느새 그의 이야기를 깊이 신뢰하게 되었다. 이것은 싸구려 장사꾼의 얄팍하고 자기만족적인 회고담이 아니었다. 줄리안은 진짜였다. 그는 말과 행동이 정확히 일치했다. 그의 메시지는 진실했고, 그래서 나는 그를 신뢰했다.

"제발 계속해 주세요, 줄리안. 세상 모든 시간이 다 제 거예요. 오늘 밤 아이들은 할아버지 댁에서 자고 있고, 제니는 아직 몇 시간은 더 잘 거예요."

나의 진지한 태도를 본 줄리안은 요기 라만의 상징적인 우화에 대한 이야기를 이어갔다. 풍요롭고 빛나는 삶을 가꾸는 지혜를 가르쳐 주는 우화였다.

"정원은 비옥한 마음의 토양을 상징한다고 했었지. 등대는 목표의 힘과 인생에서 자신의 소명을 발견하는 일의 중요성을 상징한다고 말했고. 우화가 이어지는 동안 등대의 문이 천천히 열리고 구척장신에 몸무게가 400킬로그램이나 되는 일본 스모 선수가 걸어 나온 것 기억하지?"

"못된 고질라가 나오는 영화 같아요."

"어릴 때는 그런 영화를 좋아했었지."

"저도요. 어서 이야기를 계속해 주세요." 내가 말했다.

"스모 선수는 삶을 변화시키는 시바나 현자들의 수행 체계에서 매우 중요한 요소를 상징한다네. 요기 라만은 고대 동양에서는 위대한 스승들이 '카이젠かいぜん, 改善'의 철학을 발전시키고 다듬었다고 했네. 일본어로 이 단어는 지속적으로 이루어지는 '끝없는 개선'을 뜻한다네. 그것은 온전히 깨어나 고결한 존재로 살고 있는 이들의 징표이지."

"그 카이젠이라는 개념이 현자들의 삶을 어떻게 더 풍요롭게 했다는 거죠?" 내가 물었다.

"존, 전에도 말했지만 외적 성공은 내적 성공에서부터 비롯된다네. 건강이든 인간관계든 돈이든 간에 외부의 세계를 진정으로 개선하고 싶다면 먼저 내면세계부터 개선시켜야 한다네. 가장 효과적인 방법은 지속적인 자기계발의 실천을 통해서야. 자기 자신을 다스리는 것은 삶의 주인이 되기 위한 밑그림과 같다네."

"줄리안, 이렇게 말씀드려도 될지 모르겠지만 '내면세계'에 대한 이야기들이 제게는 어쩐지 비밀스러운 종교의 교리처럼 들려요. 아시겠지만 저는 미니밴을 몰고 교외에 살면서 차고에는 잔디깎이가 있는 중산층 변호사일 뿐이라고요. 사실 지금까지 들려준 대부분의 지혜는 상식적으로 이해가 돼요. 상식적이라는 것이 지금 이 시대에 통용되는 것을 뜻할 뿐이긴 하지만요. 그런데 이 카이젠이라는 것과 내면세계를 개선한다는 개념은 쉽게 와닿지가 않네요. 그건 정확히 무슨 뜻일까요?"

줄리안이 재빨리 응답했다. "우리 사회에서는 흔히 무지한 사람을 약한 사람으로 낙인찍곤 하지. 하지만 자신의 무지를 고백하고 가르침을 구하는 사람들은 그 누구보다도 먼저 깨달음의 길을 발견하지. 방금 한 솔직한 질문은 자네가 새로운 아이디어에 마음을 열고 있다는 걸 보여 주네. 변화는 오늘날 우리 사회에서 가장 강력한 힘일세. 대다수의 사람들은 변화를 두려워하고 지혜로운 사람만이 그것을 맞아들인다네. 선불교에서는 초심자의 마음에 대해 말하지. '잔이 늘 비어 있는 사람' 즉 새로운 개념에 마음이 열려 있는 사람은 언제나 더 높은 성취와 완성의 경지로 움직여 간다고 말일세. 아무리 기본적인 것이라도 질문하기를 주저하지 말게. 질문이야말로 지식을 이끌어 내는 가장 효과적인 방법이니까."

"고맙습니다. 하지만 여전히 카이젠이 무엇인지는 모르겠어요."

"내면세계를 개선시키라는 것은 간단히 말해서 자기를 고쳐나가며 자아의 확장을 이루라는 뜻이네. 그것이야말로 자네가 자신을 위해 할 수 있는 가장 좋은 것이지. 자네는 너무 바빠서 자기자신을 위해 쓸 시간은 없다고 생각하겠지. 그것은 엄청난 착각이라네. 보게, 만약 자네가 충분한 시간을 들여서 규율 잡힌 마음과 에너지와 낙천성으로 충만한 강한 인격을 구축해 놓으면, 자네는 세상에서 무엇이든 가질 수 있고 무엇이든 할 수 있게 된다네. 자신의 능력에 대한 깊은 믿음과 불굴의 기상을 기르고 나면, 자네는 추구하는 모든 일에서 성공을 거두어 큰 보상을 얻게 될걸세. 마음의 주인이 되기 위한 시간, 몸을 돌보는 시간, 영혼을 살찌우는 시간을 반드시 가지게. 그렇게 하면 자네는 더 풍요롭고 활기찬 삶을 일굴 수 있는 위치에 서게 될 걸세. 그리스의 철학자 에픽테토스는 이렇게 말했지. '자기 자신의 주인이 되지 않고는 자유로워질 수 없다.'"

"그러니까 카이젠은 사실 매우 실용적인 개념이군요."

"매우 실용적이지. 생각해 보게, 존. 자기 자신도 이끌지 못하는 사람이 어떻게 한 회사를 이끌 수 있겠나? 자기 자신을 가꾸고 돌보는 법을 모르는 사람이 어떻게 한 가정을 돌볼 수 있겠나? 자기 안에 선한 마음이 없는데 어떻게 선한 일을 할 수가 있겠는가? 무슨 말인지 알겠나?"

나는 완전한 동의의 표시로 고개를 끄덕였다. 자신을 개선시키는 일의 중요성에 대해서 진지하게 생각해 보기는 이번이 처음이었다. 나는 지하철에서『긍정적 사고의 힘』같은 자기계발서를 읽고 있는 사람을 보면, 제자리로 돌아가기 위해서는 자기계발서 같은 일종의 약이 절실히 필요한, 곤경에 처한 영혼이라고만 생각했었다. 그러나 이제는 자신을 강화시키는 데 시간을 투자하는 사람이야말로 가장 강한 사람이며, 다른 이들의 삶을 개선시킬 수 있는 길은 오로지 자기 자신을 먼저 개선해 나가는 길밖에 없다는 사실을 깨달았다. 그래서 나는 내가 개선할 수 있는 모든 것에 대해 숙고해 보기 시작했다. 운동을 한다면 분명 그것이 가져다줄 여분의 에너지와 건강을 활용할 수 있을 것이다. 까다로운 성질머리와 남에게 간섭하기 좋아하는 버릇을 고친다면 아내와 아이들과의 관계도 좋아질 것이다. 그리고 근심하는 습관을 지워 버린다면 그토록 오래 갈구하던 마음의 평화와 깊은 행복감을 누릴 수 있을 것이다. 생각하면 할수록 고쳐야 할 점이 더 많이 보였다.

나는 좋은 습관을 기르면서 내 삶 속으로 흘러들어 올 온갖 긍정적인 것들을 예상하면서 점점 흥분하기 시작했다. 하지만 나는 줄리안이 매일의 수련, 건강식, 균형 잡힌 생활방식보다 훨씬 더 중요한 것에 대해 이야기하고 있다는 것을 깨달았다. 히말라야에서 그가 배운 것은 이보다 훨씬 더 심오하고 의미 있는 것이었다. 그는 인격의 힘을 키우는 것, 강한 정신력을 키우는 것, 용기 있게 사는 것의 중요성을 이야기했다. 그는 이 세 가지 덕목은 우리를 단지 덕이 높은 삶뿐만 아니라 성취와 만족, 내면의 평화로 가득한 삶으로 이끌어 줄 것이라고 말했다. 그 가운데서도 용기는 모든 사람이 개발할 수 있으며 장기적으로 엄청난 이익을 돌려줄 덕목이었다.

"용기가 자기를 다스리며 개인적인 발전을 이루어 나가는 것과 무슨 상관이 있죠?" 내가 물었다.

"용기는 자신만의 경주를 펼칠 수 있게 해 준다네. 용기는 하고 싶은 일이 무엇이든 그것을 할 수 있게 해 주지. 자신만은 그것이 옳다는 것을 알고 있으니까. 용기는 남들이 실패한 곳에서도 버텨 낼 수 있는 자제력을 준다네. 결국 자네가 품고 있는 용기의 수준이 자네가 얻을 수 있는 만족의 크기를 결정할 걸세. 용기는 삶이라는 서사시의 모든 오묘함과 경이로움을 실제로 실현할 수 있게 해 준다네. 자기 자신을 다스리는 사람들은 한결같이 엄청난 용기를 가지고 있었지."

"좋습니다. 자신을 다스리는 공부의 힘이 이해되기 시작했어요. 그렇다면 저는 어디서부터 시작하면 좋을까요?"

줄리안은 놀랍도록 별빛 찬란한 영광스럽고 아름다운 밤, 산 위에서 요기 라만과 나누었던 대화로 다시 돌아갔다.

"처음에는 나도 자기계발이라는 개념을 받아들이는 데에 어려움이 있었다네. 사실 나는 공항에서 빈둥거리는 히피족 같은 사람들이 들이대는 뉴에이지 이론 따위에는 신경 쓸 시간조차 없는, 하버드 출신의 냉정한 법조인이었지. 그런데 내가 틀렸었네. 오랜 세월 동안 내 삶을 옭아매고 있었던 것은 편협하게 닫힌 이 마음이었네. 요기 라만의 이야기를 들으면 들을수록, 예전 생활에서 겪었던 고통과 괴로움을 돌이켜볼수록, 나는 심신과 영혼을 끝없이 풍요롭게 해 주는 카이젠의 철학에 매료되었네. 그리고 그 철학을 새로운 삶 속으로 환대하며 맞아들였네." 줄리안이 말했다.

"요즘 들어 '몸과 마음과 영혼'에 관한 이야기를 가는 곳마다 들어요. 심지어는 TV를 틀어도 어디서나 그 이야기뿐인 것 같아요."

"그것이 인간으로서 선물 받은 세 가지 자질이기 때문일세. 육체라는 선물을 가꾸지 않고 마음의 힘만 키우는 일은 매우 공허한 승리일 걸세. 또한 몸과 마음을 고도로 계발했다 하더라도 영혼을 살찌우지 않고서는 역시 불만족스러운 상태에서 벗어날 수 없을 걸세. 하지만 세 가지 인간 자원의 잠재력을 모두 열어젖히는 일에 모든 에너지를 투입한다면 깨달은 삶의 신성한 황홀경을 맛보게 될 걸세."

"줄리안, 저는 벌써 마음이 들뜨는군요."

"어디서부터 시작해야 하냐고 물었지? 그 질문에 대해서는 잠시 후에 강력한 고대의 기법 몇 가지를 알려 주기로 약속하지. 하지만 먼저 실용적인 예시를 한 가지 보여 주지. 팔굽혀펴기 자세를 취해 보게."

'맙소사, 줄리안이 훈련소 교관이 되어 버렸네.' 나는 속으로 이렇게 생각했다. 하지만 호기심도 생기고, 잔이 늘 비어 있는 사람이 되라는 가르침에 따라, 일단 시키는 대로 했다.

"이제 자네가 할 수 있는 최대한의 개수만큼 팔굽혀펴기를 하게. 정말로 더 이상은 못 하겠다고 느낄 때까지 멈추지 말게."

나는 끙끙대며 팔굽혀펴기를 했다. 100kg 이상의 내 몸뚱이는 아이들과 함께 가장 가까운 맥도널드로 걸어가거나 동료들과 골프를 치며 한 바퀴 도는 정도 이상의 일을 하기에는 무리였다. 처음 15회까지는 고통 그 자체였다. 여름밤의 열기에다 몸의 불쾌함이 더해져서 땀이 비 오듯 흐르기 시작했다. 하지만 나는 나약한 모습을 보이지 않겠다는 각오로, 내 허영심이 팔의 근육과 함께 항복 선언을 할 때까지 계속했다. 결국 23회에서 나는 포기했다.

"더 이상은 안 되겠어요, 줄리안. 죽겠어요. 여기서 뭘 하려고 하시는데요?"

"더 이상 못 하겠다는 게 확실한가?"

"확실해요. 자, 이제 그만하죠. 여기서 배울 수 있는 유일한 교훈은 심장 발작에 대비해 운동을 해 둬야 한다는 것뿐이네요."

"10개만 더 해보게. 그럼 쉽게 해 주지." 줄리안이 명령했다.

"놀리지 말아요!"

하지만 나는 계속했다. 마침내 열 번을 채우고 나는 완전히 기진맥진하여 바닥에 드러누웠다.

"그날 밤, 요기 라만은 나에게도 지금과 정확히 똑같은 일을 시켰다네." 줄리안이 말했다. "그는 내게 고통은 위대한 스승이라고 가르쳐 주었네."

"이런 경험에서 무엇을 배울 수가 있다는 거죠?" 내가 간신히 숨을 쉬면서 물었다.

"요기 라만이나 시바나의 현자들은 사람은 미지의 영역에 들어설 때 가장 크게 성장한다고 믿었다네."

"좋아요. 하지만 나에게 팔굽혀펴기를 시키는 것이 그것과 대체 무슨 상관이 있나요?"

"자네는 스물세 번을 하고는 더 이상 못하겠다고 했지. 그게 절대적인 한계라고 했다고. 그런데 더 해보라고 했을 때 무려 열 번이나 더 했잖은가? 자네는 내면에 더 많은 것을 가지고 있었고, 힘의 근원에 도달했을 때 더 많은 것을 이끌어 냈던 거야. 내가 그의 학생이었을 때, 요기 라만은 근본적인 진리 하나를 가르쳐 줬어. '인생의 유일한 한계는 스스로가 설정한 한계다.' 기존의 안락한 영역 밖으로 과감히 나와 미지의 영역을 탐구하면 자신이 가진 진정한 잠재력을 해방시키게 된다네. 이것이 자기를 다스려 삶의 모든 상황에서 주인이 되는 경지에 이르기 위한 첫걸음이라네. 이 작은 실험에서 자네가 했던 것처럼, 자신의 한계 너머로 밀고 나가면 자신에게 있으리라고는 생각조차 하지 못한 정신적,

육체적 자원의 보고를 열어젖히게 된다네."

'멋지네.' 나는 생각했다. 그러고 보니 최근에 읽은 책에서도 '평범한 인간은 자신이 가진 능력 중 극히 작은 일부분만을 사용한다'는 구절을 봤다. 나는 우리가 남은 능력을 모두 사용했을 때 과연 무슨 일을 할 수 있을지 궁금해졌다.

줄리안은 이런 나의 속내를 감지했다.

"날마다 자신을 밀어붙여서 카이젠 수행을 해보게. 몸과 마음을 개선하도록 열심히 수행하게. 영혼을 살찌우게. 자네가 두려워하는 일을 하게. 넘치는 에너지와 무한한 열정으로 살기 시작하게. 태양이 떠오르는 것을 지켜보게. 빗속에서 춤추게. 자네가 꿈꿔 온 바로 그 사람이 되게. 너무 어리다고, 너무 늙었다고, 너무 부자라고, 너무 가난하다고 스스로 속여 왔기 때문에 하지 않았던, 하지만 언제나 하고 싶었던, 바로 그 일을 하게. 고결하고 생명으로 충만한 삶을 살아갈 준비를 하게. 동양에는 '행운은 준비된 자의 편이다'라는 말이 있지. 나는 인생 역시 마음이 준비된 자의 편이라고 믿네."

줄리안은 열띤 강의를 이어갔다. "자네를 붙들고 놔주지 않는 것들이 무엇인지를 알아내게. 자네는 사람들 앞에서 말하는 것이 두려운가? 아니면 인간관계에서 어려움을 겪는가? 긍정적인 마음가짐이나 삶의 에너지가 부족한가? 자네의 약점 목록을 만들어 보게. 자신의 삶에 만족하는 사람들은 다른 사람들보다 훨씬 생각이 깊다네. 시간을 내서 자네가 진실로 원하고, 마음 깊은 곳에서는 그렇게 살 수 있음을 알면서도, 그렇게 살지 못하게 가로막고 있는 장애물이 무엇인지 곰곰이 생각해 보게. 그렇게 자신의 약점이 무엇인지를 파악했다면 그다음 단계는 그것과 직면해야 하네. 자신의 두려움에 정면으로 부딪혀 보는 걸세. 사람들 앞에서 말하는 것이 두렵다면 20회 강연에 사인을 하게. 새로운 사업을 시작하기가 두렵다거나, 불만족스러운 관계를 깨기가 두렵다면 내면의 결기를 모조리 쥐어짜서 감행하게. 자네가 지금껏 경험해 본 적 없는 진정한 자유를 맛볼 수 있을 걸세. 두려움이란 자네가 만들어 낸 정신적인 괴물에 지나지 않는다네. 의식의 부정적인 흐름이지."

"두려움이 의식의 한 줄기 부정적인 흐름에 지나지 않는다고요? 멋진 말이네요. 그러니까 나의 모든 두려움은 그동안 내 마음속으로 기어든 작은 그렘린*gremlin*(기계장치에 숨어들어 그 기능을 마비시킨다는 상상 속의 요괴 _역주)에 지나지 않는다는 거죠?

"그렇지, 존. 그것들이 자네가 행동을 취하지 못하도록 훼방할 때마다 오히려 자네는 그것들에게 연료를 공급해 주었지. 하지만 자네가 두려움을 정복한다면 그것은 곧 자신의 삶을 정복하는 것일세."

"예를 들어 주실 수 있나요?"

"좋아, 대중 강연을 예로 들어 보세. 대부분의 사람들이 죽기보다 더 두려워하는 일이지. 나는 변호사로 활동할 때 법정에 들어서는 것조차 겁내는 변호사들을 실제로 봤다네. 그들은 방청객으로 꽉 들어찬 법정에 발을 들여놓지 않을 수만 있다면 이길 수 있는 소송을 합의하게 만드는 짓조차 마다하지 않더군."

"저도 그런 사람을 봤어요."

"자네는 그들이 실제로 태어날 때부터 그런 두려움을 타고났다고 생각하나?"

"그렇지 않기를 바라지요."

"아이들을 보게. 아이들은 한계가 없다네. 아이들의 마음은 잠재력과 가능성이 만발한 꽃밭이라네. 제대로 가꿔 주기만 한다면 아이는 위대한 인물로 클 걸세. 아이의 마음을 부정성으로 가득 채워 놓으면 기껏해야 소심하고 평범한 어른으로 크겠지. 요점은 이걸세. 대중 강연이든 상사에게 봉급 인상을 요구하는 것이든, 햇살이 눈부신 호수에서 수영하는 것이든, 달빛 아래서 해변을 거니는 것이든, 어떤 경험도 그 자체로 고통스럽거나 유쾌한 것은 없다네. 그것을 그렇게 만드는 것은 자네의 생각일 뿐이지."

"아주 흥미롭군요."

"이를테면 아이에게 화창한 날씨를 우울하게 느끼도록 훈련시킬 수도 있네. 아이가 강아지를 나쁜 동물로 여기게 만들 수도 있고. 마찬가지로 어른에게도 마약을 즐거운 이완의 도구로 여기게 만들 수도 있다네. 모두가 조건화의 문제일세. 안 그런가?"

"그렇죠."

"두려움도 마찬가지일세. 두려움은 조건화된 반응일세. 자네가 조심하지 않으면 그 습관은 흡혈귀처럼 자네의 에너지와 창조성

그리고 영혼을 쉽게 잠식해 버리고 말 거야. 두려움이 그 흉한 얼굴을 쳐들면 재빨리 때려눕혀 버리게나. 그렇게 할 수 있는 최선의 방법은 두려워하는 일을 자진해서 하는 것일세. 두려움의 해부학을 이해하게. 그것은 자네의 창조물이라네. 다른 창조물처럼 쉽게 세우고 쉽게 무너뜨릴 수 있는 것이네. 마음의 요새에 은밀히 숨어든 모든 두려움을 낱낱이 찾아내서 파괴해 버리게. 이것만으로도 엄청난 자신감과 행복 그리고 마음의 평화가 찾아올 걸세."

"사람의 마음이 두려움에서 완전히 자유로운 상태가 될 수 있을까요?" 내가 물었다.

"훌륭한 질문이군. 답은 백번 강조해도 '예스!'라네. 시바나의 현자들은 모두가 전혀 두려움이 없었다네. 그들의 걷는 모습이나 이야기하는 모습에서 그리고 그들의 눈을 깊이 들여다봐도 알 수 있었지. 그리고 존, 한 가지 더 말해 주지."

"뭔데요?" 그의 말에 깊이 빠져든 채로 내가 물었다.

"나 역시도 두려움이 없다네. 나는 내 자신을 들여다보고 나의 본성이 불굴의 강인함과 무한한 잠재력을 품고 있다는 것을 알게 됐지. 단지 오랜 세월 자신을 돌보지 않고 균형 잃은 사고방식에 갇혀 있었을 뿐이네. 한 가지 더 말해 줄까? 만약 자네의 마음에서 두려움을 지워 버릴 수만 있다면 그 즉시 훨씬 젊고 활기찬 건강을 누릴 수 있을 걸세."

"아, 심신상관心身相關 이론이로군요." 나의 무지가 감춰지기를 바라면서 내가 대꾸했다.

"맞아, 동양의 현자들은 5천 년 전부터 그 사실을 알고 있었다네. 따지고 보면 '뉴에이지New Age'가 아닌 셈이지." 그가 빛나는 얼굴에 더욱 광채를 띠며 싱거운 미소를 지었다.

"현자들은 나에게 또 다른 강력한 원리를 가르쳐 줬는데, 나는 그것을 자주 떠올리곤 한다네. 자네가 자기를 다스려 스스로의 주인이 되는 길을 가는 동안에도 그것은 매우 귀한 지혜가 되리라고 생각하네. 그것은 내가 쉽게 살고 싶은 생각이 들 때마다 동기를 부여해 주었다네. 이 철학은 간단명료하게 요약될 수 있네. '자신의 잠재력을 고도로 발휘하는 사람들과 그저 그렇게 살아가는 사람들의 차이점은 전자는 후자가 하고 싶어 하지 않는 일을 한다는 점이다.' 그들은 비록 자신도 마찬가지로 하고 싶지 않아도 결국 해내는 사람들이지."

"진정으로 깨달아 날마다 깊은 행복을 경험하는 사람은 장기적인 성취를 위해서 일시적인 쾌락은 언제든지 미루어 놓을 준비가 된 사람이라네. 그래서 그들은 미지의 영역에 발을 딛는 엄청난 불편을 감수하고서라도 자신의 약점과 두려움에 정면으로 맞선다네. 그들은 카이젠의 지혜를 따라 살아갈 각오가 되어 있어서 자신의 모든 측면들을 끊임없이 발전시켜 나간다네. 그리하여 시간이 지나면 예전에는 어려웠던 일들이 쉬워지고, 그들이 누려야 할 행복과 건강과 풍요를 가로막고 있던 두려움은 허수아비처럼 힘없이 떨어져 나가 버린다네."

"그러니까 삶을 변화시키려면 먼저 자신을 변화시켜야 한다는 말씀인 거죠?"

"맞아. 그건 내가 법대에 다닐 때 좋아했던 교수님께서 해 주신 이야기와도 비슷하네. 어느 날 밤, 회사에서 힘든 하루를 보내고 집에 돌아온 아버지가 신문을 읽으면서 쉬고 있었다네. 그런데 아빠와 놀고 싶던 아들이 계속 훼방하며 졸라 댔네. 시달리던 아버지는 신문에 있던 세계지도를 수백 조각으로 찢은 다음 아들에게 주면서 도로 맞춰 보라고 했지. 그 정도면 신문을 다 읽을 때까지 아들을 충분히 바쁘게 만들 수 있겠다고 생각한 거지. 하지만 놀랍게도 아들은 1분 만에 세계지도를 다 맞춰서 가지고 왔다네. 깜짝 놀란 아버지가 어떻게 그럴 수 있었느냐고 묻자 아들은 빙그레 웃으면서 대답했지. '아빠, 세계지도 뒷면에는 사람 사진이 있었어요. 얼굴을 다 맞춰 놓으니 세계도 다 맞춰지던데요.'"

"멋진 이야기네요."

"이보게 존, 시바나의 현자나 하버드 대학의 교수님이나, 내가 만난 모든 지혜로운 사람들은 행복의 공식을 알고 있었던 것 같네."

"계속 이야기해 주세요." 내가 참을성 없이 재촉했다.

"그것은 내가 전에 말한 적이 있네. 행복은 가치 있는 목표를 하나씩 실현해 가는 과정을 통해서 부수적으로 온다는 거지. 자신이 정말로 사랑하는 일을 하고 있으면 깊은 만족을 얻게 되어 있다는 말일세."

"행복이 그저 자신이 사랑하는 일을 하고만 있으면 누구에게

나 찾아오는 것이라면 왜 이토록 많은 사람들이 불행한 걸까요?"

"좋은 지적일세, 존. 배우가 되려고 지금 하고 있는 일을 포기한다거나, 아니면 더 의미 있는 일에 매진할 시간을 만들기 위해 덜 중요한 일을 포기한다거나, 이렇듯 자신이 사랑하는 일을 하려면 엄청난 용기가 필요하기 때문일세. 일단은 자신이 머물고 있던 안전지대를 벗어나야만 하거든. 변화는 언제나 처음에는 조금 불편하다네. 게다가 꽤 위험하기까지 하지. 하지만 그것만 빼면 이것이야말로 기쁨이 가득한 삶을 설계하는 가장 확실한 방법일세."

"용기를 키우려면 구체적으로 어떻게 해야 하나요?"

"앞서 한 세계지도 이야기와 같다네. 자신의 조각들을 온전하게 짜맞춰 놓으면, 자네의 세계도 온전해지지. 몸과 마음과 인격을 다스리면 행복과 풍요가 마법처럼 삶 속으로 흘러든다네. 하지만 날마다 단 10~15분씩만이라도 자기 자신과 마주하는 시간을 보내야만 하네."

"요기 라만의 우화에서 구척장신에 체중 400kg의 스모 선수는 무엇을 상징하나요?"

"우리의 육중한 친구는 끊임없는 자아의 확장과 진보를 뜻하는 말인 카이젠의 힘을 자네에게 상기시켜 줄 걸세."

지난 몇 시간 동안 줄리안은 내가 평생 들어 본 이야기 가운데 가장 강력한 정보들을 전해 주었다. 나는 마음속에서 일어나는 마술과 그것이 지닌 잠재력의 보고에 대해 알게 되었다. 마음을 고요하게 만들고 꿈과 소망에 그 힘을 집중시켜 주는 지극히 실용적인 수행법도 배웠다. 그리고 개인적, 직업적, 영적 세계의 모든 측면에서 정확한 목표를 설정하고 분명한 삶의 목적을 가지는 것이 얼마나 중요한지도 배웠다. 게다가 이제 나는 까마득한 세월을 통해 전해진, '자기 자신의 주인이 되는 원리*principle of self-mastery*'인 카이젠에 대해서도 배웠다.

"어떻게 하면 카이젠의 도를 수행할 수 있나요?"

"무척 오래된, 지극히 효과적인 의식 열 가지를 가르쳐 주겠네. 그것이 자네를 자기 지배의 길로 깊숙이 인도해 줄 걸세. 그것의 효용을 믿고 날마다 규칙적으로 수행하면 자네는 오늘부터 한 달 내로 놀라운 결과를 목격하게 될 걸세. 이 기법을 자네의 일상에 포함시켜서 습관이 될 정도로 꾸준히 실천하면 자네는 완벽한 건강과 무한한 에너지, 영원한 행복과 마음의 평화에 이르게 될 것이네. 그리하여 마침내는 자신의 신성한 운명과 만나게 될 걸세. 그것은 인간의 타고난 권리이니까."

"요기 라만은 그 열 가지 의식의 '신묘함'에 대한 깊은 믿음 속에서 내게 그것을 가르쳐 주었네. 자네도 내가 그 힘을 증명하는 산증인이라는 사실에는 동의하리라 생각하네. 일단 내가 하는 말을 듣고, 그 결과를 직접 확인해 보기를 권하네."

"단 30일 만에 인생을 바꿔 놓는 결과가 일어난다고요?" 내가 미심쩍은 표정으로 물었다.

"그렇다네. 그 대신 자네는 매일 한 시간씩 시간을 내서 내가 일러 줄 기법을 연이어 한 달 동안 수행해야만 하네. 필요한 것은 오로지 자신에 대한 투자뿐이라네. 시간이 없다고는 하지 말게."

"정말 시간이 없어요." 내가 정직하게 말했다. "요새 사무실 일이 너무 바빠요, 줄리안. 나만의 시간은 한 시간은 고사하고 십 분도 내기가 어려워요."

"말했듯이, 마음을 계발하는 것이든 영혼을 살찌우는 것이든, 자기계발에 쓸 시간이 없다고 하는 것은 운전자가 차를 몰고 달리기에 바빠서 기름을 넣을 시간이 없다고 하는 것이나 다를 바 없어. 자네는 결국 발목을 잡히고 말 걸세."

"정말요?"

"당연하지."

"어떻게요?"

"이렇게 말해 볼까. 자네는 수백만 달러짜리 고성능 경주용 자동차와 비슷하네. 잘 정비된 고도로 정교한 기계 말일세."

"제가요? 감사합니다, 줄리안."

"자네의 마음은 우주에서 가장 경이로운 것이고, 자네의 몸은 자네를 깜짝 놀라게 할 능력을 가지고 있다네."

"동의해요."

"이 수백만 달러짜리 고성능 기계의 가치를 알면서도 엔진을 식히고 타이어를 교체하기 위한 정차도 없이 날마다 단 한 순간도 쉬지 않고 험하게 몰고 다니는 것이 현명한 일일까?"

"물론 현명한 행동은 아니죠."

"그걸 아는 사람이 어째서 매일 개인적인 정비나 휴식의 시간을 갖지 않는가? 왜 마음이라는 고성능 엔진의 열을 식힐 시간을 주지 않는가? 이제 내 말을 알아듣겠나? 자신을 재정비하기 위해 시간을 갖는 것은 자네가 할 수 있는 가장 중요한 일이라네. 아이러니하게도 자네가 정신없이 바쁜 일정 중에서도 자기계발과 개인적 풍요를 위해 약간의 시간을 낸다면, 일로 복귀했을 때 자네의 업무 효율성은 극적으로 높아져 있을 걸세."

"30일간 하루에 한 시간만 내면 되나요?"

"맞네. 그게 내가 항상 찾아 헤맸던 마법의 공식일세. 예전 전성기 시절의 내가 그 중요성을 알고 있었다면 아마도 그 공식을 얻기 위해서라면 수백만 달러라도 지불했을 걸세. 그게 공짜라는 건 까마득히 몰랐겠지만. 다른 값을 따질 수 없는 귀중한 지식처럼 말이야. 그러니 자네는 그것의 가치에 대해 확신을 갖고 이 공식을 이루는 원리와 기법들을 날마다 규칙적으로 실천해야만 하네."

"이것은 단기 속성 과정이 아닐세. 한번 시작하면 장기적으로 해야만 하네."

"무슨 뜻이죠? 30일 동안만이라고 하셨잖아요?"

"하루에 한 시간씩 자신을 보살피면 30일 안에 극적인 결과를 얻게 될 거야. 자네가 제대로만 한다면 말이지. 새로운 습관을 완전히 정착시키는 데 필요한 시간이 한 달쯤이니까. 이 기간만 지나면 자네가 배운 원리와 기법은 마치 제2의 피부처럼 자네에게 잘 맞게 될 걸세. 중요한 것은 결과를 계속 얻으려면 이후에도 그 것을 날마다 실천해야 한다는 거야."

"타당하네요." 내가 동의했다. 줄리안은 자신의 삶에서 활력과 평온의 원천을 개발한 것이 분명했다. 병약한 변호사였던 그가 생기 넘치는 철학자로 변신한 것은 실로 기적에 가까운 일이었 다. 그 순간 나는 앞으로 배우게 될 원리와 기법을 하루에 한 시 간씩 실천하기로 마음먹었다. 과거의 습관처럼 남을 바꾸려고 애 쓰기 전에 나 자신을 발전시키기로 마음먹은 것이다. 어쩌면 나 도 '줄리안식의 변신'을 경험할 수 있을지 모른다. 그것은 분명히 시도해 볼 만한 일이었다.

그날 밤, 나는 어수선한 거실 바닥에 앉아서 '빛나는 삶을 위한 10가지 의식'을 배웠다. 그중 어떤 것은 집중적인 노력이 필요했 다. 또 어떤 것은 쉽게 할 수 있었다. 모든 의식이 흥미로웠고 비 상한 결과를 약속해 주고 있었다.

"첫 번째 수행법은 현자들이 '고독의 의식*Ritual of Solitude*'이라 고 부르는 것일세. 이것은 일상 속에 평화의 시간을 의무적으로 포함시키게끔 고안한 것일세."

"평화의 시간이란 게 뭐죠?"

"침묵이 지닌 치유력을 탐사하고 자신이 진정 누구인지를 깨 닫는, 짧게는 15분에서 길게는 50분 정도의 시간을 말하네." 줄 리안이 설명해 주었다.

"과열된 엔진을 식혀 줄 일종의 휴식 같은 건가요?" 내가 살짝 미소를 지으며 물었다.

"아주 정확한 표현일세. 자네는 장거리 여행을 해본 적 있나?"

"물론이죠. 여름마다 우리 가족은 처가 식구와 함께 섬에서 2주 정도 지내다 온답니다."

"그렇다면 가는 길에 휴게소에도 들르겠지?"

"예, 음식을 먹기 위해서나 졸음이 몰려올 때요. 여섯 시간 동안 뒷자리에서 아이들이 싸우는 소리를 듣다 보면 잠시 눈을 붙여야 하죠."

"그렇다면 '고독의 의식'을 영혼을 위해 휴게소에 정차하는 시간으로 여기게. 아름다운 침묵의 담요를 두르고 홀로 시간을 보냄으로써 자신을 스스로 재정비하는 시간 말일세."

"침묵이 그렇게 특별한 것인가요?"

"좋은 질문이네. 고독과 고요는 우리를 창조의 근원에 연결시켜 주고 우주의 무한한 지성을 풀어놓는다네. 존, 마음은 호수와 같은 것일세. 혼란한 세상 속에서 대다수 사람들의 마음은 고요하지가 않네. 내면의 소용돌이로 가득 차 있지. 하지만 날마다 일정 시간을 고요한 침묵 속에 머물면 마음의 호수는 거울의 표면처럼 잔잔해진다네. 그것은 깊은 행복과 내면의 평화와 무한한 에너지를 포함한 많은 선물을 우리에게 가져다준다네. 잠도 잘오고, 나날의 활동 속에서 항상 새롭고 균형 잡힌 기분을 맛보게 될 걸세."

"평화의 시간을 보내려면 어디가 가장 좋을까요?"

"이론적으로는 침실에서 사무실까지 그 어디서나 가능하지. 중요한 것은 정말로 조용한, 그리고 아름다운 장소를 찾는 것일세."

"그 방정식에 왜 '아름다움'이 끼어들죠?"

"아름다운 이미지는 불안한 영혼을 어루만져 준다네." 줄리안이 숨을 길게 내쉬면서 말했다. "장미 한 다발이나 수선화 한 송이조차도 우리의 감각에 매우 이롭게 작용해서 심신을 끝없이 이완시켜 준다네. '자아의 성소Sanctuary of the Self'로 사용할 만한 공간에서 그런 아름다움을 음미한다면 가장 이상적이지."

"자아의 성소라니 그게 뭐죠?"

"정신적이며 영적인 확장을 위한 자네만의 비밀스러운 광장이될 곳이야. 자네 집의 빈 방이나 아니면 단순하게 아파트의 조용한 한구석이 될 수도 있어. 중요한 것은 자네가 오기만을 조용히 기다리는, 자신을 재정비하고 회복시켜 줄 장소를 확보하는 것일세."

"그 말 너무 좋은데요. 하루 일과를 마치고 집에 와서 머물 수있는 나만의 조용한 공간을 갖는다면 완전히 다른 세상이 되겠는데요. 잠시 긴장을 풀면서 그날의 스트레스를 다 날려 버릴 수있겠어요. 그러면 아마 저도 훨씬 더 좋은 사람이 되겠지요."

"중요한 점이 또 한 가지 있네. 이 의식은 날마다 똑같은 시간에 수행하는 것이 가장 효과적이라네."

"왜 그렇죠?"

"그렇게 함으로써 자네의 일과 속에 하나의 의식으로서 통합

되기 때문이지. 날마다 같은 시간에 수행하면 하루치의 침묵은 이내 결코 게을리할 수 없는 습관이 될 걸세. 결과적으로 그런 긍정적인 생활 습관은 결국 자네를 자신의 진정한 운명으로 인도해 줄 걸세."

"다른 주의 사항은요?"

"가능하다면 매일 자연과 교감하게. 숲속을 산책하거나 아니면 잠시라도 뒤뜰의 토마토밭을 돌보거나 하게. 그것만으로도 자네 안에서 잠자고 있을 고요의 원천에 다시 연결될 수 있네. 그렇게 자연과 함께하면 가장 높은 자아의 무한한 지혜에도 연결된다네. 이 자아에 대한 지식이 자네를 미지의 차원에 숨겨져 있는 권능 앞으로 데려다줄 걸세. 이것을 절대로 잊지 말게." 줄리안이 열정으로 가득한 목소리로 말했다.

"줄리안, 이 의식이 당신에게도 효과가 있었나요?"

"물론이지. 내가 새벽에 일어나서 제일 먼저 하는 일이 나만의 성소로 가는 것일세. 거기서 장미의 심장을 필요한 만큼 수행한다네. 어떤 날은 몇 시간씩 침묵의 명상을 하지. 또 다른 날은 단 10분만 하는 경우도 있다네. 결과는 대동소이하다네. 깊은 내면의 조화와 왕성한 신체적 에너지를 느끼게 되지. 그런 뒤 나는 두 번째 의식에 들어가네. 바로 '신체의 의식Ritual of Physicality'이지."

"흥미로운 이름이네요. 그건 또 무슨 의식일까요?"

"몸 돌보기의 효과에 관한 것일세."

"네?"

"간단하다네. 신체의 의식은 '몸을 돌보는 것이 곧 마음을 돌보는 것'이라는 원리에 근거하고 있지. 몸이 준비되는 만큼 우리의 마음도 준비되는 셈일세. 신체를 훈련하면 마음도 훈련되는 거지. 날마다 일정한 시간 동안 활기찬 운동으로 신체의 사원을 잘 돌보게. 피가 잘 돌고 몸이 잘 움직이게 하게. 일주일이 총 168시간이라는 사실을 알고 있나?"

"아니요."

"168시간 중 최소한 5시간은 어떤 종류든 신체적 활동에 투자해야 하네. 시바나의 현자들은 고대의 요가 수련을 통해 그들의 신체적 잠재력을 일깨워서 강인하고 역동적인 삶을 살았다네. 마을 한가운데서 물구나무서기를 하면서 노화를 거스르며 살아가는 이 놀라운 신체의 소유자들을 지켜보는 것은 진기한 광경이었다네."

"줄리안, 당신도 요가를 해보았나요? 제니는 작년 여름부터 요가를 시작했는데 수명이 5년은 늘어난 것 같다고 자랑하네요."

"삶을 마술처럼 바꿔 줄 단 하나의 비방은 없다네. 내가 말해 줌세. 근본적인 변화는 내가 가르쳐 준 여러 방법들을 지속적으로 실천해야지만 찾아온다네. 물론 요가는 생명력의 저장고를 열어 주는 매우 효과적인 방법이야. 나는 매일 아침마다 요가를 하고 있네. 요가는 내가 자신을 위해서 하는 최고의 일 중 하나라네, 요가는 몸을 회복시켜 줄 뿐만 아니라 마음을 온전히 집중시켜 준다네. 심지어 나의 창조성도 열어 주었지. 요가는 너무나 멋진 수행이라네."

"현자들은 몸을 돌보기 위해서 다른 수행도 했나요?"

"요기 라만과 그의 형제자매들은 높은 산길이든 깊은 숲길이든 자연 속에서 활기차게 걸으면 피로한 몸이 풀리고 본래의 생기를 되찾게 되는 놀라운 효과가 있다고 믿더군. 산책하기에 안좋은 날씨에는 안전한 오두막 안에서 운동을 했다네. 그들은 식사는 거르더라도 매일의 운동은 결코 거르는 법이 없었다네."

"오두막 안에는 뭐가 있었나요, 러닝머신도 있었나요?" 내가 농담을 던졌다.

"있겠나? 그들은 요가 자세를 연습하고, 어떤 때는 한 손으로 팔굽혀펴기를 한두 세트 하는 것을 본 적도 있어. 정말이지 그들에게는 무슨 운동을 하는지는 별로 중요하지 않은 것 같았네. 그저 몸을 움직여서 숨 막힐 듯이 아름다운 히말라야의 신선한 공기를 허파 가득 들이마실 수만 있다면 말일세."

"신선한 공기를 호흡한다는 게 어떤 의미가 있나요?"

"요기 라만이 좋아하는 속담으로 그 질문에 답하겠네. '바르게 숨 쉬는 것이 곧 바르게 사는 것이다'."

"숨쉬기가 그토록 중요하다고요?" 내가 놀라 물었다.

"시바나에서 지낸 지 얼마 지나지 않아서, 현자들은 내게 기운을 두 배, 세 배로 늘릴 수 있는 가장 빠른 방법은 효과적인 호흡법을 배우는 것이라고 가르쳐 주었네."

"하지만 숨 쉬는 법은 갓난아이조차 아는 것 아닌가요?"

"그렇지 않다네, 존. 생존을 위한 숨쉬기는 모두가 알고 있지만 번영을 위해서 숨 쉬는 법은 배운 사람이 거의 없지. 대부분의 사람은 너무 얕게 호흡하고 있어서 몸을 운영하기에 충분한 최적의 산소를 받아들이지 못하고 있다네."

"숨쉬기에도 과학이 필요하다고 말씀하시는 것 같네요."

"사실이라네. 현자들도 호흡을 그렇게 대했지. 그들의 철학은 단순했어. 더 효과적인 호흡법으로 더 많은 산소를 들이쉼으로써 잠재된 에너지의 저장고를 활짝 연다는 것이지."

"좋아요, 그럼 저는 어디서부터 시작해야 하나요?"

"사실 그것은 아주 쉽다네. 하루에 두세 번 1~2분의 시간을 내서 더 깊고 효과적으로 숨 쉬는 것에 대해 생각해 보게."

"효과적으로 숨 쉬고 있는지를 어떻게 알 수 있나요?"

"아랫배가 살짝 밖으로 나와야 한다네. 그것은 자네가 좋은 복식호흡을 하고 있다는 뜻이지. 요기 라만이 내게 가르쳐 준 방법은 두 손을 동그랗게 모아 쥐고 배 위에 얹는 걸세. 숨을 들이쉴 때마다 손이 밖으로 함께 움직이면 자네의 호흡법은 제대로 된 것이지."

"아주 흥미롭네요."

"이게 좋다면 세 번째 의식도 아주 좋아하겠군." 줄리안이 말했다.

"그건 뭐죠?"

"영양의 의식*Ritual of Nourishment*'일세. 변호사 시절에 나는 스테이크와 튀긴 음식, 그 밖의 온갖 정크푸드를 수시로 먹으며 살았지. 물론 시내 최고급 레스토랑에서 식사를 했지만 쓰레기로 배를 채우기는 매한가지였어. 당시에는 몰랐지만 그것이 내 불만족의 주요한 원인 중 하나였다네."

"정말요?"

"그렇다네. 잘못된 식습관은 삶에 뚜렷한 영향을 미친다네. 그것은 심신의 에너지를 고갈시키고 기분에 영향을 미치고 명료한 의식을 방해한다네. 요기 라만은 그것을 이렇게 표현했다네. '육체를 살찌우는 것이 곧 마음을 살찌우는 것이다.'"

"그렇다면 당신도 식사법을 바꾸셨겠네요."

"근본적으로 바꿨지. 그것이 나의 기분과 외모를 놀랍도록 바꿔 놓았다네. 나는 언제나 업무로부터의 긴장과 압박감, 노화와 스트레스 때문에 기력이 쇠해 가고 있다고 생각했지. 시바나에 와서 나는 내 무기력의 많은 부분이 내가 몸속에 품질이 낮은 연료를 공급했기 때문임을 깨달았다네."

"시바나의 현자들은 젊고 밝게 살기 위해서 어떤 음식을 먹었나요?"

"살아 있는 음식."

"네에?"

"살아 있는 먹거리가 바로 해답일세. 살아 있는 음식이란 말 그대로 죽어 있지 않은 음식이지."

"그러지 말고요, 줄리안. 살아 있는 먹거리가 뭔데요?" 내가 참을성 없이 물었다.

"기본적으로 살아 있는 먹거리란 태양과 공기와 흙과 물이 자연스럽게 상호작용하여 만들어진 것들일세. 여기서 내가 말하고 있는 건 바로 채식이라네. 자네의 접시를 신선한 채소와 과일과 곡물로 가득 채우게. 그러면 영원히 살지도 모르지."

"그게 가능하다고요?"

"시바나의 현자들은 대부분 백 살이 넘었음에도 노쇠의 조짐이 보이지 않았다네. 지난주 신문에서 동중국해의 오키나와섬에 사는 사람들에 관한 기사를 읽었네. 현재 세계 각국의 연구자들이 그 섬에 몰려들고 있는데 그것은 그 지역이 세계에서 백 세 이상 고령자의 인구밀도가 가장 높기 때문이라고 하네."

"연구자들이 알아낸 게 있었나요?"

"채식이 장수의 비결 중 하나였다는 사실이네."

"그런데 채식은 정말 건강에 좋은 식단인가요? 채식만으로는 충분히 기운이 날 것 같지 않은데요. 저는 아직도 바쁘게 일해야 하는 변호사라는 점을 기억해 주세요, 줄리안."

"채식은 자연이 마련해 준 식단이라네. 채식은 살아 있고 활기차고 지극히 건강한 식사법이야. 현자들은 수천 년 동안 이 식단으로 살아왔다네. 그들은 이것을 사트빅*sattvic*, 즉 순수한 식사법이라고 부른다네. 기운이 없을까봐 염려하는데, 고릴라에서 코끼리에 이르기까지 지구에서 가장 강력한 동물들도 자랑스러운 채식주의자의 배지를 달고 있다네. 고릴라가 인간보다 30배 정도 힘이 더 세다는 사실은 알고 있나?"

"중요한 정보 감사해요."

"현자들은 결코 극단적인 사람들이 아닐세. 그들의 지혜는 '사람은 중용의 삶을 살아야 하고 극단을 피해야 한다'는 오랜 원칙에서 나온 것일세. 고기를 좋아한다면 물론 계속 먹어도 되네. 다만 자신이 죽은 음식을 먹고 있다는 사실만은 기억하게. 가능하다면 자네가 먹는 붉은 고기의 양을 줄이게. 고기는 정말 소화해내기가 힘든 음식이고 소화기는 인체에서 가장 에너지 소비가 큰 기관 중의 하나지. 자네 몸에 저장된 귀중한 에너지가 이런 음식 때문에 쓸데없이 소모된다네. 무슨 말인지 이해하겠나? 스테이크를 먹었을 때와 샐러드를 먹었을 때 느껴지는 에너지 레벨의 차이를 비교해 보게. 엄격한 채식주의자가 되고 싶지 않다면 끼니마다 식단에 샐러드와 과일 디저트를 포함시켜 보게. 이것만으로도 신체적인 삶의 질이 엄청나게 달라질 걸세."

"못 할 것도 없지요." 내가 대꾸했다. "채식 위주의 식사가 지닌 힘에 대해서는 많이 들었어요. 바로 지난주에도 제니가 핀란드에서 행해진 연구 결과를 이야기해 주더군요. 새로 채식을 시도한 사람들의 38%가 새로운 생활방식을 시작한 지 단 7개월 만에 훨씬 덜 피곤하고 의식이 명료해졌다고 보고했답니다. 저도 끼니마다 샐러드를 곁들여 먹어 봐야겠어요. 줄리안, 당신의 모습을 보면 아예 샐러드를 주식으로 삼아야 할지도 모르겠어요."

"한 달 정도 해보고 그 결과를 스스로 판단해 보게나. 놀라운 것을 느끼게 될 걸세."

"좋아요. 현자들에게 좋은 것이라면 저에게도 좋겠죠. 시도해 보기로 약속할게요. 크게 부담스럽지는 않네요. 어차피 매일 밤 바비큐 숯불을 피우는 일도 이젠 지겨워졌거든요."

"자네가 영양의 의식을 좋아하니 네 번째 의식도 좋아할 것 같군."

"당신의 학생은 아직도 빈 잔을 들고 있답니다."

"네 번째 의식은 풍성한 '지식의 의식*Ritual of Knowledge*'이야. 이 것은 자신과 주변 사람들에게 이로운 평생 학습과 지식의 확장이라는 개념에 중점을 두고 있다네."

"'아는 게 힘이다'라는 오래된 생각 말씀이죠?"

"사실 그보다 훨씬 더 많은 것을 함축하고 있다네. 지식은 단지 잠재된 힘일 뿐이네. 그 힘을 드러내려면 반드시 현실에 적용해야만 하지. 대부분의 사람은 자신에게 주어진 상황에서 무엇을 해야 하는지는 잘 알고 있네. 문제는 그 앎을 실천하여 꿈을 이룰 수 있도록 날마다 일관된 행동을 취하지는 않는다는 걸세. 꿈을 이루기 위한 지식의 의식은 삶에서 학생이 되기 위한 것이라네. 그리고 그보다 더 중요한 것은 삶의 교실에서 배운 그것을 실생활 속에서 활용해야만 한다는 것일세."

"요기 라만과 현자들은 이 의식을 삶 속에서 어떻게 체현했나요?"

"그들은 지식의 의식에 바치는 일종의 공물처럼 날마다 수많은 작은 의식들을 치렀다네. 그중 가장 중요한 방법이 있네. 그것은 가장 쉬운 방법이기도 해. 자네도 오늘 당장 시작해 볼 수 있을 걸세."

"시간이 너무 많이 걸리지는 않겠죠?"

줄리안이 미소를 지었다. "내가 가르쳐 줄 기법과 도구들은 자네를 어느 때보다도 더 생산적이고 효율적인 사람으로 만들어 줄걸세. 괜히 푼돈을 아끼려다 큰돈을 잃는 바보가 되지는 말게. 컴퓨터 작업에 너무 바쁜 나머지 백업을 할 시간이 없었다고 말하는 사람을 생각해 보게. 막상 컴퓨터가 고장 나서 한 달 동안 일했던 중요한 작업물을 모두 날려 버리고 나면 그는 평소에 그것을 저장하는 데 약간의 시간을 투자하지 않았던 것을 뼈저리게 후회하게 되지. 무슨 뜻인지 알겠나?"

"우선순위를 제대로 정하란 말씀이지요?"

"바로 그것일세. 일과라는 족쇄에 묶인 채로 살아가지 않도록 경계하게. 그 대신 자네의 양심과 가슴이 시키는 일에 마음을 집중하게. 자신에게 투자하여 마음과 몸과 인격을 최고의 경지로 끌어올리는 일에 헌신하면, 마치 가장 큰 결과를 얻기 위해서는 무엇을 해야 할지를 알려 주는 개인용 내비게이터가 장착된 것 같은 기분을 느끼게 될 걸세. 그러면 자네는 더 이상 시간을 걱정하지 않고 자신의 삶을 살기 시작하게 될 거야."

"무슨 말인지 잘 알겠어요. 제발, 이제 가르쳐 주시려고 했던 작은 의식들을 알려 주세요." 내가 물었다.

"정기적으로 책을 읽는 걸세. 하루 30분의 독서만으로도 놀라운 일이 일어날 걸세. 하지만 여기서 한 가지 주의를 줘야겠네. 그저 아무 책이나 읽지는 말게. 마음의 정원에다 뿌려 줄 비료는 매우 신중하게 골라야만 하네. 영양분이 풍부해야 한다는 말일세. 그것이 자네 자신과 삶의 질을 모두 향상시켜 줄 자양분이 되게하게."

"현자들은 주로 무슨 책을 읽었나요?"

"그들은 선조들이 남겨 놓은 고대의 가르침을 읽고 또 읽는 일에 깨어 있는 시간의 대부분을 바쳤다네. 그들은 그 철학서들을 집어삼킬 듯이 읽었지. 멋진 외모의 현자들이 작은 대나무 의자에 앉아서 입술에 미묘한 깨달음의 미소를 띠면서 특이한 방식으로 제본된 책을 읽고 있는 광경이 아직도 생생히 떠오른다네. 나는 시바나에서 책의 힘을 깨우쳤네. 책은 지혜로운 사람의 가장 좋은 친구라는 것을 진심으로 깨달았다네."

"그럼 저도 손에 닿는 좋은 책이라면 모조리 읽기 시작해야겠군요?"

"그렇기도 하고 아니기도 해." 대답이 돌아왔다.

"가능한 한 많은 책을 읽겠다면 절대 읽지 말라고는 못 하겠네. 하지만 명심하게, 어떤 책은 맛만 보면 되고, 어떤 책은 씹어 먹어야 하고, 또 어떤 책은 통째로 삼켜야만 한다네. 그러고 보니 또 다른 요점이 생각나는구먼."

"배가 고프신가요?"

"아니야, 존." 줄리안이 웃었다. "훌륭한 책에서 진정으로 최고의 것을 얻어 내려면 그저 읽는 것이 아니라 공부를 해야만 한다는 것을 말하고 싶었을 뿐이야. 큰 고객들이 자네의 법률 소견을 듣기 위해 가져오는 계약서를 읽을 때처럼 완전히 섭렵하란 말일세. 진정으로 그것을 숙고해 보고 공부하고 그것과 하나가 되게. 현자들은 그들의 널찍한 도서관에 있는 무수한 지혜의 책들을 열 번, 열다섯 번씩이나 반복해서 읽는다네. 그들은 위대한 책을 경전처럼, 신에게서 온 신성한 문서처럼 대한다네."

"우아, 책 읽기가 정말 그렇게나 중요한가요?"

"하루 30분의 시간은 자네의 삶에 즐거운 변화를 만들어 낼 걸세. 활용할 수 있는 지식의 광대한 보고를 곧 발견하게 될 테니까. 자네가 부딪혔던 모든 문제의 답은 이미 책에 쓰여 있다네. 더 나은 변호사나 아버지나 친구나 연인이 되고 싶다면, 그 목표를 향해 자네를 로켓으로 쏘아 올려 줄 책들이 널려 있다네. 자네가 살면서 저지른 모든 실수는 앞서간 사람들이 먼저 겪었던 일이거든. 자네는 혹시 자신이 직면하고 있는 문제가 설마 자네에게만 일어난 문제라고 생각하지는 않겠지?"

"그것에 대해서는 생각해 본 적이 없는데요, 줄리안. 하지만 무슨 말씀인지는 알겠네요. 그 말이 맞다는 것도 알아요."

"모든 사람이 여태껏 부딪혔던 모든 문제와 앞으로의 생애에서 만날 모든 문제는 대부분 예전에 이미 누군가에게 일어났던 일이라네." 줄리안이 역설했다. "그보다 더 중요한 건 그 대답과

해결책이 이미 모두 책 속에 기록되어 있다는 거야. 적당한 책을 찾아서 읽게. 예전 사람들이 자네가 직면한 문제에 어떻게 대처 했는지를 배우게. 그들의 성공 전략을 찾아서 적용해 보면 자신 의 발전에 스스로 놀라게 될걸."

"적당한 책이란 게 정확하게 어떤 책입니까?" 줄리안의 말이 옳다는 것을 금방 깨닫고 내가 물어보았다.

"친구, 그것은 자네의 훌륭한 판단력에 맡겨 두겠네. 개인적으로는 동양에서 돌아온 이후로 나는 주로 내가 존경하게 된 사람들의 전기와 많은 지혜의 책들을 읽으면서 지냈다네."

"젊은 일벌레에게 권할 만한 책은 없나요?" 내가 씩 웃어 보이면서 물었다.

"물론 있지. 위대한 미국인 벤자민 프랭클린의 전기를 읽어 보면 좋을 걸세.『나의 진리 실험 이야기』라는 제목의 마하트마 간디의 자서전을 읽어 보면 성장을 촉진하는 자극을 많이 얻을 수 있을 걸세. 또 헤르만 헤세의『싯다르타』나 아우렐리우스의 매우 실질적인 철학, 세네카의 작품, 또 나폴레옹 힐의『생각하라 그리고 부자가 되어라』도 읽어 볼 수 있을 걸세. 나는 지난주에 읽었는데 매우 심오하더군."

"부자가 되라고요?" 내가 외쳤다. "나는 당신이 심장마비 이후로 모든 물질적 부를 버리고 떠나신 줄 알았는데요. 나는 약자들을 등쳐 먹는 장사치들이 선전하는 '벼락부자가 되는 법' 같은 책에는 정말 넌더리가 나요."

"흥분하지 말게나, 친구. 그 말에는 나도 너무나 공감하네." 줄리안이 지혜롭고 다정한 할아버지처럼 사랑과 인내를 듬뿍 담아 대답했다. "나도 우리 사회에 윤리가 회복되었으면 좋겠네. 저 작은 책은 '많은 돈'을 버는 방법에 관한 책이 아니라, '많은 삶'을 만들어 내는 일에 관한 책이야. 풍요로운 삶과 물질적인 부 사이에는 엄청난 차이가 있다네. 나는 그 차이를 실제로 체험해 보았네. 내가 돈에 지배당하는 삶이 얼마나 고통스러운지를 모르겠나? 『생각하라 그리고 부자가 되어라』는 풍요에 관한 책이네. 영적인 풍요와 선한 모든 것을 삶 속으로 끌어오는 방법이 담겨 있지. 읽어 보면 좋을 거야. 하지만 내용을 말해 주지는 않겠네."

"미안해요. 공격적인 변호사처럼 굴 마음은 없었어요." 내가 미안하다는 듯이 말했다. "제가 이렇게 때때로 성질을 이기지 못할 때가 있어요. 개선해야 할 게 또 한 가지 생겼네요. 당신이 지금 제게 나누어 주고 있는 모든 것에 대해 정말 감사하게 생각합니다."

"괜찮아, 이미 지나간 일이네. 아무런 걱정을 말게. 요점은 그저 책을 계속 읽으란 말일세. 다른 흥미로운 사실을 알고 싶은가?"

"뭐죠?"

"자네가 책에서 얻는 것이 자네의 인생을 풍요롭게 해 주는 것이 아니라네. 책이 자네한테서 이끌어 내는 것이 결국 자네의 삶을 변화시킨다는 말일세. 알겠나, 존? 책은 사실 어떤 새로운 것도 가르쳐 주지 않는다네."

"정말입니까?"

"정말일세. 책은 단지 자네가 이미 내면에 가지고 있던 그것을 알아차리도록 도와줄 뿐이라네. 깨달음이란 것도 그게 전부일세. 먼 길을 여행하고 탐험한 끝에 나는 사실 내가 어린 소년이었을 때 출발했던 그 자리로 다시 한 바퀴를 돌아와 있다는 것을 깨달았다네. 하지만 이제 나는 나 자신을, 내가 누구이며 무엇이 될 수 있는지를 알고 있다네."

"그러니까 지식의 의식은 독서를 통해 바깥세상에 있는 정보의 바다를 탐사하기 위한 것이란 말이죠?"

"부분적으로는. 당분간은 하루에 30분씩 독서를 하게. 나머지는 자연스럽게 따라오게 될 걸세." 줄리안이 신비로운 뉘앙스를 남겼다.

"알았어요. 그럼 빛나는 삶을 위한 다섯 번째 의식은 무엇인가요?"

"그것은 '성찰의 의식Ritual of Personal Reflection'일세. 현자들은 내적 관조의 힘을 굳게 믿고 있네. 자기 자신을 알아가는 시간을 가지면 자신에게 있었는지조차 까맣게 몰랐던 존재의 차원에 연결될 걸세."

"아주 심오하게 들리네요."

"사실 매우 실용적인 개념이라네. 우리 모두의 내면에는 무한한 재능이 잠들어 있다네. 시간을 내서 그것을 알아 가면 거기에 불이 밝혀질 걸세. 하지만 자기 자신을 조용히 관조하는 것은 그보다 더한 것들을 가져다준다네. 이 수행은 자네를 더 강하고, 더 지혜롭고, 자신에 대해 더 편안해지게 해 줄 걸세. 마음을 사용하는 아주 보람찬 방법이지."

"저는 아직도 자기를 성찰한다는 개념이 뭔지 잘 모르겠어요, 줄리안."

"그럴 거야. 나도 처음 들었을 때는 아주 낯설었다네. 개인적 성찰의 기본 형태는 바로 생각하는 습관이라네. 그 이상의 무엇도 아닐세."

"하지만 생각은 누구나 다 하지 않나요? 원래 인간 존재의 한 부분이 아닌가요?"

"그래, 우리는 생각을 하지. 문제는 대다수의 사람이 그저 살아남기 위해서 생각한다는 사실일세. 성찰의 의식에 관해서 내가 말하고자 하는 바는 삶을 풍요롭게 만들기 위한 생각하기에 관한 것이라네. 벤자민 프랭클린의 전기를 읽어 보면 내가 무슨 말을 하고 있는지를 알게 될 걸세. 그는 하루 종일 생산적인 일을 하고 돌아와서는 저녁이면 집의 조용한 한구석으로 물러나서 그날의 일을 성찰하곤 했다네. 그는 자신의 모든 행동을 일일이 떠올려 보면서 그것이 긍정적이고 건설적인 것이었는지, 아니면 부정적인 것이어서 고칠 필요가 있는지를 점검했다네. 그는 자신이 낮에 무엇을 잘못했는지 분명히 앎으로써 자신의 주인이 되는 길을 계속 걸어가기 위한 즉각적인 행동을 취할 수가 있었다네. 현자들도 그와 똑같이 하더군. 그들은 밤마다 향기로운 장미꽃으로 덮인 오두막집의 조용한 성소로 물러나 앉아서 자신의 내면을 깊

166

이 관조한다네. 요기 라만은 실제로 그날의 행동을 낱낱이 적곤 했지."

"구체적으로 어떤 것을 적었을까요?" 내가 물었다.

"먼저 그는 자신의 모든 활동을 적었어. 아침의 개인적 일과부터 다른 현자들과의 만남, 땔감과 먹거리를 찾아 숲을 탐색한 일까지. 흥미롭게도 그는 그날 자신의 마음속을 스치고 지나간 생각들까지도 빠짐없이 적었다네."

"저는 12시간 전은 고사하고 5분 전에 무슨 생각을 했는지도 거의 기억하지 못하는데요."

"성찰의 의식을 날마다 수행하면 어렵지 않게 된다네. 내가 지금 얻은 결과는 누구라도 얻을 수 있네. 누구든지 말일세. 진짜 문제는 너무나 많은 사람이 '평계 대기'라는 끔찍한 병에 걸려 시달리고 있다는 사실이지."

"저도 진작에 그 병에 걸린 것 같아요." 나는 내 지혜로운 친구의 말을 잘 알면서도 이렇게 대꾸했다.

"평계는 그만 대고 그냥 하게." 줄리안이 소리쳤다. 그의 목소리는 확신의 힘으로 공간을 울렸다.

"무엇을 하라고요?"

"생각할 시간을 가지란 말일세. 자기 성찰의 규칙적인 습관을 기르게. 요기 라만은 자신이 했던 모든 생각과 행동을 종이의 왼쪽 칸에다 쓰고 나서, 오른쪽 칸에는 그에 대한 평가를 적어 내려갔지. 그러고 나서 목록을 하나씩 훑어보면서 긍정적인 성질의 것이었는지를 자문해 보았어. 만약 어떤 항목이 긍정적이었다면 그는 거기에다가 자신의 귀한 에너지를 계속 쏟아붓기로 마음먹었지. 그것이 장기적으로 큰 이익을 가져다줄 테니까."

"부정적이었다면요?"

"그런 경우에는 그것을 없애기 위한 분명한 행동 수순을 생각해 내지."

"예를 들어 주시면 좋겠어요."

"개인의 사생활에 관한 것도 괜찮겠나?" 줄리안이 물었다.

"물론이죠. 당신의 내밀한 생각을 좀 알고 싶어요."

"사실 나는 자네의 속사정을 떠올리고 있었는데?" 우리는 잠시 학교 운동장에서 뛰노는 아이들처럼 깔깔거렸다.

"네, 알았어요. 당신은 언제나 자신의 길을 밀고 나갔지요."

"좋아, 자네가 오늘 한 일 몇 가지만 살펴보세나. 탁자에 있는 종이에다가 그것을 적어 보게." 줄리안이 지시했다.

나는 뭔가 중요한 일이 이제 막 일어날 참임을 자각하기 시작했다. 실제로 내가 했던 일과 생각들을 성찰하는 시간을 갖는 것은 지난 몇 년 동안 처음 있는 일이었다. 너무나 낯설면서도 지적인 일이었다. 사실 무엇을 개선해야 할지를 따져 볼 시간조차 갖지 않고서 어떻게 자신의 삶을 개선할 수 있겠는가?

"어디서부터 시작할까요?" 내가 물었다.

"오늘 아침에 무엇을 했는지부터 시작해서 지나온 하루를 쭉 살펴보게. 두드러지는 상황 몇 가지만을 꼽아 보게. 아직 할 이야기가 많이 남아 있고, 다시 요기 라만의 우화 이야기로 돌아가야 하니까."

"좋아요. 저는 전자 수탉 소리에 놀라 6시 30분에 잠을 깼지요." 내가 농담하듯이 말했다.

"좀 더 진지한 자세가 필요하네." 줄리안이 엄숙한 목소리로 말했다.

"알겠습니다. 그다음 샤워를 하고 면도를 했어요. 그리고 와플 한 조각을 삼키고 일하러 나갔지요."

"가족들은 어땠나?"

"모두 잠자고 있었어요. 아무튼 사무실에 도착했을 때는 7시 30분에 만나기로 한 사람이 7시부터 와서 기다리고 있었어요. 그는 화가 머리끝까지 나 있었습니다."

"자네의 반응은 어땠나?"

"한바탕 싸웠지요. 그가 제멋대로 저를 멸시하도록 놔둘 수는 없었어요"

"흠, 좋아. 그래서 어떻게 됐나?"

"글쎄요. 상태가 점점 더 악화되었지요. 그다음에는 법원에서 전화가 와서 윌다베스트 판사님이 자기 방에서 날 보자고 하신다고 했어요. 10분 안에 와 있지 않으면 목이 달아날 상황이라고요. 윌다베스트 판사 아시죠? 그의 주차 자리에 당신이 페라리를 세워 놓았을 때 그는 당신을 거의 잡다시피 했지요. 그래서 당신은 그를 야수*Wild Beast*라는 닉네임으로 불렀고요." 옛일을 떠올리자 웃음이 터져 나왔다.

"자네, 그 이야기를 하고 싶었군, 안 그런가?" 줄리안이 한때 악명 높았던 그 음흉한 눈빛으로 눈을 흘기면서 대답했다.

"아무튼 나는 법원으로 달려가서 서기와 또 한바탕 설전을 벌였습니다. 사무실로 돌아와 보니 저를 기다리는 메시지가 스물일곱 통이나 있더군요. 모두 긴급한 일이었죠. 계속할까요?"

"계속해 주게."

"퇴근길에 제니가 전화해서는 장모님 댁에 들러서 놀라운 맛으로 유명한 장모님의 파이를 가져와 달라고 했어요. 그런데 문제는 고속도로를 나왔는데 최악의 교통 체증에 걸린 거예요. 그래서 35도의 무더위 속에서 퇴근길 정체에 갇힌 채 시간이 흘러 정체가 풀리기만을 속절없이 기다리면서 스트레스에 몸을 떨었지요."

"그래서 어떻게 반응했나?"

"교통 체증을 저주했어요." 내가 아주 솔직하게 말했다. "실제로 차 안에서 고함을 있는 대로 내질렀지요. 뭐라고 했는지 알고 싶으세요?"

"내 마음의 정원에 거름이 될 것 같지는 않네." 줄리안이 부드럽게 미소 지으며 말했다.

"좋은 거름이 될지도 모르죠."

"사양하겠네. 거기까지면 충분하겠어. 이제 하루 일과에 대해 다시 한 번 살펴보게. 돌이켜보면 다시 그 기회가 온다면 달리 반응했을 수도 있는 일이 분명히 몇 가지 있을 걸세."

"정말 그렇군요."

"어떤 게 그렇지?"

"흠, 글쎄요, 우선 완벽한 세계였다면 저는 좀 더 일찍 일어났
겠지요. 그토록 바쁘게 부산을 떨며 출근하는 게 저를 위해 좋을
리 없잖아요. 아침에는 평화를 누리면서 느긋하게 하루 일과 속
으로 발을 디디고 싶어요. 그런 면에서는 아까 말씀해 주신 '장미
의 심장' 수행이 좋을 것 같아요. 또 저는 정말 아침을 가족과 함
께 먹고 싶어요. 시리얼 한 그릇이라도 말이죠. 그러면 안정된 느
낌이 들 것 같아요. 저는 언제나 제니나 아이들과 충분한 시간을
갖지 못하고 있어요."

"하지만 자네는 지금 완벽한 세계에 살고 있고 완벽한 인생을
누리고 있네. 자네는 실제로 자신의 하루를 지배할 힘을 가지고
있지. 좋은 생각을 할 힘도 있고 꿈꾸는 대로 살아갈 힘도 지니고
있어." 줄리안이 힘주어 말했다.

"저도 그런 사실을 깨닫고 있어요. 정말 제 삶을 바꿀 수 있다
고 느끼기 시작했거든요."

"좋아, 자네의 하루를 계속 되살펴 보게." 그가 지시했다.

"의뢰인에게 고함을 지르지 말았어야 했어요. 법원 서기와 언
쟁을 할 필요도 없었는데 말이죠. 교통 정체에 대해서도 소리를
지르지 않았다면 좋았겠죠."

"교통 체증에 대해 자네가 어찌할 수 있는 일이 없지 않나?"

"맞아요. 체중은 그저 체중일 뿐이죠." 내가 대꾸했다.

"이제 자네가 성찰의 의식이 지닌 힘을 깨닫고 있는 것 같네. 자신이 하는 행동과 하루를 어떻게 보내고 있는지, 어떤 생각을 하고 있는지를 살펴보는 것은 곧, 개선의 여부를 측정할 수 있는 기준을 자신에게 제공하는 것일세. 내일을 더 나은 하루로 만들 수 있는 유일한 길은 오늘 무엇을 잘못했는지를 알아내는 것이라네."

"그리고 그런 실수를 되풀이하지 않도록 분명한 계획을 세우는 것도요." 내가 덧붙였다.

"정확해. 실수하는 것 자체는 잘못이 아니라네. 실수는 인생의 일부이고 성장을 위해서 반드시 필요하네. '행복은 좋은 판단에서 오고, 좋은 판단은 경험에서 오고, 경험은 나쁜 판단에서 온다'는 속담처럼 말일세. 하지만 똑같은 실수를 계속 반복한다는 것은 뭔가 아주 잘못된 일이지. 그것은 자기에 대한 인식이 완전히 결핍되어 있음을 보여 주지. 인간을 동물과 구별되게 하는 바로 그 성질 말일세."

"그것은 여태껏 들어 본 적이 없는 말이네요."

"사실일세. 오직 인간만이 자기 밖으로 한 발짝 물러나서 자신이 잘하고 있는지 잘못하고 있는지를 따져볼 수 있다네. 개는 그렇게 할 수 없어. 새도 할 수 없고 원숭이도 못 하지. 하지만 우리는 할 수 있네. 이게 바로 성찰의 의식이 하는 일일세. 자네의 일상과 삶에서 무엇이 잘한 것이고 무엇이 잘못한 것인지를 헤아려 보게. 그런 다음 즉각적인 개선에 나서게."

"생각해 볼 점이 많네요, 줄리안. 깊이 생각해 봐야겠어요."

내가 생각에 잠긴 채 대꾸했다.

"빛나는 삶을 위한 여섯 번째 의식에 대해 생각해 보는 건 어떻겠나? '기상의 의식Ritual of early awakening' 말일세."

"아하, 뭔지 알겠어요."

"머나먼 오지 시바나에서 내가 얻은 가르침 중 가장 좋았던 것은 해 뜰 때 일어나서 하루를 시작하라는 것이었네. 우리는 대부분 필요 이상으로 너무 오래 잔다네. 사람은 평균 여섯 시간 정도의 수면만으로도 완벽하게 깨어서 건강한 생활을 유지할 수 있다네. 사실 수면이란 하나의 습관에 불과하네. 다른 습관과 마찬가지로 자네는 자신이 원하는 결과를 이루도록 스스로를 단련할 수 있다네. 이 경우에는 잠을 덜 자는 것 말일세."

"하지만 저는 너무 일찍 일어나면 정말 하루 내내 기운이 축 늘어지는 것을 느껴요." 내가 말했다.

"처음 며칠 동안은 매우 피곤하게 느껴질 거야. 얼마든지 인정해. 심지어 일찍 일어나기에 적응하게 된 다음 한 주까지도 그렇게 느낄 수 있다네. 이것은 장기적인 이익을 위한 단기적인 고통이라고 생각하게. 새로운 습관이 몸에 익기까지는 언제나 약간의 불편이 따르게 되지. 그것은 새 구두를 길들이는 것과 같은 일이야. 처음에는 좀 끼고 불편하지만 이내 장갑처럼 꼭 맞게 된다네. 앞서 말했듯이 고통은 종종 개인적 성장의 전조로서 찾아오네. 그것을 두려워 말고 대신 껴안게."

"좋아요, 더 일찍 일어나도록 자신을 훈련시킨다는 생각이 좋네요. 그런데 우선 그 '일찍'이란 말이 무엇을 뜻하는지 물어봐야겠어요."

"좋은 질문이군. 이상적인 시간은 없다네. 내가 지금까지 이야기해 준 다른 모든 것과 마찬가지로 자네에게 옳은 일을 하게. 요기 라만의 권고를 명심하게. '극단으로 가지 말고 매사에 중용을 지키라.'"

"하지만 해 뜰 때 일어나는 건 제게는 극단처럼 들려요."

"사실은 그렇지 않다네. 새로운 날의 찬란한 첫 햇살과 함께 일어나는 것보다 더 자연스러운 건 없을걸. 현자들은 햇빛을 천국의 선물이라고 믿고 있지. 그들은 과도한 노출은 조심하면서 규칙적으로 일광욕을 했고, 종종 이른 아침 햇빛 아래서 즐겁게 춤을 추는 모습도 자주 보였다네. 나는 이것이 그들이 누리는 기적적인 장수의 또 다른 비결이라고 확신한다네."

"줄리안, 당신도 일광욕을 하나요?" 내가 물었다.

"물론이지, 태양은 나에게 젊음을 준다네. 피곤해질 때 일광욕을 하면 기분이 밝아지지. 동양의 고대 문화에서 태양은 우리의 영혼과 연결되어 있다고 여겨졌다네. 태양이 자신들의 영혼과 더불어 작물까지 번성하게 해 주니까 사람들은 태양을 숭배했지. 햇빛은 생명력을 일깨우고 감정과 신체의 활력을 회복시켜 준다네. 적당히만 찾는다면 햇빛은 만나면 기분 좋은 의사라네. 아, 너무 주제에서 벗어났군. 내 말의 요점은 아침마다 일찍 일어나라는 걸세."

"그렇다면 이 의식을 일상 속에 어떻게 정착시킬 수 있을까요?"

"몇 가지 쉬운 요령이 있네. 첫째, 중요한 것은 잠의 양이 아니라 질이라는 점을 절대 잊지 말게. 방해받지 않은 여섯 시간의 잠이 어수선한 열 시간의 잠보다 낫다네. 핵심은 몸에 휴식을 주는 걸세. 그러면 신체의 자연스러운 치유 작용이 조직을 정비하여 날마다 고투를 벌이는 과정에서 몸이 받는 스트레스로 인해 감퇴된 본연의 건강 상태를 되찾아 준다네. 현자들의 습관 중 많은 것이 오래 잠자기보다는 질 좋은 잠을 자야 한다는 원리에 근거를 두고 있다네. 예컨대 요기 라만은 오후 8시 이후에는 절대로 음식을 먹지 않아. 그는 소화 작용이 잠의 질을 낮춘다고 했지. 또 다른 예는 잠자기 직전에 부드러운 하프 소리를 들으면서 명상하는 습관일세."

"그것은 무엇 때문인가요?"

"내가 물어봄세, 자네는 잠자기 전에 무엇을 하는가?"

"제니와 함께 뉴스를 봐요. 제가 아는 대다수의 사람들처럼 말이죠."

"내 그럴 줄 알았네." 뜻 모를 눈빛을 반짝이면서 줄리안이 대답했다.

"왜요? 잠자러 가기 전에 뉴스를 좀 보는 게 무슨 잘못이라는 거죠?"

"잠들기 전의 10분과 깨어난 후의 10분은 잠재의식에 깊은 영향을 미치는 시간이네. 그때는 오직 가장 영감에 찬 맑은 생각만을 마음속에 입력시켜야 한다네."

"마음을 마치 컴퓨터처럼 여겨지도록 말씀하시네요."

"사실 그것이야말로 마음을 바라보는 아주 적절한 시각이라네. '입력한 대로 출력된다.' 보다 중요한 것은 자네만이 그 마음의 프로그래머라는 사실이지. 자네는 입력할 생각을 결정함으로써 동시에 무엇이 출력될지를 정확히 결정하고 있네. 그러니 잠자러 가기 전에 뉴스를 본다거나 누군가와 논쟁을 벌이는 일은 삼가하게. 마음의 스크린에 그날 있었던 일들을 떠올리지도 말게. 그저 심신을 이완시키고 원한다면 허브티를 한잔 마시게. 부드러운 클래식 음악을 들으면서, 풍성한 에너지를 재충전해 주는 잠 속으로 빠져들 준비를 하란 말일세."

"말이 되네요. 잠을 잘 잘수록 잠이 적어지겠어요."

"바로 그걸세. 그리고 앞서 말한 '21일의 법칙'을 기억하게. 무엇이든지 연이어서 21일 동안 하면 그것은 습관으로 정착된다네. 그러니 일찍 일어나는 게 너무 불편하게 느껴진다고 포기하지 말고 한 3주쯤만 견뎌 보게. 그러고 나면 그게 자네 생활의 일부가 될 테니까. 머지않아 자네는 5시 반이 아니라 5시에라도 쉽게 일어날 수 있게 될 걸세. 찬란한 하루를 맞을 준비를 갖추고 말이야."

"좋아요, 날마다 5시 반에 일어난다고 쳐요. 일어난 다음에는 무얼 하죠?"

"그 질문은 자네가 생각을 시작했다는 것을 보여 주는군, 친구. 고마운 일일세. 아침에 일어나서 할 수 있는 일은 많다네. 하루를 건강하게 시작하는 것은 너무나도 중요하다는 근본 원칙을 마음에 새겨 두게. 이미 말했듯이 기상 후 10분 동안에 하는 생각과 행동은 그날의 나머지 일과에 매우 뚜렷한 영향을 미친다네."

"정말요?"

"절대적이라네. 긍정적인 생각을 하고, 자네가 가진 모든 것에 대해 감사의 기도를 드리게. 감사의 목록을 만들게. 훌륭한 음악을 듣고 해가 뜨는 것을 지켜보게. 내킨다면 자연 속으로 가벼운 산책을 나가게. 현자들은 실제로 기분과 상관없이 아침마다 크게 웃었다네. 이른 아침부터 '행복의 주스'가 흘러넘치게 하기 위해서 말일세."

"줄리안, 저는 잔이 비어 있게 하려고 무척 애를 쓰고 있습니다. 당신도 제가 초보자치고는 잘하고 있다고 생각할 걸요. 하지만 아침의 웃음은 정말 괴이하게 들리네요. 히말라야 높은 산속의 수도승들이 그렇게 했다고는 믿기지가 않아요."

"그렇지 않아. 네 살배기 아이가 하루에 평균 몇 번쯤이나 웃는지 아나?"

"그런 걸 누가 알겠어요?"

"내가 알지. 삼백 번이라네. 그럼 일반적인 성인들은 하루에 몇 번이나 웃는지 알아맞혀 보게."

"오십 번쯤?" 내가 추측했다.

"열다섯 번만이라도 웃도록 노력해 보게나." 줄리안은 만족한 듯 웃으면서 말했다. "무슨 말인지 알겠나? 웃음은 영혼의 치유약이라네. 싫더라도 거울을 보면서 몇 분만 웃어 보게. 환상적인 기분이 된다네. 철학자 윌리엄 제임스도 이렇게 말했지. '우리는 행복해서 웃는 게 아니다. 웃기 때문에 행복한 것이다.' 그러니 자네의 하루를 기쁜 상태에서부터 시작하게. 웃고 아이처럼 놀고, 가지고 있는 모든 것에 대해 감사를 드리게. 그러면 하루하루가 아름답고 보람찬 나날이 될 걸세."

"하루를 긍정적인 기분으로 시작하기 위해서 당신은 무엇을 하나요?"

"사실 나는 '장미의 심장'을 비롯해서 신선한 과일 주스를 몇 잔 마시는 것에 이르기까지 꽤 복잡한 나만의 아침 의식을 만들어 냈다네. 그중에서 특별히 자네에게 알려 주고 싶은 방법이 있지."

"중요한 것처럼 들리네요."

"물론 중요하다네. 잠자리에서 일어나는 즉시 침묵의 성소로 가게. 그곳에서 마음을 고요히 가라앉히고 집중하게. 그러고 나서 자신에게 이렇게 물어보게. '오늘이 세상에서의 마지막 날이라면 나는 무엇을 할까?' 핵심은 이 질문의 의미 속으로 정말로 들어가 보는 걸세. 자네가 할 모든 일, 전화할 사람들, 음미할 모든 순간들을 모두 마음속에 적어 내려가게. 크게 기운을 내어 이런 일들을 하고 있는 자신의 모습을 그려 보게. 오늘이 이 땅에서 마지막 날이라면 완전히 낯선 사람들조차 어떻게 대할 것인지도 그려 보게. 매일을 마지막 날인 것처럼 생각하고 산다면 자네의 삶은 마술적으로 변하게 될 걸세."

"그러고 나면 이제 일곱 번째 의식인 '음악의 의식*Ritual of Music*'의 차례가 되는군."

"이번 것은 왠지 아주 좋아하게 될 것 같네요."

"분명히 그럴 거야. 현자들도 그들의 음악을 무척 사랑했지. 그것은 태양과 맞먹는 영적 힘을 그들에게 제공해 주었다네. 음악은 그들을 웃게 하고 춤추게 하고 노래하게 했지. 음악은 자네에게도 같은 작용을 할 걸세. 음악의 힘을 절대로 잊지 말게. 날마다 약간의 시간을 음악과 함께 보내도록 하게. 출근 자동차에서 잠시 부드러운 음악을 틀어 놓고 듣는 것만이라도 말이야. 음악은 내가 아는 한 이 세상 최고의 동기부여자 중 하나일세."

"당신을 빼면 안 되지요!" 내가 진지한 표정으로 덧붙였다. "당신의 말을 듣는 것만으로도 저는 기분이 좋아져요, 줄리안. 당신은 정말로 변했어요. 외모만이 아니에요. 당신의 그 해묵은 냉소주의는 이제 간 데도 없어요. 예전의 그 부정적인 태도와 공격성도요. 당신은 정말 자신에 대해 관대하고 평화로워 보여요. 당신은 오늘 밤 저를 감동시켰습니다."

"왜 그러나? 아직도 더 있다네." 줄리안이 공중으로 주먹을 뻗치며 소리쳤다. "계속하자고!"

"좋고말고요."

"좋아, 여덟 번째 의식은 '만트라의 의식*Ritual of Spoken Word*'일세. 현자들에게는 아침저녁으로 외는 일련의 만트라가 있었지. 그들은 이 의식을 수행하면 마음이 행복해지고 강력히 집중되는 엄청난 효과가 있다고 했어."

"만트라란 게 뭐죠?" 내가 물었다.

"만트라란 긍정적인 효과를 일으키기 위해 엮어 놓은 일련의 단어들일 뿐이야. 산스크리트어로 '만*man*'은 '마음'을 뜻하고, '트라*tra*'는 '해방'을 뜻한다네. 그러니까 만트라는 '마음을 해방시키기 위한 문구'라네. 그러니 존, 내 말을 믿게. 만트라는 그 목적을 확실하게 이루어 준다네."

"당신도 일과 속에서 만트라 수행을 하고 있나요?"

"물론 하고 있지. 만트라는 어딜 가든지 나의 믿음직스러운 동반자라네. 버스를 타고 있든, 도서관으로 걸어가고 있든, 공원에서 세상 구경을 하고 있든, 나는 만트라를 통해서 내 세계 안에 있는 모든 좋은 것을 끊임없이 확언하고 있다네."

"만트라는 소리 내어 말로 하는 건가요?"

"그래야만 하는 건 아닐세. 글로 적는 만트라도 매우 강력한 효과가 있다네. 하지만 나는 만트라를 소리 내어 읊는 것이 기분에 아주 좋은 영향을 미친다는 사실을 발견했네. 동기부여가 필요할 때는 '나는 영감 속에서 꾸준히 수행하여 에너지가 넘친다'라는 만트라를 이삼백 번 소리 내어 읊조릴 수도 있지. 또한 자신감을 최고조로 끌어올리고 싶을 때는 '나는 강하고 능력 있고 평온하다'라는 만트라를 반복하지. 심지어는 젊고 활기차게 살게 해 주는 만트라를 암송하기도 한다네." 줄리안이 털어놓았다.

"만트라가 젊어지게 해 줄 수도 있다고요?"

"말은 마음에 강력한 영향을 미친다네. 소리 내어 말로 하든, 글로 적든 간에 만트라는 강력한 힘이야. 다른 사람에게 하는 말도 중요하지만, 그보다 더 중요한 것은 자네가 자네에게 들려주는 말이라네."

"독백이요?"

"맞아. 자네는 곧 자신이 하루 종일 생각하는 그것이라네. 자네는 또한 하루 종일 자신에게 말하는 그것일세. '나는 늙고 지쳤다'고 말하면 그 만트라는 자네의 외부현실 속에서 실현될 걸세. '나는 나약하고 열정이 없다'고 말하면 그 또한 자네 세계의 성질이 될 거야. 하지만 '나는 건강하고 활기차게 살아 있다'고 말한다면 자네의 삶은 변모할 걸세. 알겠나? 자네가 자신에게 하는 말이 자네의 자아상에 영향을 미치고, 자아상은 자네가 취하는 행동에 영향을 미친다네. 예를 들면, 자네의 자아상이 그 어떤 가치 있는 일도 못 할 만큼 자신감 없는 사람이라면 자네는 그런 특성에 어울리는 행동밖에는 할 줄 모르게 될 걸세. 반대로 자네의 자아상이 두려움 없고 광휘로 빛나는 사람이라면 이번에도 자네의 모든 행동은 이 성질에 어울리는 행동이 될 걸세. 자아상은 일종의 자기실현적 예언이라네."

"어떻게 그렇게 되죠?"

"자네가 자신은 어떤 일을 못 한다고 믿는다면, 예컨대 완벽한 파트너를 못 찾는다거나 스트레스 없는 삶을 살지 못할 거라고 믿는다면 그 믿음은 자네의 자아상에 영향을 미칠 걸세. 그래서 그 다음에는 그 자아상이 완벽한 파트너를 찾는 일이나 쾌적한 삶을 창조해 내는 일을 하지 못하도록 가로막을 거야. 실제로 그것은 자네가 그런 방향으로 기울이는 모든 노력을 무력화시킬 걸세."

"왜 그런 식으로 작용하죠?"

"단순해. 자아상은 일종의 통치자이기 때문일세. 그것은 자네가 자신과 불일치하는 방식으로 행동하는 것을 결코 용납하지 않는다네. 하지만 멋진 점은 자네가 그 자아상을 바꿀 수 있다는 거야. 삶의 향상에 도움이 되지 않는 모든 것들을 고치는 것과 마찬가지로 말일세. 만트라는 자아상을 바꿀 수 있게 도와주는 멋진 방법이라네."

"내면의 세계를 바꾸면 외부의 세계도 바뀐다는 거죠." 내가 진지하게 맞장구를 쳤다.

"오, 자네는 역시 빨리 배우는군." 줄리안이 스타 변호사 시절에 애용하던 엄지를 치켜세우는 사인을 보내면서 말했다.

"이제 아홉 번째 의식으로 부드럽게 넘어갈 수 있겠군. 이것은 '인격의 의식Ritual of Character'일세. 우리가 방금 이야기했던 자아상의 개념에서 파생된 의식이지. 간단히 말해서 이 의식은 인격을 쌓기 위한 점진적인 행동을 매일같이 취하는 것이라네. 인격을 구축하면 스스로를 바라보는 방식이나 취하는 행동에 변화가 온다네. 자네가 하는 행동들은 뭉쳐져서 습관을 형성하고, 중요한 점은 습관이 자네의 운명을 만들어 간다는 것이네. 요기 라만은 간단한 문장으로 이 공식을 잘 표현해 주었네. '생각의 씨를 뿌리면 행동을 거둔다. 행동의 씨를 뿌리면 습관을 거둔다. 습관의 씨를 뿌리면 인격을 거둔다. 인격의 씨를 뿌리면 운명을 거둔다.'"

"인격을 쌓으려면 어떤 일을 해야 하나요?"

"덕을 길러 주는 것이라면 무엇이든지. '덕virtue, 德'이라는 말이 무엇을 뜻하는지 미리 그 개념을 분명히 해 두지. 히말라야의 현자들은 도덕적인 삶이 곧 의미 있는 삶임을 확신했다네. 그래서 그들은 일련의 영원한 원리에 바탕을 두고 자신들의 모든 행동을 다스렸다네."

"나는 그들이 자신의 사명에 의거하여 자신의 삶을 다스렸다고 배웠는데요?"

"맞아, 정확해. 하지만 그들의 사명에는 그들의 조상이 수천 년 동안 가슴 깊이 담아 온 이 원리에 일치되게 사는 것도 포함되어 있다네."

"그 원리란 게 무엇인데요, 줄리안?" 내가 물었다.

"간단히 말하자면, 근면, 자비, 겸손, 인내, 정직 그리고 용기일세. 자네의 모든 행동이 이 원리에 일치하도록 조율되어 있으면 자네는 내면의 깊은 조화와 평화를 느끼게 될 걸세. 이렇게 살면 필연적으로 영적인 길로 인도될 수밖에 없다네. 자네가 항상 옳은 일을 하게 될 것이기 때문이지. 자네는 자연의 법칙과 우주의 법칙에 따라 행동하게 될 걸세. 이때부터 자네는 다른 차원의 에너지, 그러니까 더 높은 힘에 접속되기 시작한다네. 이때부터는 자네의 삶이 평범한 영역으로부터 비범한 영역으로 건너가서 자기 존재의 신성함을 감지하기 시작하지. 이것이 필생의 깨달음으로 가는 첫 번째 단계라네."

"당신도 그런 경험을 해보셨나요?" 내가 물어보았다.

"그랬지. 그리고 자네도 하게 되리라고 믿네. 옳은 일을 하게. 자네의 진정한 인격에 걸맞게 행동하게. 모든 일을 성심으로 행하고 가슴의 인도를 받게. 그 나머지는 스스로가 자신을 돌볼 걸세. 자네는 결코 혼자가 아니라네."

"무슨 뜻이죠?"

"그것은 나중에 설명해 줌세. 지금은 인격을 쌓기 위해서는 날마다 사소한 것이라도 노력해야 한다는 사실만 명심해 두게. 에머슨이 말했지. '인격은 지성보다 높다. 위대한 영혼은 생각할 뿐만 아니라, 생각대로 살아갈 만큼 강하다.' 방금 언급했던 원리에 부합되게 행동하면 인격이 쌓인다네. 그러나 그렇게 하지 못한다면 진정한 행복은 항상 자네를 피해만 다닐 걸세."

"맨 마지막 의식은 무엇인가요?"

"그것은 너무나 중요한 '단순함의 의식Ritual of Simplicity'일세. 이 의식은 단순하고 소박한 삶을 살 것을 요구한다네. 요기 라만이 말했지. '결코 하찮은 일들 속에 파묻힌 채로 살아가서는 안 됩니다. 오로지 중요한 일에만, 진정으로 의미 있는 일에만 집중하세요. 그러면 당신의 삶은 혼란되지 않게 정돈되어, 지극히 보람

차고 평화로워질 것입니다. 그것은 내가 약속할 수 있소.'"

"그의 말은 맞았어. 알곡과 쭉정이를 가려내기 시작한 순간부터 내 인생은 조화로움으로 가득 차기 시작했네. 익숙하게 살아왔던 그 미친 듯한 삶의 페이스를 멈췄다네. 태풍의 눈 속에서 살기를 멈췄지. 대신 속도를 줄이고 장미 향기를 맡을 시간을 가졌다네."

"단순하고 소박한 삶을 가꾸기 위해 무엇을 하셨나요?"

"값비싼 옷을 입는 것을 그만뒀네. 하루에 대여섯 개의 신문을 받아 보던 중독을 버렸고, 모든 사람에게 언제든지 시간을 내주어야만 한다는 강박도 없애 버렸네. 나는 채식주의자가 되고 소식을 시작했네. 기본적으로는 모든 필요를 줄였다네. 알겠나, 존? 자네의 욕구를 줄이지 않으면 결코 온전한 만족을 누릴 수가 없다네. 자네는 마치 라스베이거스의 도박꾼처럼 '한 번만 더 돌리면' 행운의 숫자가 나올 거라는 희망으로 룰렛 앞에 머물러 있네. 가진 것보다 늘 더 많은 것을 원하면서 말이지. 이런 상태에서 어떻게 행복해질 수가 있겠나?"

"줄리안, 행복은 성취에서 온다고 하시지 않았었나요? 그런데 이제는 필요를 줄이고 적은 것으로 만족하라니, 명백한 모순 아닌가요?"

"훌륭한 지적일세, 존. 사실 아주 똑똑해! 그것은 모순처럼 보일 수도 있지만 그렇지 않다네. 평생의 행복은 꿈을 실현하려는 노력으로부터 나온다네. 꿈을 향해 앞으로 나아갈 때 자네는 자신의 최선을 살고 있는 거야. 중요한 것은 자네의 행복을 무지개 끝에 있다는 황금단지와 결부시키지 않는 걸세. 예컨대 나는 여러 번 백만 달러를 벌어 봤지만, 나에게 성공이란 '3억 달러가 들어 있는 계좌'라고 늘 스스로에게 말하곤 했다네. 사실 그것은 재앙을 부르는 공식이었지."

"3억 달러나요?" 나는 믿기지 않아서 되물었다.

"그렇다네, 3억 달러. 그러니 나는 아무리 많이 가져도 결코 만족할 수가 없었다네. 그것 때문에 나는 늘 불행했지. 그것은 탐욕에 지나지 않았어. 이제야 나도 그 사실을 주저 없이 받아들이게 되었다네. 그것은 마치 마이더스 왕의 이야기와도 같네. 자네도 그 이야기는 들어봤겠지?"

"그럼요. 황금을 너무나 사랑한 나머지 만지는 것마다 모두 황금이 되게 해 달라고 기도했던 남자죠. 소원이 이뤄지자 그는 기뻐했어요. 하지만 이내 음식을 먹을 수가 없게 된 것을 깨닫고 절망했죠. 그가 손을 댄 음식은 모두 황금으로 변해 버렸으니까요."

"맞아. 마찬가지로 나는 돈에 눈이 멀어서 내가 가진 모든 것을 하나도 즐기지 못했다네. 그러다가 고작 물과 빵만 먹고 살아야 하는 상황이 찾아온 것을 자네는 모르지?" 줄리안이 매우 가라앉은 목소리로 말했다.

"정말인가요? 나는 당신이 언제나 유명 인사들과 어울려서 최고급 레스토랑에서 식사하는 줄로만 알았는데요."

"그것은 초창기 이야기고, 아는 사람은 별로 없지만 나는 너무

방탕한 생활로 출혈성 궤양에 걸리고 말았다네. 핫도그 하나도 먹을 수 없을 정도로 아팠지. 기막힌 삶 아닌가! 그 모든 돈을 쌓아 두고도 먹을 수 있는 건 고작 빵과 물뿐이었다니, 불쌍한 현실이었지." 줄리안은 곧 자신으로 돌아왔다. "하지만 나는 과거 속에 주저앉아 사는 사람이 아니었네. 그것은 삶이 준 또 하나의 위대한 가르침이었어. 다시 말하지만 고통은 위대한 스승이라네. 고통을 넘어서기 위해서는 먼저 고통을 경험해야만 했어. 그러지 않았다면 나는 지금 여기에 없었을 걸세." 그는 마치 금욕주의 철학자처럼 말했다.

"단순함의 의식을 제 삶 속으로 가져오려면 무얼 해야 할까요?"

"할 수 있는 일은 얼마든지 많아. 아주 작은 일도 변화를 만들어 낼 걸세."

"예를 들면요?"

"전화기가 울릴 때마다 받는 버릇을 멈추게. 스팸 메일을 보면서 시간을 낭비하지 말게. 일주일에 세 번씩 외식하기를 그만두고 골프 회원권을 팔아 버리게. 그 대신 아이들과 더 많은 시간을 보내고, 일주일에 하루는 시계 없이 지내고, 며칠에 한 번씩은 일출을 보고, 핸드폰을 팔아 버리게. 더 말해 줄까?" 줄리안이 웅변하듯이 말했다.

"알겠어요. 하지만 핸드폰을 팔라고요?" 맹장을 잘라내야 한다는 의사의 말을 들은 아이처럼 불안한 표정으로 내가 물었다.

"말했듯이 나의 임무는 여행을 통해 내가 배운 지혜를 자네에

게 전해 주는 것이 다일세. 자네의 삶이 잘 굴러가게 하기 위해서
이 방법들을 모두 실천해야만 하는 건 아니야. 이것저것 해보고
자네에게 좋다고 느껴지는 방법을 사용하게."

"알아요, 극단으로 가지 말고 매사에 중용을 지켜라. 이 말이
죠?"

"바로 그거야."

"그래도 당신이 말해 주는 모든 방법이 좋아 보이는 건 어쩔
수 없네요. 하지만 그게 정말로 한 달 만에 내 삶에 심오한 변화
를 가져다줄까요?"

"한 달도 안 걸릴 걸세. 더 걸릴 수도 있고." 줄리안이 예의 그
장난기 어린 표정으로 말했다.

"현자님, 오, 나의 현자님! 설명 좀 부탁해요!"

"'현자님'은 예전에 사용하던 편지지에다 인쇄해 놨으면 멋졌
겠구먼." 그가 나의 농담을 받아 주었다.

"나는 진정한 삶의 변화는 자발적인 것이기 때문에 한 달도 안
걸릴 거라고 말했네."

"자발적이라고요?"

"그래, 그것은 눈 깜짝할 새에 일어난다네. 자신의 삶을 최고의
수준으로 올려놓겠다고 존재의 가장 깊은 곳에서 결심하는 순간,
바로 그 순간에 자네는 이미 변화된 사람, 운명의 길로 들어선 사
람이 되는 걸세."

"그럼 한 달도 넘게 걸리는 건 또 왜죠?"

"이 방법과 도구들을 연습하면 자네는 지금부터 한 달 이내로 눈에 띄는 발전을 목격할 걸세. 에너지가 커지고 근심이 줄어들고 창조력이 커지고 삶의 모든 측면에서 스트레스가 줄어들 걸세. 반면에 현자들의 방법은 순간접착제 같은 것이 아닐세. 그것은 남은 평생 날마다 실천해 가야만 하는 영원한 전통이라서 그 실천을 멈추면 다시 옛날 모습으로 서서히 미끄러져 내려가는 것을 발견하게 될 거라는 말일세."

줄리안은 빛나는 삶을 위한 열 가지 의식을 다 설명해 준 다음 잠시 말을 멈췄다. "내가 계속 이야기해 주길 바라고 있을 테니 계속하겠네. 자네가 밤을 꼬박 새운다 하더라도 걱정되지 않을 정도로, 나는 자네에게 나눠 줄 가르침의 효과를 강력히 믿고 있지. 이제 더 깊이 공부하기에 적당한 때가 된 것 같군."

"무슨 말이죠? 오늘 밤 들은 모든 내용이 이미 충분히 심오하다고요." 내가 놀라서 물었다.

"내가 설명한 비밀들은 자네와 자네가 만나는 모든 사람들이 원하는 삶을 창조해 낼 수 있게 해 줄 걸세. 하지만 시바나 현자들의 철학에는 눈에 보이는 것보다 훨씬 더 깊은 내용이 감춰져 있다네. 나는 지금까지 매우 실용적인 내용만 말했네. 하지만 자네는 내가 설명한 원리를 관통하는 배후의 영적 흐름에 대해서도 알아야만 하네. 지금은 내 말 뜻을 잘 모르겠더라도 너무 걱정하지 말게. 그저 기억해 두었다가 잠시 시간을 내어 곱씹어 보게. 언젠가는 소화할 수 있을 테니까."

"제자가 준비되면 스승이 나타날 거라는 거죠?"

"바로 그거야." 줄리안이 미소를 띠며 말했다. "자네는 언제나 터득이 빨랐어."

"좋아요, 그 영적인 이야기를 한번 들어볼까요." 내가 새벽 2시 30분이 된 줄도 모르고 기운차게 말했다.

"자네의 내면에는 해와 달과 하늘을 비롯한 우주의 모든 경이가 깃들어 있다네. 그 경이로움을 창조한 지성은 자네를 창조한 것과 동일한 힘이라네. 자네 주변의 모든 것은 동일한 근원에서 비롯되었어. 우리는 모두가 하나란 말일세."

"제가 잘 이해하고 있는지 모르겠네요."

"지구상의 모든 존재와 사물은 영혼을 지니고 있네. 그리고 모든 영혼은 단 하나의 영혼, 바로 우주의 영혼으로 흘러든다네. 알겠나, 존? 자신의 마음과 영혼을 돌볼 때 사실 자네는 우주의 영혼을 돌보고 있는 걸세. 자신의 삶을 향상시킬 때 자네는 주변 모든 사람들의 삶을 향상시키고 있는 거란 말일세. 그리고 자신의 꿈을 향해서 자신 있게 나아갈 용기를 품으면 자네는 우주의 힘을 끌어오기 시작한다네. 삶은 늘 자네의 말을 귀 기울여 듣고 있다가 자네가 요청하는 것을 준다네."

"그러니까 자기 자신을 다스리고 카이젠을 통해 삶을 개선하는 것이 자신뿐만이 아니라 주변 사람 모두를 도울 수 있게 해 주리라는 말씀인가요?"

"비슷해. 마음을 풍성하게 가꾸고 몸을 돌보고 영혼을 육성해

가다 보면 내가 하는 말을 정확히 이해하게 되는 때가 올 걸세."

"줄리안, 당신이 좋은 뜻으로 말해 주고 있다는 건 알아요. 하지만 자신을 완전히 다스린다는 것은 지금까지 자기 발전보다는 고객 개발에 골몰해 온 체중 100kg의 가장에게는 너무 높은 이상인 걸요. 실패하면 어떻게 될까요?"

"실패는 시도해 볼 용기가 없다는 것, 그 이상도 이하도 아닐세. 사람들과 그들의 꿈 사이를 가로막고 있는 유일한 장벽은 실패에 대한 두려움이지. 하지만 어떤 일에서든 실패는 성공의 필수 요소라네. 실패는 우리를 시험하고 성장하게 해 주지. 실패는 교훈을 주고 우리를 깨달음의 길로 안내해 준다네. 과녁을 명중시킨 화살 하나는 잘못 쏜 화살 백 발의 결과라고 동양의 스승들은 말하지. 손실을 통해 이득을 얻는 것은 대자연의 근본법칙이라네. 결코 실패를 두려워하지 말게. 실패를 자네의 친구로 여기게."

"실패를 끌어안으라고요?" 미심쩍은 표정으로 내가 물었다.

"우주는 용감한 자를 좋아한다네. 자네가 삶을 최고의 경지로 끌어올리기로 결심하면 영혼의 강력한 힘이 자네를 인도해 줄 걸세. 요기 라만은 모든 사람의 운명은 이미 태어날 때부터 정해져 있다고 믿었지. 그 운명의 길은 온갖 찬란한 보물로 가득 찬 마법의 장소로 이어진다네. 하지만 그 길을 걸어갈 수 있는 용기를 기르는 것은 각자에게 맡겨진 일일세. 이에 관해서 자네에게도 전해 주고 싶은 이야기가 있어." 줄리안은 요기 라만이 그에게 들려준 이야기를 존에게 전했다.

옛날 인도에 바다가 내려다보이는 거대한 성을 가진 못된 거인이 있었다. 거인은 몇 년 동안 성을 비워 둔 채 전쟁터에 나갔다. 그 덕분에 이웃마을의 아이들이 아름다운 정원에 들어와서 아주 즐겁게 놀다 가곤 했다. 그러던 어느 날, 거인이 돌아와서 아이들을 모두 밖으로 내쫓았다. "다시는 들어오지 마!" 그는 육중한 떡갈나무 대문을 쾅 닫으면서 소리쳤다. 그런 다음 그는 정원 주위로 거대한 대리석 담을 쳐서 아이들이 못 들어오게 막았다. 겨울이 매서운 추위와 함께 찾아왔다. 인도 최북단 지방의 살을 에는 추위에 시달리며 거인은 따뜻한 봄날이 돌아오기만을 기다렸다.

어느덧 거인의 성 아랫마을에는 봄이 돌아왔다. 하지만 거인의 정원은 추위가 물러가지 않았다. 그러던 어느 날 거인은 창문을 통해 처음으로 봄 향기를 맡고 눈부신 햇살을 느꼈다. "마침내 봄이 왔구나!" 거인은 소리치며 대문으로 뛰어나갔다. 그곳에는 거인이 생각지도 못했던 광경이 기다리고 있었다. 마을 아이들이 어떻게 했는지는 몰라도 성벽을 넘어 들어와서 정원에서 놀고 있었다. 정원이 꽁꽁 얼어붙은 황무지에서 장미와 수선화와 난초로 가득한 멋진 꽃밭으로 변해 버린 것은 아이들이 들어왔기 때문이었다. 모든 아이들이 웃고 떠들며 기뻐했는데 딱 한 아이만 그렇지 않았다. 거인은 담 너머에서 다른 아이들보다 훨씬 작은 꼬마 아이를 발견했다. 아이는 담을 타고 정원으로 들어올 힘이 없어서 울고 있었다. 거인은 그 아이 때문에 슬퍼져서 난생 처음으로 자신의 나쁜 행동을 후회하게 되었다. "저 아이를 도와줘야겠어." 그는 아이를 향해 달려갔다. 다른 아이들은 거인이 달려오는 것을 보고 모두 정원에서 달아났다. 하지만 작은 꼬마 아이는 도망가지 않고 자리를 지키고 서 있었다. "거인을 죽여 버릴 거야. 우리의 놀이터를 지킬 거야!" 아이는 더듬거리며 말했다.

거인은 꼬마에게 다가가서 팔을 벌리면서 말했다. "얘야, 아저씨는 친구란다. 나는 네가 담을 넘어 정원으로 들어가도록 도와주러 왔어. 이제 이곳은 너의 정원이란다." 이제 아이들 사이에서 영웅이 된 꼬마 아이는 행복에 겨워 자신이 늘 목에 걸고 있던 황금 목걸이를 벗어서 거인의 목에 기쁘게 걸어 줬다. "이것은 나의 행운의 목걸이예요. 아저씨가 가져요."

그날부터 아이들은 거인의 아름다운 정원에서 놀았다. 하지만 거인이 가장 좋아했던 용감한 아이는 돌아오지 않았다. 시간이 지나자 거인은 병이 나서 쇠약해졌다. 아이들은 계속 정원에서 놀았지만 거인은 더 이상 아이들과 함께 놀 기운이 없었다. 그 호젓한 나날 동안 거인이 가장 자주 생각했던 것은 그 꼬마 아이였다.

몹시 추웠던 어느 겨울에 거인은 창밖을 내다보다가 정말 기적과 같은 광경을 보았다. 대부분의 정원은 눈에 덮여 있었는데 정원 한가운데에 아주 멋들어진 장미 덩굴에 온갖 색깔의 장미가 함빡 피어 있었다. 장미 덩굴 옆에는 거인이 그토록 좋아했던 아이가 서 있었다. 아이는 미소를 짓고 있었다. 거인은 너무나 기뻐

춤추듯 달려 나가 아이를 얼싸안았다. "그동안 어디에 있었니? 내 친구야. 내가 널 얼마나 보고 싶었는데……."

아이는 생각에 잠긴 듯 말했다. "여러 해 전에 당신은 날 담 넘어 마법의 정원으로 들어오도록 도와주었지요. 이제 나는 당신이 나의 정원으로 들어오도록 도와주러 왔어요." 그날 늦게 아이들이 거인을 만나러 왔을 때 거인은 숨을 거둔 채 땅에 누워 있었다. 그의 몸은 머리끝부터 발끝까지 수천 송이의 아름다운 장미로 덮여 있었다.

"존, 늘 용감하게. 그 꼬마 아이처럼 두 발을 단단히 딛고 꿈을 따라가게. 꿈은 자네를 자네의 운명에게로 데려다줄 걸세. 자네의 운명을 따라가게. 운명은 자네를 우주의 경이로 데려다줄 걸세. 그리고 언제나 우주의 경이를 따라가게. 그것은 자네를 장미가 만발한 특별한 정원으로 인도해 줄 테니까."

이야기에 깊이 감동했노라고 말하려고 줄리안을 쳐다보다가 나는 깜짝 놀라고 말았다. 부유한 유명 인사들을 변호해 주는 일로 평생을 보냈던 이 돌덩이 같은 전사가 눈물을 흘리고 있었던 것이다.

스모 선수

___

덕목   카이젠을 실천하라

___

지혜   * 자신을 다스리는 것은 삶의 주인이 되기 위한 밑그림이다.
       * 외부적 성공은 내면의 성공에서 비롯된다.
       * 깨달음은 몸과 마음과 영혼을 꾸준히 가꾸는 데서 온다.

___

방법   * 두려워하는 일을 하라.
       * 삶의 주인이 되기 위한 열 가지 의식을 행하라.

___

인용구   우주는 용감한 자의 편이다. 그대의 삶을 최고의 경지로
       끌어올리기로 마음먹으면 그대 영혼의 강력한 힘이 그대를 찬란한
       보석으로 가득한 마법의 장소로 인도해 줄 것이다.

10장

수행의 힘

오늘날 우리는 자기 운명의 주인임을 나는 확신한다.
우리 앞에 놓인 과업은 우리의 힘에 부치지 않으며,
그 일에 따르는 고난과 고통은 견뎌내지 못할 바가 아니다.
대의에 대한 신념과 승리하고자 하는 불굴의 의지가 있는 한,
승리는 결코 우리를 저버리지 않을 것이다.

- 윈스턴 처칠

줄리안은 줄곧 요기 라만의 신비로운 우화를 나에게 들려주는 지혜의 주춧돌처럼 이용했다. 나는 힘과 잠재력의 보고인 마음속 정원에 대해 배웠다. 등대라는 상징을 통해서는 분명하게 정의된 인생 목적의 중요성과 목표 설정의 효과에 대해 배웠다. 구척장신에 체중 400kg의 일본 스모 선수의 상징을 통해서는 카이젠의 개념과 자신의 주인이 되는 것이 가져다줄 풍부한 혜택에 대한 가르침을 배웠다. 그러나 최고의 것은 아직 나오지 않았다는 사실을 그때까지는 모르고 있었다.

"우리의 스모 선수 친구는 완전히 벌거벗고 있었다는 사실을 기억하겠지?"

"은밀한 부위를 가리고 있는 핑크색 밧줄만 빼고요." 내가 짓

굳게 덧붙였다.

"맞았어." 줄리안이 칭찬했다. "밧줄은 풍요롭고 행복하고 더 깨달은 삶을 일궈 내도록 도와줄 자제력과 자기 수련의 힘을 상기시켜 줄 걸세. 시바나의 스승들은 의심의 여지 없이 지금껏 만나 본 사람 중 가장 건강하고 자족적이고 고요한 사람들이었어. 그들은 또 가장 수련이 깊은 사람들이었지. 현자들은 나에게 자기 수련의 미덕을 밧줄과도 같다고 했네. 밧줄에 대해 깊이 생각해 본 적이 있나, 존?"

"제 우선순위 목록에는 없었죠." 나는 얼른 웃음을 지으면서 말했다.

"그럼 언제고 한번 살펴보게나. 샬바의 밧줄은 가느다란 실이 수없이 모여서 한데 꼬인 거라네. 낱낱의 실은 가늘고 약하지. 하지만 한데 뭉쳐 놓으면 부분의 합보다 훨씬 더 강해져서 강철보다도 억세진다네. 자제력과 의지력도 이와 마찬가지일세. 강철같이 강한 의지력을 기르려면 자기 수양의 자잘한 행동들을 하나씩 쌓아 올리는 것이 필수적이라네. 규칙적으로 실행하면 그 작은 행동들이 쌓이고 쌓여서 결국은 엄청난 내면의 힘을 만들어 내지. '거미줄도 뭉치면 사자를 옭아맬 수 있다'는 아프리카의 오랜 속담이 그것을 제일 잘 표현한다네. 의지력을 해방시키면 자네는 자기 세계의 주인이 된다네. 자제력을 꾸준히 수련하면 자네가 넘지 못할 장애물이나 당해 내지 못할 위기는 없어질 걸세. 이렇게 자기 수련은 삶의 자잘한 굴곡들을 마주칠 때 자네에게 필요

197

한 마음의 자원을 제공해 줄 걸세."

"의지력 결핍은 일종의 정신의 병이라는 사실도 명심하게." 줄리안이 놀라운 말을 덧붙였다. "만약 자네가 이 병을 앓고 있다면 지체 없이 근절하는 것을 최우선 과제로 삼게. 강인한 인격으로 멋진 삶을 누리는 사람들의 가장 두드러진 특징은 의지력과 자기 수련의 힘이 강하다는 것일세. 의지력은 자네가 하고자 하는 일을, 하겠다고 말한 그 시기에 할 수 있게 해 준다네. 의지력은 포근한 침대가 유혹하는 추운 겨울날 밖으로 나가서 숲을 산책하며 정신에 자양분을 공급할 수 있도록 하고, 혹은 새벽 5시에 일어나 명상으로 마음을 갈고 닦게 만든다네. 또한 덜 깨인 사람이 자네를 모욕하거나 자네가 반대하는 일을 할 때 자네의 입을 침묵시켜 주는 것도 의지력이지. 가망성 없어 보이는 상황에서도 꿈을 밀고 나가게 해 주는 것도 의지력이라네. 다른 사람이나 그보다 더 중요한 자신과의 약속을 지킬 수 있는 내면의 힘을 제공해 주는 것도 의지력일세."

"그게 정말 그렇게 중요한가요?"

"물론일세, 친구. 의지력은 열정과 가능성과 평화로 넘치는 삶을 창조해 낸 모든 이들에게 빼놓을 수 없는 덕목이라네." 그러면서 줄리안은 수도복 안으로 손을 집어넣더니 박물관의 고대 이집트 전시회에서나 볼 수 있을 법한, 작고 빛나는 은갑을 꺼냈다.

"당신이 가지고 있으면 안 되는 물건 같은데요." 내가 농을 던졌다.

"시바나에서의 마지막 날 밤, 현자들이 이것을 선물로 주더군. 그 자리는 충만한 삶을 사는 가족 구성원의 기쁨과 사랑에 가득 찬 작별 파티였다네. 내 생애에서 가장 멋지고도 슬픈 밤이었네. 나는 시바나의 니르바나를 떠나고 싶지 않았네. 그곳은 나의 성소였고 이 세상 모든 좋은 것들이 모여 있는 오아시스였다네. 현자들은 나의 영적인 형제자매가 되었지. 나는 그날 저녁 나의 일부를 그 히말라야 높은 산속에 남겨 두었다네." 줄리안이 잠긴 목소리로 말했다.

"그 은갑에는 무엇이 새겨져 있나요?"

"읽어 줄게. 존, 이 내용을 절대 잊지 말게. 이 글은 내가 힘들때 정말로 큰 도움이 되었다네. 자네가 힘들 때도 이 글을 통해위로받기를 기도하네. 잘 들어 보게."

그대, 강철 같은 수행으로 단련하여 용기와 평화로 가득한 인격을 빚어내라. 의지라는 미덕을 통해 생의 지고한 이상을 향해 오르고, 선하고 기쁘고 활기찬 것들로 가득한 천국 같은 집에서 살게 되리라. 그러나 그것들이 없다면 그대는 나침반을 잃은 선장처럼 길을 잃고 결국은 배와 함께 침몰하고 말리라.

"자제력의 중요성에 대해서는 진지하게 생각해 본 적이 없습니다. 물론 저도 수양이 잘된 사람이면 좋겠다고 바란 적은 많았지만요." 내가 인정했다. "그렇다면 십대인 제 아들이 체육관에서 이두박근을 키우듯이 제가 수행을 쌓을 수 있다고 말씀하시는 건가요?"

"그 비유가 아주 멋지군. 아들이 체육관에서 몸을 단련하는 것과 똑같이 의지력을 길들일 수 있다네. 지금 아무리 약하고 무기력한 사람이라도 누구든지 비교적 짧은 시간에 수행력을 기를 수 있네. 마하트마 간디가 좋은 본보기지. 이 현대의 성자를 생각할 때 대다수의 사람들은 그를 대의를 위해서라면 몇 주일 동안 음식을 끊을 수도 있고 자신의 신념을 지키기 위해서 엄청난 고통도 견뎌낼 수 있는 사내로 기억하지. 하지만 간디의 삶을 들여다보면 그가 언제나 자제력의 달인은 아니었다는 것을 알게 될 걸세."

"간디가 초콜릿 중독자였다고 말하려는 건 아니죠?"

"거기까지는 아니야, 존. 하지만 남아프리카에서 변호사로 활동하던 젊은 시절에는 그도 자주 감정을 폭발시키곤 했네. 당시의 그에게 단식과 명상 수행은 말년에 그의 상징이 되어 버린 흰색 천 옷만큼이나 낯선 것이었다네."

"그러니까 훈련과 준비를 잘 조합하면 저도 마하트마 간디와 동급의 의지력을 갖출 수 있다고 말씀하시는 건가요?"

"사람은 저마다 다르다네. 요기 라만이 나에게 가르쳐 준 근본 원리 중 하나는 진정으로 깨달은 이들은 결코 다른 사람처럼 되려고 애쓰지 않는다는 걸세. 대신 그들은 이전의 자신보다 더 나아지려고 하지. 타인과 경쟁을 벌이지 말게. 자신과 경쟁하라고." 줄리안이 대답했다.

"자제력이 생기면 자네는 자신이 늘 하고 싶어 해 왔던 일을 실제로 할 수 있는 마음의 힘을 갖게 될 걸세. 자네에게는 그게 마라톤 훈련이거나, 급류타기의 달인이 되는 것이거나, 심지어는 화가가 되기 위해 변호사를 그만두는 것일 수도 있겠지. 자네가 꿈꾸는 것이 물질적 부이든 영적 풍요이든 간에 나는 그걸로 자네를 심판하지 않을 걸세. 나는 단지 잠들어 있는 의지력의 보고를 열기만 하면 이 모든 것이 자네의 손 안에 있게 되리라는 사실만 말해 주겠네."

그리고 줄리안은 이렇게 덧붙였다. "삶 속에서 수행력과 자제력을 기르면 엄청난 해방감도 얻게 될 걸세. 그러면 그것만으로도 많은 것이 바뀔 거야."

"무슨 말씀이시죠?"

"대부분의 사람들은 자유인일세. 가고 싶은 곳을 갈 수 있고, 하고 싶은 일을 할 수도 있지. 하지만 동시에 너무나 많은 사람들이 충동의 노예이기도 하다네. 그들은 주도적이기보다는 반응적인 태도로 자랐지. 그들은 갯바위에 부딪치는 포말처럼 파도가 데려가는 대로 아무 데나 휩쓸려 다닌다네. 가족과 시간을 보내고 있는데 직장에서 누가 전화를 걸어와 위급한 상황을 전하면 그들은 자신의 전반적인 행복과 인생 목표를 위해 무엇이 더 중요한 일인지를 잠시 멈춰서 생각해 볼 겨를도 없이 달려 나가곤 하지. 서양과 동양 양쪽 모두에서 살아본 내 경험에 비춰 보면, 그런 사람들은 권리로서의 자유는 있지만 진정한 자유는 없다고 말할 수 있네. 그들에게는 깨어난 삶의 필수 요소가 빠져 있네. 나무를 넘어 숲을 바라볼 자유, 당장 급해 보이는 일보다 올바른 일을 선택할 자유 말일세."

나는 줄리안의 말에 동의하지 않을 수가 없었다. 그에 대해서는 반론의 여지가 없었다. 나는 훌륭한 가족과 포근한 집 그리고 분주한 변호사라는 직업을 가지고 있었다. 하지만 내가 자유를 성취했다고는 말할 수 없었다. 휴대폰은 내 오른팔의 긴요한 부속물이 되었고, 나는 늘 바삐 뛰어다녔다. 제니와는 깊은 대화를 나눌 여유가 없었고, 나 자신만을 위한 조용한 시간을 마련한다는 것은 앞으로도 내가 보스턴 마라톤 대회에서 우승하는 것만큼이나 어려운 일이 될 것이었다. 이런 상황을 생각할수록 내가 어린 시절 이래로 무한하고 참된 자유의 감로수를 맛본 적이 없었음을 깨달을 수 있었다. 나는 정말 내 나약한 충동의 노예로 살아온 것 같다. 나는 언제나 남들이 나에게 해야 한다고 말하는 것을 했다.

"의지력을 키우면 더 많은 자유를 얻을 수 있을까요?"

"자유는 집과도 같다네. 작은 벽돌을 하나하나 쌓아 올려서 짓지. 맨 먼저 쌓아야 할 벽돌은 의지력의 벽돌이라네. 이 덕목은 자네에게 어느 순간이든 옳은 일을 하도록, 용기 있게 행동하도록 기운을 북돋워 주지. 기존의 삶을 받아들이는 것이 아니라 꿈꿔온 삶을 살 힘을 준다네."

줄리안은 또 수행력을 기르면 얻어질 많은 실질적 이득을 말해 주었다.

"존, 믿든 말든 자유지만, 의지력을 기르면 근심하는 습관이 사라지고 건강해지며 자네가 가진 것보다 훨씬 더 큰 에너지를 얻게 될 걸세. 자제력은 마인드 컨트롤 그 이상의 아무것도 아니네. 의지력이야말로 정신의 힘 가운데 최고의 왕이지. 마음의 주인이 되면 삶의 주인이 된다네. 마음의 주인이 된다는 건 자네가 하는 모든 생각을 제어할 수 있다는 뜻이라네. 모든 나약한 생각을 버리고 오직 긍정적이고 선한 생각에만 집중할 수 있는 힘을 기르면 긍정적이고 선한 행동이 따라올 걸세. 그러면 자네는 곧 모든 긍정적이고 선한 것들을 삶 속으로 끌어들이기 시작할 걸세."

"예를 들어 주지. 자네의 자기계발 목표 중 하나가 날마다 새벽 6시에 일어나서 집 뒤의 공원을 달리는 것이라고 하세. 그리고 지금은 한겨울인데 알람시계가 곤한 잠을 깨우고 있다고 하자고. 자네의 첫 번째 충동은 알람시계를 멈춰 놓고 다시 잠 속으로 돌아가는 것이지. '운동의 결심은 내일부터 실행하기로 하지 뭐.' 이런 패턴이 며칠 동안 이어지고 나면 자네는 이제 와서 생활방식을 바꾸기에는 자신이 너무 늙어서 육체적인 운동은 비현실적인 것이었다고 결론을 내리게 되지."

"저를 너무 잘 아시네요." 내가 진지하게 대꾸했다.

"자, 이번에는 다른 시나리오를 생각해 보자고. 여전히 한겨울이고 자네는 이제 막 알람시계를 끄고 침대를 지킬 생각이 들기 시작했네. 하지만 습관의 노예가 되는 대신 좀 더 강력한 생각으로 도전을 하지. 마음의 화면 앞에다 자신이 끝내주는 건강 상태에 있다면 어떻게 보일지, 어떻게 느껴지고 행동할지를 그려 보기 시작하는 거지. 늘씬하고 멋진 몸매로 동료들 앞을 걸어갈 때 그들이 내뱉는 탄성까지 생생히 들려온다네. 자네는 규칙적인 운동 프로그램이 가져다줄 업그레이드된 에너지로 이룰 수 있는 모든 일을 생생히 그려 본다네. 법정에서 보낸 긴 하루 끝에 너무나 피곤한 나머지 달리 할 수 있는 일이 없어서 텔레비전 앞에서 밤을 보내는 따위의 일은 더 이상 없을 걸세. 자네의 나날은 의미와 열의와 생기로 가득 차 있지."

"하지만 그렇게 생각하고 나서도 달리기보다는 다시 잠 속으로 들어가고 싶어지면요?"

"처음 며칠 동안은 힘들어서 과거의 습관 속으로 돌아가고 싶은 마음이 들 걸세. 하지만 요기 라만은 하나의 영원한 진리를 확고히 믿었다네. '긍정은 언제나 부정을 이긴다.' 여러 해 동안 마음의 궁전에 소리 없이 침투해 있던 나약한 생각과 꾸준히 전투를 벌이게. 그것들은 결국 자신이 환영받지 못하는 불청객임을 깨닫고 스스로 떠나갈 걸세."

"생각이 물리적인 실체라고 말하려는 건가요?"

"그렇다네. 그리고 생각은 자네의 완전한 통제권 안에 있다네. 긍정적인 생각을 하는 것은 부정적인 생각을 하는 것만큼이나 쉬운 일이야."

"그렇다면 왜 그토록 많은 사람들이 근심에 싸인 채 세상의 온갖 부정적인 정보에만 마음을 기울이는 거죠?"

"왜냐하면 그들은 자제력과 사고를 단련하는 기술을 배우지 못했기 때문이라네. 내가 이야기를 나눠 본 대부분의 사람들은 매일 매분 매초 일어나는 낱낱의 생각을 제어할 수 있는 힘이 자신에게 있다는 생각을 꿈에도 해본 적이 없더군. 그들은 생각이란 그저 일어나는 것이라고 믿고 있어서, 생각을 제어할 시간을 갖지 않는다면 거꾸로 생각이 자신을 통제하고 부린다는 사실을 깨닫지 못하고 있었어. 좋은 생각에만 집중하고 오로지 의지력으로써 나쁜 생각을 거부하기 시작하면, 장담하건데 나쁜 생각들은 금방 쪼그라들어 버릴 걸세."

"그러니까 더 일찍 일어나고, 적게 먹고, 많이 읽고, 근심을 적게 하고, 인내심을 발휘하고, 더 많이 사랑할 내적인 힘을 가지고 싶다면, 오직 해야 할 일은 의지력을 써서 생각을 청소하는 것이란 말인가요?"

"생각을 제어하면 마음을 제어할 수 있지. 마음을 제어하면 삶을 제어할 수 있고. 그리고 삶을 완전히 제어하는 경지에 이르고 나면 자네는 자기 운명의 주인이 된다네."

이것은 나에게 필요한 말이었다. 이 기이하고도 영감에 가득 찬 한밤의 강론을 통해, 나는 회의적인 변호사에서 생애 처음으로 마음의 눈을 뜬 신봉자로 바뀌었다. 제니가 이 모든 이야기를 들었으면 좋았을 텐데. 사실은 아이들도 이 지혜로운 이야기를 들었으면 좋았을 것이다. 그들도 나처럼 깊은 영향을 받을 텐데.

나는 언제나 더 나은 가장이 되고, 더 충만하게 살려고 애쓰고 있었다. 하지만 나는 언제나 눈앞의 급한 불을 끄기에 급급했다. 어쩌면 이것은 자제력 결핍이라는 약점 탓이었다. 아니면 나무 대신 숲을 보지 못하는 무능일까? 인생은 너무나 빠르게 지나가고 있었다. 에너지와 열의로 넘치는 젊은 법학도였던 시절이 바로 엊그제 같았다. 당시에는 정치가나 대법원 판사를 꿈꿨었다. 하지만 세월이 흐르면서 틀에 박힌 삶에 빠져들었다. 자만심 넘치던 소송 변호사 시절에도 줄리안은 나에게 '자기만족은 자살 행위'라고 경고해 주곤 했었다. 그에 대해 생각하면 할수록 내가 갈망을 잃어버렸음을 깨달았다. 그것은 더 큰 집이나 더 빠른 자동차에 대한 것이 아니었다. 그것은 훨씬 더 깊은 갈구, 더 의미 있고 더 즐겁고 더 만족스럽게 사는 삶에 대한 갈망이었다.

줄리안이 이야기를 이어가는 동안 나는 백일몽에 빠져들기 시작했다. 지금 그가 무슨 말을 하고 있는지는 잊어버린 채, 나는 먼저 자신을 50대로 보았다가 그다음에는 60대 노인으로 봤다. 그때가 돼도 나는 같은 직업에 얽매인 채 같은 사람들과 똑같은 아귀다툼을 하고 있을까? 그것이 두려웠다. 나는 언제나 어떤 식으로든 이 세상에 기여하는 사람이 되기를 원했다. 확실히 현재의 나는 그렇지 못하다. 내가 변화한 것은 그 끈적거리는 7월의 밤, 줄리안이 우리 집 거실 바닥에서 내 옆에 앉아 있던 그 순간이었다고 생각한다. 일본인들은 그것을 '사토리さとり' 즉, '즉각적인 깨달음得道'이라고 한다. 이 순간이 바로 그랬다. 나는 꿈을 이루고

지금보다 훨씬 나은 삶을 살기로 마음먹었다. 나는 진정한 자유를 처음으로 맛보았다. 자신의 삶과 삶을 구성하는 모든 요소들을 영원히 책임지기로 결심할 때 찾아오는 자유 말이다.

"의지력을 길러 주는 공식을 알려 주겠네." 내가 방금 경험한 내면의 변화를 알 리가 없는 줄리안이 말했다.

"실천을 위한 적절한 도구가 없다면 지혜는 지혜가 아니라네." 그가 말을 이었다. "출근길을 걸을 때 날마다 몇 개의 간단한 단어를 되풀이해 보게."

"아까 언급하셨던 만트라 말씀인가요?" 내가 물었다.

"맞아. 만트라는 오천 년이 넘도록 존재해 왔던 것일세. 몇 명 안 되는 시바나의 수도자들만이 그것을 알고 있었지만 말일세. 요기 라만은 만트라를 반복해서 외면 불굴의 자제력과 의지력이 단기간에 길러진다고 했네. 명심하게, 말은 위대한 영향력의 행사자라네. 말은 목소리로 화한 권능일세. 희망적인 말로 마음을 채우면 자네도 희망적이 될 걸세. 친절한 말로 마음을 채우면 친절해지고, 용기 있는 생각으로 마음을 채우면 용감해지지. 마음은 힘을 지니고 있다네." 줄리안이 말했다.

"좋습니다. 경청하고 있습니다."

"이 만트라를 하루에 최소한 30번 이상 반복하길 바라네. '나는 겉으로 보이는 것 이상의 존재이고, 온 세상의 힘과 능력이 내 안에 깃들어 있다.' 이것은 자네의 삶에 심오한 변화를 만들어 낼 걸세. 더 빠른 결과를 얻으려면 이 만트라에다 전에 이야기했던 창조적 심상화의 기법을 결합하게. 예컨대 고요한 장소로 가서 눈을 감고 앉게. 마음이 방황하도록 내버려두지 말게. 몸은 평온히 있도록 하게. 약한 마음의 가장 확실한 징표는 가만히 있지 못하는 몸이라네. 이제 소리를 내어 만트라를 거듭거듭 반복해서 외게. 그렇게 하면서 자신을 수양이 깊은 사람으로, 몸과 마음과 영혼을 완전히 제어하는 사람으로 바라보게. 어려운 상황에서도 간디나 마더 테레사처럼 의연하게 행동하는 자신의 모습을 상상하게. 틀림없이 놀라운 결과가 찾아올 걸세." 그가 약속하듯이 말했다.

"그게 다예요? 공식이 너무 단순해서 내가 물었다. "이 간단한 연습만 하면 의지력의 보고를 활짝 열 수 있다고요?"

"이 방법은 동양의 영적 스승들이 수 세기 동안 가르쳐 온 걸세. 그것은 딱 한 가지 이유로 아직도 남아 있다네. 효과가 있기 때문이지. 언제나 그렇듯이 결과를 보고 판단하게. 의지력의 힘을 해방시키고 내적 수행력을 기르기 위해 내가 가르쳐 줄 수 있는 다른 연습이 몇 가지 더 있네. 하지만 처음에는 이상하게 보일 수도 있다는 점을 미리 경고해 둬야겠네."

"줄리안, 나는 지금까지 말씀해 주신 이야기에 완전히 빠져 버렸어요. 계속해 주세요."

"좋네. 첫 번째 연습은 자네가 하기 싫어하는 일을 시작하는 걸세. 아침에 일어나자마자 침대를 정리하는 것이라든가 자동차를 놔두고 걸어서 출퇴근하는 것이 될 수도 있겠지. 의지력을 발휘하는 습관을 들여놓으면 나약한 충동의 노예가 되기를 멈추게 될 걸세."

"사용하지 않으면 잃어버린다는 뜻인가요?"

"맞아. 의지력과 내면의 힘을 쌓기 위해서는 먼저 그것을 사용해야만 한다네. 자기 수련의 싹을 잘 틔워서 기를수록 그것은 더 빨리 자라서 자네가 바라는 결실을 가져다줄 걸세. 두 번째 연습은 요기 라만이 좋아했던 거야. 그는 직접적인 질문에 응답하는 것 외에는 하루 종일 말을 하지 않고 지냈다네."

"일종의 침묵 서약 같은 건가요?"

"사실상 바로 그걸세, 존. 이 수행을 널리 퍼뜨렸던 티베트의 수도승들은 오랫동안 입을 다물고 있으면 수양의 수준이 높아지는 효과가 있다고 믿었다네."

"하지만 어떻게 그럴 수 있죠?"

"말하려는 충동이 일어날 때마다 적극적으로 그 충동을 억눌러서 입을 닫고 있는 거지. 기본적으로 하루 정도 침묵을 지키는 것으로도 충분하네. 자네는 자네가 명령하는 대로 일하도록 자네의 의지력을 길들이고 있는 것일세. 존, 아는가? 의지는 그 자신의 마음을 가지고 있지 않다네. 의지는 자네의 지시를 기다리고 있지. 의지에 박차를 가해서 행동으로 바뀌게 해 줄 지시 말일세. 자네가 의지에 더 많은 통제력을 행사하면 그것은 더욱 강력해진다네. 문제는 대다수 사람들이 자신의 의지력을 사용하지 않는다는 데 있지만."

"왜 그런가요?"

"왜냐하면 그들은 자신에게 의지력 같은 것은 있을 리가 없다고 믿기 때문이네. 그들은 이 명백한 약점을 지닌 채 자신을 제외한 다른 모든 이들을 탓한다네. 성질이 못된 사람은 이렇게 말할 걸세. '나도 어쩔 수 없어. 내 아버지도 마찬가지였으니까.' 걱정이 많은 사람은 이렇게 말할 걸세. '내 잘못이 아니야. 내 직업은 스트레스가 너무 많아.' 잠이 너무 많은 사람은 말할 걸세. '내가 어쩌겠어. 나는 하루에 최소 열 시간은 자야 하는데.' 이런 사람들은 자신을 책임질 줄 모른다네. 그들은 행동으로 변환되기만을 기다리는, 우리 마음속 깊이 잠들어 있는 비범한 잠재력을 알지 못하네. 우주 만물의 운행을 지배하는 자연의 영원한 법칙을 깨달으면 자네는 될 수 있는 모든 것이 되는 것이 자신의 타고난 권리임을 알게 될 걸세. 자네는 주어진 것 이상의 존재가 될 수 있는 힘을 지니고 있다네. 마찬가지로 과거에서 벗어날 수 있는 능력이 자네에게 있다네. 그렇게 되려면 먼저 자기 의지의 주인이 되어야만 하네."

"부담스럽게 들리네요."

"정말이지 이것은 매우 현실적인 개념이라네. 자네가 현재 갖고 있는 의지력을 두 배 세 배로 키우면 무엇을 할 수 있을지를 상상해 보게. 꿈만 꾸던 운동 계획을 당장 실행할 수 있어. 시간을 훨씬 더 효율적으로 쓸 수 있고, 걱정하는 습관을 영원히 지워 버릴 수도 있네. 아니면 이상적인 남편이 될 수도 있지. 의지력을 사용하면 자네가 잃어버렸다고 생각한 삶의 에너지와 추진력에 다시 불을 붙일 수 있다네. 이것이야말로 자네가 집중해야 할 매우 중요한 삶의 영역일세."

"그러니까 결론은 평소에 의지력 사용하기를 시작하란 거군요."

"그렇다네. 쉬운 길을 걷기보다는 해야 한다고 생각하는 일을 하기로 마음먹게. 로켓이 중력을 이기고 솟아올라 우주 공간으로 진입하는 것처럼, 나쁜 습관과 나약한 충동이 당기는 중력에 맞서 싸우기 시작하게. 자신을 밀어주게. 그리고 몇 주일 만에 어떤 일이 일어나는지를 지켜보게."

"만트라도 도움이 될까요?"

"그렇지. 자네를 꿈과 연결시켜 줄 원칙과 규율이 있는 삶을 만들어 가는 동안, 내가 준 만트라를 계속 외우면서 자신이 희망하는 모습을 심상화하는 연습을 매일 하면 도움이 될 걸세. 자네의 세계를 하루 만에 바꿔 놓아야만 하는 건 아니니 작은 것부터 시작하게, 천리 길도 한 걸음부터니까. 우리는 조금씩 성장하여 크게 자라 간다네. 한 시간 더 일찍 일어나기와 이 멋진 습관을 들이도록 자신을 훈련하는 것만으로도 자신감이 커져서 거기서 더 높이 올라가고 싶어질 걸세."

"제게는 그 연결성이 보이지가 않아요." 내가 솔직히 털어놓았다.

"작은 승리가 모여서 큰 승리로 이끈다네. 큰 것을 이루려면 반드시 작은 것을 쌓아 올려야 해. 날마다 한 시간씩 일찍 일어나기와 같은 단순한 각오를 지키고 나면 성취가 가져다주는 즐거움과 만족감을 맛보게 될 걸세. 목표를 정하고 그것을 이루면 좋은 기분이 들지. 비결은 목표를 계속 더 높게 잡고 자신의 기준을 계속 높여가는 걸세. 그러면 그것이 자네의 무한한 잠재력을 계속 탐사해 가도록 부추겨 줄 마법의 힘을 풀어놓을 걸세. 자네, 스키를 좋아하나?" 줄리안이 갑자기 물었다.

"스키라면 아주 좋아하죠." 내가 대답했다. "제니와 나는 틈만 나면 아이들을 데리고 스키장이 있는 높은 산으로 가요. 아쉽게도 자주는 못 가지만요."

"좋아, 스키장 꼭대기에서 출발할 때 어떻게 하는지 생각해 보게. 처음에는 천천히 출발하지. 하지만 1분도 안 돼서 자네는 마치 내일은 없다는 듯이 언덕을 날듯이 내려갈 거야. 안 그런가?"

"저는 닌자 스키어랍니다. 질풍 같은 속도감을 사랑하지요."

"무엇이 그렇게 빠르게 가게 만들지?"

"공기역학적으로 설계된 제 몸매요?" 내가 농을 던졌다.

"웃을 뻔했네." 줄리안이 웃었다. "내가 원한 답은 추진력일세. 추진력은 자기 수양을 쌓는 데 없어서는 안 될 비밀 재료라네. 다시 말하지만 작은 것부터 시작하게. 아침에 좀 더 일찍 일어난다든가 밤마다 동네를 한 바퀴 돈다든가, 아니면 실컷 봤다고 느낄 때 곧바로 TV를 끄도록 자신을 훈련한다든가 말이야. 이런 작은 승리들은 더 높은 자아를 향해 가는 길에서 큰 걸음을 떼도록 자네에게 추진력을 제공해 준다네. 머지않아 자네는 자신이 할 수

있다고 생각해 본 적도 없는 일을, 자신에게 있으리라고는 생각
도 못 한 힘과 열정으로 하게 될 걸세. 존, 그것은 정말 즐거운 과
정이라네. 정말 그래. 요기 라만의 신비로운 우화에 나오는 핑크
색 밧줄이 자네에게 늘 의지력의 힘을 상기시켜 줄 걸세."

줄리안이 수행의 힘이라는 주제에 관한 그의 생각을 다 피력
했을 즈음, 아침의 첫 햇살이 거실로 비쳐 들어왔다. 그것은 마치
아이가 침대에서 발로 이불을 밀어내듯이 어둠을 몰아내고 있었
다. '오늘은 멋진 하루가 될 거야. 내 남은 생애의 첫날이!' 나는
생각했다.

상징

밧줄

덕목   수행의 삶을 살라.

지혜   * 자제력은 용기 있는 작은 행동을 일관성 있게 행함으로써 쌓인다.
       * 자기 수양의 싹에 거름을 줄수록 그것은 자라난다.
       * 의지력은 온전히 깨어난 삶의 필수 덕목이다.

방법   * 만트라
       * 창조적 심상화
       * 침묵의 서약

인용구 마음의 궁전에 숨어들어 온 나약한 생각과 싸움을 벌여라.
       자신이 환영받지 못하는 것을 알면 그것들은 불청객처럼 떠나갈
       것이다.

정돈된 일정은 정돈된 마음의 가장 확실한 징표다.

– 아이작 피트만 경

 "인생에서 우스운 점이 무엇인지 아나?" 줄리안이 물었다.

"말해 주세요."

"자신이 진정 무엇을 원하는지를 깨닫고 그것을 어떻게 얻을 지도 알 만해질 때쯤이면 이미 너무 늦어 버린다는 거야. '젊어서 는 몰라서 못 하고, 늙어서는 할 수가 없어서 못 한다'는 속담은 진리야."

"요기 라만의 우화에 나오는 스톱워치의 의미가 그것인가요?"

"그렇다네. 사타구니만 겨우 분홍색 밧줄로 가린 벌거숭이 스모 선수가 누군가가 아름다운 정원에 떨어뜨리고 간 반짝이는 황금 스톱워치를 밟고 미끄러지지." 줄리안이 나에게 내용을 상기 시켜 주었다.

"그걸 어떻게 잊어버리겠어요." 내가 웃으면서 대답했다.

이제야 나는 그 신비한 우화가 지혜로운 삶을 위한 현자들의 고대 철학을 가르쳐 주는 동시에, 그 내용을 쉽게 기억시키기 위해 요기 라만이 고안해 낸 일종의 기억 카드라는 사실을 깨달았다. 나는 이 깨달음을 그에게 말했다.

"역시 변호사의 육감은 훌륭하군. 바로 그걸세. 처음에는 나도 스승의 이야기가 하도 기이해서 자네처럼 이야기의 의미를 이해하려고 무진 애를 썼다네. 내가 처음에 이 이야기를 해 줬을 때 자네가 도대체 무슨 소리인가 하고 어리둥절했던 것과 마찬가지로 말이야. 정원과 스모 선수와 노랑 장미 그리고 곧 이야기해 줄 다이아몬드의 길에 이르기까지 이야기 속의 일곱 가지 요소들은 내가 시바나에서 배운 지혜들을 각인시켜 주는 강력한 수단으로 작용한다네. 정원은 고무적인 생각을, 등대는 목적 있는 삶을, 스모 선수는 지속적인 개선을, 밧줄은 의지력의 경이를 떠올리게 하지. 덕분에 나는 요기 라만이 가르쳐 준 우화를 생각하면서 그 원리를 숙고해 보지 않은 날이 단 하루도 없었다네."

"반짝이는 황금 스톱워치는 정확히 무엇을 의미하죠?"

"스톱워치는 우리에게 가장 중요한 자원을 상징하지. 바로 '시간' 말일세."

"긍정적 사고와 목표 성취와 자신의 주인이 되는 것은 중요하지 않나요?"

"시간 없이는 그 모두가 아무런 의미도 없다네. 시바나의 즐거운 숲속 은거지를 집으로 삼은 지 여섯 달쯤 후에, 내가 공부하고 있는 장미 오두막에 한 현자가 찾아왔다네. 그녀의 이름은 디베아였어. 그녀는 칠흑 같은 머리가 가슴까지 내려오는 놀랍도록 아름다운 여인이었지. 그녀는 매우 부드럽고 감미로운 목소리로 자신이 숲속 마을에 사는 현자들 가운데 가장 젊다고 했어. 그녀는 요기 라만이 시켜서 왔다고 했는데, 라만은 내가 자신이 가르친 학생 중 가장 뛰어난 제자라고 말했다더군.”

“‘당신이 그토록 열린 가슴으로 우리의 지혜를 받아들이게 된 것은 아마도 당신이 이전의 삶에서 겪었던 그 모든 고통 때문이겠죠.’ 그녀가 말했어. ‘나는 우리 공동체에서 가장 어린 사람으로서 당신께 선물을 전달해 달라는 부탁을 받았어요. 이것은 당신이 머나먼 길을 여행해서 우리의 지혜를 배우러 온 데 대한 존경심의 징표로 우리 모두가 드리는 것입니다. 당신은 우리를 심판하거나 우리의 전통을 비웃지 않았습니다. 그래서 당신이 비록 몇 주 후에 이곳을 떠나기로 결정했지만, 우리는 당신을 우리의 가족으로 여기기로 했습니다. 제가 지금 드리는 것은 지금껏 어떤 외부인도 받은 적이 없는 선물입니다.’”

“그 선물이 무엇이었나요?” 내가 참지 못하고 물었다.

“디베아는 집에서 짠 광목 가방에서 물건을 하나 꺼내서 나에게 건넸다네. 향기로운 종이에 싸인 그것은 백만 년이 흘러도 내가 그곳에서 볼 수 있으리라고는 생각지도 못한 물건이었네. 그것은 입으로 불어서 만든 유리와 백단목 조각으로 만든 작은 모래시계였어. 깜짝 놀란 내 표정을 보더니 디베아가 시바나의 현자들은 어릴 때 이것을 선물 받는다고 말해 주었네. '우리는 비록 아무런 소유물 없이 소박하고 순수하게 살아가지만 시간을 존중하고 시간이 지나가는 것을 늘 의식합니다. 이 작은 모래시계는 우리의 필멸성과 우리가 목적을 향해 가는 동안 생산적이고 충만하게 사는 것의 중요성을 나날이 상기시켜 줍니다.'"

"히말라야 산꼭대기에서 사는 수도승들이 시간을 잰다고요?"

"그들은 모두 시간의 중요성을 잘 이해하고 있었네. 그들은 내가 이름 붙인 '시간 의식*time consciousness*'이 발달해 있었어. 나는 시간이 마치 모래알처럼 우리의 손가락 사이를 빠져나가서 다시는 돌아오지 않는다는 사실을 배웠네. 어릴 때부터 시간을 현명하게 사용한 이들은 풍요롭고 생산적이며 만족스러운 삶으로 보상을 받게 되네. 반면에 '시간을 지배하는 것이 곧 삶을 지배하는 것'이라는 원리를 들어 본 적이 없는 이들은 자신의 엄청난 잠재력을 결코 깨닫지 못할 것이네. 시간은 위대한 평등주의자라네. 특권을 가졌든, 핸디캡을 가졌든, 텍사스에서 살든, 도쿄에서 살든 간에 우리는 누구나 하루에 오직 24시간밖에 갖지 못하지. 비범한 삶을 산 사람과 낙오자를 구별 짓는 것은 그들이 시간을 사용한 방법이라네."

"한번은 아버지께서 '가장 바쁜 사람은 시간이 남는다'라고 하시는 말씀을 들었어요. 어떻게 생각하시나요?"

"동의하네. 바쁘고 생산적인 사람들은 시간을 매우 효율적으로 쓴다네. 살아남기 위해서라도 그렇게 해야만 하지. 시간을 훌륭히 관리한다는 것이 일 중독자가 되어야 한다는 뜻은 아니라네. 오히려 반대로 시간을 지배하면 내가 사랑하는 일, 나에게 정말 의미가 있는 일을 할 시간을 더 많이 가질 수 있게 되지. 시간을 지배하면 결국 삶도 지배하게 된다네. 시간을 잘 지키게. 명심하게, 시간은 한번 쓰면 재생이 불가능한 자원이라네."

"예를 하나 들어 주지. 월요일 아침인데 자네의 일정은 회의와 재판정 출석으로 눈코 뜰 새가 없다고 하세. 커피 한 잔을 겨우 마신 후에 바쁘게 출근하여 밀린 업무와 씨름하며 스트레스 가득한 하루를 보내는 대신, 자네가 간밤에 15분 동안 다음 날의 계획을 미리 짰다고 하세. 아니면 그보다 더 효율적으로는, 조용한 일요일 아침에 한 시간을 내어서 미리 한 주간의 일정을 짰다고 해보세. 자네의 비즈니스 다이어리에는 의뢰인을 언제 만날지, 법률 검토는 언제 할지, 전화 응답은 언제 할지 등등이 적혀 있지. 가장 중요한 건 한 주간의 자네의 개인적, 사회적, 영적 계발 목표도 그 일정표에 포함되어 있다는 것이야. 이 단순한 행위야말로 균형 잡힌 생활의 비결이라네. 나날의 일정 속에 삶의 가장 중요한 측면들이 모두 닻을 내리게 함으로써, 자네는 자신의 한 주일과 나아가 한평생에 의미와 평화가 가득 담기게 만드는 걸세."

"설마 바쁜 일과 중에 공원 산책이나 명상을 하라는 건 아니겠죠?"

"물론 해야지. 자네는 왜 그토록 인습에 꽁꽁 매여 있는 건가?

왜 다른 모든 사람들과 똑같은 식으로 일을 해야 한다고 느끼는 건가? 한 시간 일찍 일을 시작해서 사무실 맞은편 아름다운 공원에서 상쾌한 오전 산책을 즐기는 호사를 누리면 안 되는가? 아니면 주초에 근무시간을 몇 시간 더 넣으면 금요일에 좀 더 일찍 일을 마치고 아이들을 데리고 동물원에도 갈 수 있지 않은가? 혹은 일주일 중 이틀만 재택근무를 하면 가족을 좀 더 돌볼 수 있게 되지 않겠나? 그러니까 한 주를 미리 계획해 놓으면 시간을 좀 더 창조적으로 관리할 수 있다는 걸세. 자네의 시간이 우선순위를 중심으로 집중되게 하는 원칙을 세우게. 가장 의미 없는 것들 때문에 삶에서 가장 의미 있는 것들이 희생되어서는 결코 안 되네. 그리고 명심하게 '계획에 실패하는 것은 실패를 계획하는 것'임을 말일세. 타인과의 약속만을 적을 게 아니라 독서와 휴식과 아내에게 사랑의 편지 쓰기 등 자신과의 모든 중요한 약속을 계획하면 자네의 시간을 훨씬 더 생산적인 것으로 만들 수 있다네. 일하지 않는 시간을 풍요롭게 만드는 데에 보낸 시간은 결코 낭비가 아니라는 것을 잊지 말게. 그 시간이 근무시간에 엄청나게 효율적으로 일할 수 있게 만들어 준다네. 자네의 삶을 사무실 칸막이 안에서 보내기를 그만두고, 자네가 하는 모든 일들은 분리될 수 없는 하나의 전체를 이룬다는 사실을 영원히 이해하게. 자네가 집에서 행동하는 방식은 직장에서 행동하는 방식에 영향을 미친다네. 또 사무실에서 사람을 대하는 방식은 가족과 친구를 대하는 방식에도 영향을 미치지."

"동의해요, 줄리안. 하지만 한낮에 휴식을 취할 시간은 정말 없어요. 아시다시피 저녁시간은 대부분 일을 하고요. 요즘 제 일과는 정말 정신이 하나도 없어요." 이 말을 하면서 산더미처럼 쌓여 있는 업무를 생각하니 속이 거북해지는 것을 느꼈다.

"바쁘다는 건 핑계가 되지 않아. 진짜 문제는 무엇 때문에 그토록 바쁜가 하는 것일세. 내가 현자들에게서 배운 위대한 법칙 중 하나는 삶에서 성취하는 결과의 80%는 우리의 시간을 차지하고 있는 전체 활동 중 20%에서 나온다는 걸세. 요기 라만은 그걸 '20의 법칙 *Rule of Twenty*'이라고 불렀지."

"잘 이해가 안 돼요."

"좋아, 그럼 자네의 분주한 월요일로 다시 돌아가 보세. 자네는 아침부터 밤까지 의뢰인과 통화하거나 소장을 작성하거나 막내의 침대맡에서 동화를 읽어 주거나 아내와 체스를 두느라고 바쁘겠지. 안 그런가?"

"맞아요."

"하지만 자네가 시간을 들여서 하는 수백 가지의 활동 중에서 단지 20%의 활동만이 영속적이고 진정한 결과를 낸다네. 자네가 하는 일의 단지 20%만이 삶의 질에 영향을 미친단 말일세. 이를테면 그것이 자네의 '고효율 활동'인 거지. 예컨대 자네는 정수기 앞에서 남에 대한 이야기를 수군거리거나 연기 자욱한 구내식당에 앉아 TV를 보며 보낸 시간들이 지금부터 10년 후에도 정말 무슨 의미가 있으리라고 생각하나?"

221

"아니요, 별로."

"맞아, 그렇다면 그와 반대로 모든 면에서 의미 있는 활동도 많다는 데도 동의하겠군."

"법률 지식을 쌓기 위해, 의뢰인과의 관계를 돈독히 하기 위해, 더 훌륭한 변호사가 되기 위해서 보낸 시간 같은 거 말인가요?"

"그렇지. 그리고 제니와 아이들과의 관계를 위해 보낸 시간도, 자연을 접하는 데 그리고 자네가 운 좋게 가지게 된 모든 것에 대해 감사하는 데에 보낸 시간도, 자네의 몸과 마음과 영혼을 재충전하는 데 보낸 시간도 말이야. 이것은 자네가 마땅히 누려야 할 삶을 설계할 수 있게 해 주는 고효율 활동 중 몇 가지에 지나지 않네. 의미 있는 활동에다 자네의 모든 시간을 쏟아붓게. '깨달은 사람들은 우선순위에 따라 산다네.' 이것이 시간의 주인이 되는 비결일세."

"우와, 요기 라만이 이 모든 것을 당신에게 가르쳐 주었나요?"

"나는 삶의 제자이기도 하다네, 존. 요기 라만은 분명 영감을 주는 멋진 스승이었고 그 점에서 나는 그를 결코 못 잊을 거야. 하지만 나의 다양한 경험으로부터 배운 모든 교훈들이 이제는 하나의 커다란 퍼즐 조각처럼 맞추어져서 더 나은 삶을 향한 길을 보여 주고 있다네."

줄리안은 또 덧붙였다. "나는 자네가 이전에 내가 저질렀던 실수에서 배움을 얻기를 바라네. 어떤 사람들은 남들이 저지르는 실수에서 교훈을 얻는다네. 그들이야말로 지혜로운 사람들이지.

다른 이들은 진정한 배움은 오직 직접적인 경험에서만 온다고 생각한다네. 그런 사람들은 삶의 길에서 불필요한 고통과 괴로움을 견뎌내야만 하지."

나는 변호사로서 시간 관리에 관한 무수한 세미나를 참석해 보았다. 하지만 지금 줄리안이 이야기하고 있는 것처럼 '시간의 주인이 되는 법'에 대해서는 들어 본 적이 없다. 시간 관리란 사무실에 출근해서만 신경 쓰고 퇴근시간에는 휴지통에 던져 버리는 그런 것이 아니었다. 그것은 올바로 적용하기만 하면 내 삶의 모든 영역들을 더 균형 잡히고 충만하게 만들어 줄 수 있는 하나의 전일적 시스템이었다. 나는 하루를 계획하여 시간을 균형 있게 사용하도록 신경 쓰면 생산성이 훨씬 더 높아질 뿐만 아니라 훨씬 더 행복해진다는 것을 깨달았다.

"그러니까 삶이란 베이컨과 같은 것이로군요." 내가 맞장구를 쳤다. "시간의 주인이 되려면 살코기를 비계에서 분리해 내야 하는군요."

"훌륭해. 이제 제대로 이해하는군. 내 안의 채식주의자는 다른 비유를 원하지만, 머리에 쏙 들어오는 비유가 마음에 드네. 자네의 귀중한 시간과 정신력을 살코기에만 집중하여 쓴다면 비계에 낭비되는 시간은 없어질 걸세. 이것이 자네의 삶이 평범한 차원에서 비범한 차원으로 넘어가는 경계 지점이지. 바로 일이 일어나게 만드는 순간, 바로 깨달음의 사원에 이르는 문이 갑자기 열어젖혀지는 순간 말일세." 줄리안이 말했다.

"한 가지가 더 있네. 다른 사람이 자네의 시간을 훔쳐가도록 내버려두지 말게. 시간 도둑을 경계하게. 그들은 자네가 애들을 재워 놓고 안락의자에 앉아서 그토록 기대되는 소설을 막 읽으려는 찰나에 전화를 걸어온다네. 그들은 자네가 몹시 분주했던 날 마침 겨우 숨을 돌리고 생각을 좀 정리해 보려는 찰나에 사무실에 쳐들어온다네. 어떤가? 굉장히 익숙하지 않은가?"

"줄리안, 언제나 그랬지만 당신은 정확해요. 그들에게 가 달라고 부탁하거나 단호하게 문을 닫기에는 저는 항상 너무 예의를 차렸죠." 내가 털어놓았다.

"자네의 시간에 대해서만큼은 가차 없이 대해야 하네. 거절하는 법을 배우게. 삶에서 사소한 일에 대해서 '노'라고 말할 용기를 가지면 큰일에 '예스'라고 말할 수 있는 힘이 생긴다네. 큰 사건을 준비해야 하는 몇 시간이 필요할 때는 사무실 문을 걸어 잠그게. 내가 한 말을 기억하게. 전화벨이 울릴 때마다 전화를 받지 말게. 전화기는 자네의 편의를 위해서 존재하는 거지 다른 이들의 편의를 위해서 있는 게 아니라네. 역설적이게도 자네가 자신의 시간을 귀하게 여기는 사람임을 알면 사람들은 자네를 더욱 존중하게 된다네. 그들은 자네의 시간이 귀하다는 것을 깨닫고 자네의 시간을 귀하게 대해 줄 걸세."

"꾸물거리는 습관은 어때요? 저는 하기 싫은 일을 미루어 놓고 대신 정크 메일이나 법조계 신문을 뒤적이고 있게 됩니다. 그저 시간을 죽이고 있는 거겠지요?"

"시간을 죽인다니 아주 적당한 비유일세. 맞아, 기분 좋은 일을 하고 기분 나쁜 일은 피하는 게 인간의 본능이지. 하지만 전에도 말했듯이 세상에서 가장 생산적인 사람들은 그렇지 못한 사람들이 하기 싫어하는 일을 해내는 습관을 길렀다네. 자신도 하기 싫기는 마찬가지라 할지라도 말일세."

나는 잠시 멈춰서 방금 들은 원리에 대해 깊이 생각해 보았다. 어쩌면 꾸물거리기는 나의 문제가 아닌지도 몰랐다. 어쩌면 나의 삶이 그저 너무나 복잡해진 건지도 몰랐다. 줄리안이 나의 고민을 감지한 것 같았다.

"요기 라만은 시간의 주인이 된 사람들은 삶을 단순하게 산다고 말했지. 흥분해서 서두르는 것은 자연이 의도한 게 결코 아니네. 그는 지속적인 행복은 오로지 정확한 목표를 세우고 효율적으로 관리하는 사람들만이 얻을 수 있다고 확신했지만, 많은 것을 성취하고 이웃을 돕는 삶이 마음의 평화를 희생해야만 얻을 수 있는 것은 아니라고 했네. 이것이 내가 들었던 지혜에서 특히 매력적인 부분이었다네. 그 덕분에 나는 생산적인 사람이면서 동시에 영적인 열망을 성취할 수 있게 됐네."

나는 줄리안에게 나 자신을 더 열어 보여 주기 시작했다.

"당신은 언제나 저에게 정직하고 솔직했으니 저도 당신을 똑같이 대하겠습니다. 저는 더 행복하고 만족하기 위해서 제 직업과 집과 자동차를 포기하고 싶지는 않아요. 저는 제가 벌어들인 물질적인 소유물들을 좋아합니다. 그것은 지금까지 제가 모든 시간을 바쳐 일한 대가니까요. 하지만 정말이지, 저는 공허함을 느낍니다. 제가 법대에 입학했을 때 가졌던 꿈을 이야기해 드렸었죠. 삶에서 할 수 있는 일이 이보다 훨씬 더 많이 있는데……. 아시다시피 저는 거의 40대인데도 아직 그랜드캐니언이나 에펠탑도 구경하지 못했어요. 아이들의 웃음소리와 강아지가 짖는 소리를 들으면서 공원에서 맨발로 걸어 본 적도 없고요. 혼자서 조용히 눈을 맞으며 눈 내리는 소리에 귀 기울이며 산책을 해본 일도 없네요."

"그렇다면 삶을 더 단순하게 만들게." 줄리안이 공감한다는 표정으로 제안했다. "자네 세계의 모든 측면에서 '단순함의 의식'을 실천하게. 그렇게 하면 자네는 틀림없이 이 멋진 우주의 경이를 음미해 볼 시간을 더 갖게 될 걸세. 누구나 저지를 수 있는 일 중 가장 비극적인 일은 삶을 뒤로 미루는 것이라네. 너무나 많은 사람들이 자기 집 뒤뜰에서 자라고 있는 장미를 즐기기보다 수평선 위에 있다는 마법의 장미 정원만을 꿈꾸지. 이 얼마나 슬픈 일인가?"

"어찌 해야 할까요?"

"그것은 자네의 상상력에 맡기겠네. 내가 현자한테서 배운 온갖 수행법들을 자네에게 가르쳐 주지 않았나. 용기 있게 실천하기만 하면 그것들은 자네의 삶에 기적을 일으켜 줄 걸세. 아, 그러고 보니 내 삶을 단순하고 평온하게 만들어 준 또 다른 방법이 생각나는군."

"그게 뭐죠?"

"나는 오후에 잠시 낮잠을 즐기는 것을 좋아한다네. 그러면 기운이 나고 재충전되어 약간 젊어진 기분이 든다네. 미인의 낮잠이라고나 할까." 줄리안이 웃었다.

"당신의 장점 중에 '미남'은 없었어요."

"자네는 언제나 유머 감각이 장점이었지. 그 점은 나도 칭찬하네. 언제나 웃음의 힘을 기억하게. 음악과 마찬가지로 웃음은 삶의 스트레스와 긴장을 덜어 주는 묘약이라네. 요기 라만은 이렇게 설명했지. '웃음은 가슴을 열어 주고 영혼을 어루만져 준다. 삶을 너무 심각하게 받아들여서 자신을 웃음거리로 삼을 수 있는 여유를 잃어버려서는 안 된다.'"

줄리안은 시간이라는 주제에 대해 마지막 가르침을 나누어 주었다. "존, 아마도 가장 중요한 것은 마치 오백년을 살 것처럼 행동하지 말라는 걸세. 디베아가 나에게 작은 모래시계를 선물해 주었을 때, 그녀는 내가 평생 잊지 못할 충고를 해 주었다네."

"뭐라고 했나요?"

"그녀는 나무를 심기 가장 좋은 때는 40년 전이고 그다음으로 좋은 때는 오늘이라고 했지. 존, 하루에 단 1분조차도 낭비하지 말게. 마지막 날의 정신을 기르게."

"뭐라고요?" 낯선 말에 놀라서 내가 물었다. "마지막 날의 정신이요?"

"삶을 바라보는 새로운 방식이지. 말하자면 오늘이 생의 마지막 날이라는 생각으로 삶의 순간을 최대한 음미하라고 일러 주는, 삶에 더 큰 힘과 의미를 부여해 주는 인식이라네."

"조금 섬뜩하게 들린다고 해야겠네요. 죽음을 생각하게 만드는군요."

"사실 이것은 삶에 대한 하나의 철학일세. 마지막 날의 정신을 받아들이면 자네는 매일을 마지막 날처럼 살게 될 걸세. 아침에 일어날 때마다 스스로 이런 단순한 질문을 던지는 것을 상상해 보게. '오늘이 마지막 날이라면 나는 무엇을 할 것인가?' 그런 다음 가족을, 동료를, 심지어 모르는 사람들을 어떻게 대할지를 생각해 보게. 매 순간을 최선을 다해 살기 위해 얼마나 깨어서 생산적으로 움직일지를 생각해 보게. 이 질문 자체가 삶을 바꿔 놓는 강력한 힘을 지니고 있다네. 그것은 자네의 나날을 에너지로 가득 채워 주고 자신이 하는 모든 일에 열정과 활기를 파도처럼 실어다 준다네. 자네는 여태껏 미뤄 놓았던 모든 의미 있는 일들에 집중하기 시작하고, 자네를 혼돈과 위기의 구렁텅이로 끌고 내려왔던 그 모든 잡다한 일에 더 이상 시간을 낭비하지 않게 될 걸세."

줄리안이 말을 이었다. "자신을 밀어붙여서 더 많은 일을 하고 더 많이 경험하게. 자네의 꿈이 피어나기 시작하도록 물을 주게. 꿈을 키우란 말일세. 마음의 성 안에 무궁한 잠재력을 품고 있으면서 결코 평범한 삶을 받아들이며 살지 말게. 자신의 위대성을 발휘하게. 그것은 자네의 타고난 권리니까."

"강력한 말씀이네요."

"더 있어. 그토록 많은 사람들을 괴롭히는 불만족의 저주를 깨는 간단한 처방이 있다네."

"제 잔은 비어 있어요." 얌전한 목소리로 내가 말했다.

"실패가 불가능한 것처럼 행동하게. 그러면 성공은 보장된다네. 물질적인 것이든 영적인 것이든, 목표를 이룰 수 없다는 생각은 낱낱이 지워 버리게. 용감하게 나아가고 상상력에 한계를 두지 말게. 과거의 노예가 되지 말게. 미래의 설계자가 되게. 자네는 결코 이전과 같은 모습으로 남아 있지 않을 걸세."

아침이 환히 밝아 도시가 깨어나기 시작했다. 나이를 잊은 나의 친구는 열성적인 학생에게 지식을 전수해 주느라 밤새 지친 표정을 처음으로 드러냈다. 나는 줄리안의 정력에 놀랐다. 그의 한없는 에너지와 끝없는 열의에 놀랐다. 그는 말뿐만인 사람이 아니라 행동도 일치하는 사람이었다.

"요기 라만의 마술적인 우화도 끝나 가고 있고, 내가 자네를 떠나야 할 시간도 다가오고 있네." 그가 부드럽게 말했다. "나는 할일이 많고 만날 사람도 많아."

"예전 파트너들에게 집으로 돌아왔다고 알릴 건가요?" 호기심이 일어서 내가 물어보았다.

"아니." 줄리안이 대답했다. "나는 그들이 알고 있던 줄리안 맨틀과는 완전히 다른 사람이 됐네. 그때와 같은 생각을 하지도 않고 예전과 같은 옷도 입지 않네. 더구나 예전과 같은 일을 하지 않잖나. 나는 근본적으로 완전히 바뀐 사람일세. 그들은 날 못 알아볼 거야."

"정말로 당신은 다른 사람이에요." 내가 동의했다. 나는 시바나의 전통 수도복을 입은 이 신비한 수도승이 이전 삶에서 몰고 다니던 빨강 페라리에 올라타는 모습을 마음속에 그려 보면서 웃음 지었다.

"새로운 존재란 말이 더 정확하겠네."

"차이를 모르겠는데요."

"인도에는 이런 옛말이 있네. '우리는 영적 경험을 하고 있는 인간이 아니라, 인간을 경험하고 있는 영적 존재다.' 나는 이제 내가 이 우주에서 해야 할 역할을 알고 있다네. 나는 나의 정체를 아네. 나는 더 이상 세상 속에 있지 않다네. 세상이 내 안에 있지."

"그 말은 좀 오래 곱씹어 봐야겠네요." 나는 줄리안의 말을 제대로 이해하지 못한 채 솔직하게 말했다.

"물론 이해하네, 친구. 내가 한 말을 좀 더 분명히 이해하게 될 때가 올 걸세. 자네에게 일러준 원리와 가르쳐 준 기법들을 실천하면 분명히 깨달음의 길로 나아가게 될 걸세. 자네는 자기 자신의 주인이 되는 도를 깨치게 될 걸세. 영원이라는 캔버스 위의 작은 점과도 같은 자신의 삶을 실상 그대로 보게 될 거야. 그리고 자신의 진정한 정체와 이 삶의 궁극적인 목적을 확연히 깨닫게 될 걸세."

"이 삶의 궁극적인 목적이 뭘까요?"

"물론 봉사하는 것이지. 자네가 얼마나 큰 집을 가지고 있든지,

얼마나 멋진 차를 몰고 다니든지 상관없이, 삶이 끝날 때 가져갈 수 있는 것은 자네의 양심뿐일세. 양심의 소리에 귀를 기울이게. 양심이 자네를 인도하게 하게. 양심은 무엇이 옳은지를 안다네. 양심은 자네 삶의 소명은 결국 어떤 식으로든 이웃을 위해 사심 없이 봉사하는 것이라고 말해 줄 걸세. 이것이 나의 개인적인 오디세이가 가져다준 가르침일세. 이제 나는 만나러 가야 할 사람들이 많다네. 내가 봉사하고 치유해 줄 사람들. 나의 사명은 그것이 필요한 이웃들에게 시바나 현자들의 오랜 지혜를 전파하는 것일세. 이게 내 삶의 목적이라네."

지혜의 불이 줄리안의 정신에 불을 붙였다. 그것은 나같이 미숙한 영혼의 눈에도 분명히 보였다. 그는 자신이 하는 말에 대해 너무나 헌신적이고 열렬하여, 그것은 신체적 차원에서도 드러났다. 늙고 쇠약한 소송 대리인에서 젊고 활기찬 미남자로의 변신은 단지 식이요법이나 속성 과정의 운동법이 가져다줄 수 있는 것이 아니었다. 그것을 가져다준 것은 줄리안이 그 장엄한 히말라야의 산속에서 발견한, 그보다 훨씬 더 깊은 차원의 영약이었다. 그는 시대를 통틀어 인간이 찾아 헤매 온 비밀을 발견했다. 그것은 회춘이나 만족이나 행복의 비결보다도 더 중요한 것이었다. 줄리안은 자아의 비밀을 발견한 것이다.

상징

스톱워치

덕목   시간을 소중히 여겨라.

지혜   * 시간은 가장 귀한 자원이며 재생 불가능하다.
         * 자신의 우선순위에 집중하고 균형을 유지하라.
         * 삶을 단순해지게 하라.

방법   * 20의 법칙
         * 거절할 용기를 가져라.
         * 마지막 날의 정신

인용구   시간은 손가락 사이로 새 나가는 모래알처럼 빠져나가서
         돌아오지 않는다. 일찍부터 시간을 지혜롭게 사용한 사람들은
         풍요롭고 생산적이고 만족스러운 삶으로 보상받는다.

살아 있는 모든 것은 홀로 살지도, 그 자신을 위해 살지도 않는다.

- 윌리엄 블레이크

 "시바나의 현자들은 내가 만나 본 이들 가운데 가장 젊은 사람들일 뿐만 아니라 의심의 여지없이 가장 친절한 사람들이었네." 줄리안이 말했다.

"요기 라만은 내게 말해 주었네. 어린 시절 그가 잠이 오기를 기다리고 있을 때, 그의 아버지가 장미로 뒤덮인 오두막에 들어와서 그날은 어떤 좋은 일을 했는지를 물어보곤 했다더군. 자네가 믿을지 모르겠지만, 만약 그가 아무 일도 하지 않았다고 대답하면 그의 아버지는 당장 일어나 잠자기 전까지 뭔가 친절한 행위나 이타적인 봉사를 하고 오라고 시켰다고 하네."

줄리안이 말을 이었다. "존, 깨달은 삶을 위한 모든 덕목 중에서도 가장 핵심적인 덕목은 이것이라네. '당신이 무엇을 성취했든지, 얼마나 많은 별장을 소유했든지, 얼마나 많은 차를 가지고 있든지 상관없이 궁극적으로 삶의 질은 기여의 질로 귀결된다.'"

"그게 요기 라만의 우화에 나오는 싱싱한 노랑 장미와 상관이 있나요?"

"물론이지. 향기로운 장미는 자네에게 고대 중국의 속담을 상기시켜 줄 걸세. '장미를 건네는 손에는 언제나 약간의 향기가 남는다.' 그 의미는 분명하네. 이웃의 삶을 향상시켜 주는 일을 할 때, 자신의 삶의 질도 절로 높아진다는 뜻일세. 날마다 어떤 식으로든 이웃에게 베푸는 수행을 하면 자네 자신의 삶도 훨씬 더 풍요롭고 깊어진다네. 나날의 삶에 신성함을 피워 내려면 어떤 방식으로든 이웃에 봉사하게."

"저에게 자원봉사에 참여하기를 권하시는 건가요?"

"그것도 아주 좋은 시작이 되겠지. 하지만 내가 말하고 있는 것은 그보다 훨씬 더 철학적인 걸세. 나는 자네가 이 행성 위에서의 자신의 역할에 관한 새로운 패러다임을 받아들이기를 권하고 있는 걸세."

"또 못 따라가겠군요. 패러다임이란 단어를 좀 설명해 주세요. 사실 잘 모르는 말이에요."

"패러다임이란 간단하게 말해서 어떤 상황이나 삶 전반을 바라보는 방식이라네. 어떤 사람들은 삶이라는 물 컵이 반이나 비어 있다고 하고, 낙관주의자는 그것이 반이나 차 있다고 하지. 그들은 서로 다른 패러다임을 받아들였기 때문에 동일한 상황을 달리 해석하는 걸세. 기본적으로 패러다임이란 내외부의 삶의 사건들을 비추어 보는 렌즈라네."

"삶의 목적에 대한 새로운 패러다임을 택하기를 권한다는 건 그러니까 관점을 바꿔 보기를 권한다는 말씀이신가요?"

"그런 셈이네. 삶의 질을 극적으로 향상시키려면 자네가 왜 이 땅에 존재하는지에 대한 새로운 관점에 눈을 떠야만 한다네. 이 세상에 올 때 맨손으로 온 것과 마찬가지로, 갈 때도 아무것도 가지고 가지 않는다는 사실을 깨달아야만 해. 그렇다면 자네가 여기에 있는 진정한 이유는 단 하나밖에 있을 수가 없지."

"그게 뭐죠?"

"자네 자신을 다른 이들에게 주고, 그들의 삶에 의미 있는 방식으로 기여하는 것." 줄리안이 대답했다. "자네가 기호품을 가져서는 안 된다거나, 변호사 일을 그만두고 장애인을 위해 평생을 바쳐야 한다고 말하는 게 아닐세. 그런 일을 하면서도 매우 만족하는 사람들을 최근에 만나긴 했지만 말이야. 우리의 세계는 큰 변화의 소용돌이 속에 서 있네. 사람들은 돈으로 의미를 산다네. 이전에는 사람을 지갑의 크기에 따라 평가하곤 했던 변호사도 이제는 사람들을 타인에 대한 헌신의 크기, 혹은 가슴의 크기에 따라 판단하고 있어. 교사들은 안전한 직장을 떠나서 슬럼가에 사는 결핍 아동들의 지적 성장을 도우러 간다네. 변화를 위한 분명한 부름의 소리를 사람들이 듣고 있는 것이지. 사람들은 자신이 어떤 사명을 위해 여기에 있는지를 그리고 그것을 실현하도록 도와줄 특별한 재능을 자신이 부여받았음을 깨닫고 있다네."

"어떤 종류의 특별한 재능이요?"

"내가 밤새도록 자네에게 말해 줬던 바로 그런 것들 말일세. 풍부한 정신적 능력, 끝없는 에너지, 무한한 창조성, 수양의 보고, 평화의 원천. 문제는 단지 이 보물 상자들을 열어 그것을 공동의 선을 위해 어떻게 사용할 것인가 하는 것일 뿐일세." 그가 말했다.

"그렇군요. 그럼 어떻게 하면 선행에 나설 수 있을까요?"

"나는 단지 자네가 자신을 한 사람의 개인으로 바라보기를 그치고 집단의 일부분으로 바라볼 수 있도록 자신의 세계관을 바꾸는 것을 우선시해야 한다고 말하고 있는 걸세."

"그러니까 더 친절해지고 부드러워져야 한다는 말씀인가요?"

"자네가 할 수 있는 가장 고귀한 일은 이웃에게 주는 것임을 깨닫게. 동방의 현자들은 그것을 '자아의 굴레를 벗는' 과정이라고 불렀다네. 그것은 자의식을 잊어버리고 더 높은 목적에 집중하는 것을 뜻하네. 그것은 주변 사람들에게 더 많은 것을 주는 형태를 취할 수도 있네. 그것이 자네의 시간이든, 에너지든 말일세. 자네의 가장 귀한 두 가지 자원이지. 그것은 또한 가난한 이들을 돕기 위해 안식년 휴가를 내는 것과 같은 큰일이 될 수도 있고, 교통 체증에 자네 차 앞에 다른 차가 몇 대 끼어들도록 관용을 베푸는 것과 같은 작은 일이 될 수도 있다네. 진부한 이야기처럼 들릴지 모르지만 내가 배운 한 가지가 있다면 그것은 세상을 더 나은 곳으로 만들기 위해 노력을 시작하면 삶은 한층 더 마법적인 차원을 향해 움직여 간다는 것일세. 요기 라만은 우리가 태어날 때, 세상은 기뻐하지만 우리는 운다고 했네. 그는 우리가 죽을 때, 우리는 기뻐하지만 세상이 울도록 그렇게 자신의 삶을 살아야 한다고 했지."

나는 줄리안의 말이 옳다는 것을 알았다. 법률가로 일하면서 나를 괴롭히기 시작한 것은 내가 할 수 있다는 것을 알면서도 그런 사회적 기여를 하지 못하고 있음을 느꼈기 때문이다. 나도 물론 선한 대의를 위해 선례가 될 만한 여러 건의 판례를 남기는 특권을 누릴 수 있었지만, 아무래도 나에게 법정은 사랑의 일터라기보다는 하나의 비즈니스였다. 법대 시절에는 나 역시 다른 많은 동기들과 마찬가지로 이상주의자였다. 우리는 기숙사에서 식은 커피와 굳은 피자를 놓고 세상을 변화시킬 계획을 세웠다. 그로부터 거의 20년이 지났다. 변화를 갈구하던 불타는 열망은 주택 담보대출을 갚고 은퇴 자금을 비축하고자 하는 불타는 욕망 앞에 길을 내줬다. 나는 오랜만에 처음으로 내가 중산층이라는 고치의 안락함에 갇혀 있었음을 깨달았다. 그것은 사회로부터 피신해 있을 수 있는 보금자리를 제공해 주었고, 나는 날로 거기에 익숙해져 가고 있었던 것이다.

"정말로 가슴을 치는 옛날이야기를 하나 해줌세." 줄리안이 말을 이었다.

옛날에 사랑하는 남편을 여읜 쇠약한 노파가 있었다. 그녀는 아들과 며느리 그리고 손녀와 함께 살고 있었다. 노파는 날이 갈수록 눈이 나빠지고 귀도 잘 안 들렸다. 어떤 날은 손이 너무 떨린 나머지 접시에 담긴 콩을 바닥에 떨구고 컵에 담긴 수프도 엎질렀다. 아들과 며느리는 그녀가 어질러 놓은 난장판에 화를 참지 못하고 짜증을 냈다. 하루는 아들과 며느리가 이젠 더 이상 못 견디겠다며 청소 벽장 옆 구석 자리에다 작은 테이블을 갖다 놓고는 거기서 노파 혼자 식사하게 했다. 그녀는 식사 시간마다 눈물이 그렁그렁한 눈으로 아들 내외를 바라보았지만 그들은 그녀가 숟가락이나 포크를 떨어뜨릴 때마다 타박하는 것 외에는 거의 말을 건네지도 않았다.

어느 날이었다. 저녁 식사 전에 어린 딸이 마룻바닥에서 블록 쌓기 놀이를 하며 앉아 있었다. 아버지가 딸에게 자상하게 물었다. '뭘 만들고 있니?' '아빠 엄마를 위해서 작은 식탁을 만들고 있어요.' 아이가 대답했다. '제가 크면 엄마 아빠도 저 구석에서 따로 식사하실 수 있게요.' 엄마와 아빠는 입을 다물고 말았다. 침묵의 시간이 영원처럼 길었다. 그들은 눈물을 흘리며 울기 시작했다. 그 순간 자신들이 무슨 짓을 했는지를, 그래서 가족이 처한 슬픈 상황을 깨달았다. 그날 저녁, 그들은 어머니를 큰 식탁의 제자리에 다시 앉혔다. 그날부터 노파는 모든 식사를 자식들과 함께 했다. 그녀가 음식물을 흘려 식탁 아래로 떨어뜨려도, 포크를 바닥에 떨구어도 더 이상 아무도 개의치 않았다.

"이야기 속의 부부는 나쁜 사람들이 아니라네." 줄리안이 말했다. "그들에게는 단지 자비심의 양초에 불을 붙여 줄 깨어 있는 의식의 성냥불이 필요했던 것뿐이지. 자비심과 일상 속의 친절한 행동은 삶을 더 풍요롭게 해 준다네. 매일 아침 자네가 다른 이를 위해서 할 수 있는 좋은 일을 명상하는 시간을 가져 보게. 전혀 예상치 않았을 때 들려주는 진심 어린 칭찬, 온정이 필요한 친구들에게 내주는 따뜻한 손길, 아무 이유 없이 가족에게 주는 작은 애정의 선물 등, 이 모두가 합쳐져 훨씬 더 멋진 삶을 향하는 길이 되어 준다네. 그리고 우정에 대해 말하자면, 부디 끊임없이 우정을 가꾸고 보살피게. 세 명의 든든한 친구를 가진 사람이야말로 진정한 부자라네."

나는 고개를 끄덕였다.

"친구는 우리의 인생에 유머와 매력과 아름다움을 더해 준다네. 오랜 친구와 배꼽을 잡고 웃는 것보다 우리를 더 젊어지게 만드는 묘약은 없을 걸세. 친구는 자네가 독선에 빠져 있을 때 겸손해지게 만들어 주며, 자네가 필요 이상의 심각함에 빠져 있을 때 미소를 짓게 만들지. 삶이 자잘한 굴곡을 불러올 때, 상황이 생각보다 안 좋을 때, 좋은 친구는 자네를 도와주기 위해서 거기에 있다네. 내가 눈코 뜰 새 없이 분주한 소송 대리인이었을 때는 친구를 만날 시간이 없었다네. 존, 자네를 빼면 이제 나는 혼자일세. 다른 모든 이들이 부드럽고 포근한 잠 속으로 빠져들 때, 함께 숲속을 거닐어 줄 사람이 내게는 아무도 없다네. 깊은 감동을 주는 책을 이제 막 내려놨을 때, 그 여운을 함께 나눌 사람도 곁에 없

다네. 찬란한 가을날의 햇살이 가슴을 따뜻하게 데워 환희로 가
득 채워 줄 때, 내 영혼을 열어 보여 줄 사람도 내게는 없다네."

줄리안은 얼른 자신을 추슬렀다. "하지만 후회는 일부러 시간
을 들여서 할 만한 일이 결코 아니라네. 나는 시바나의 스승들에
게서 '깨달은 이에게는 매일 새벽이 새로운 날이다'라는 교훈을
배웠다네."

나는 언제나 줄리안을 일종의 슈퍼맨 같은 법률가로 바라보았
다. 그는 두꺼운 방패를 뚫어 버리는 검투사처럼 상대방의 논고
를 여지없이 깨부쉈다. 나는 여러 해 전에 만났던 이 전사가 완전
히 다른 사람으로 변신한 모습을 목격했다. 내 앞에 있는 남자는
부드럽고도 친절하고 평화로웠다. 그는 인생이라는 무대에서 자
신과 자신이 맡은 역할에 확신을 갖고 있었다. 이제껏 만나 본 그
누구와도 달리, 그는 자신이 겪은 과거의 고통을 늙고 현명한 스
승처럼 바라보았고, 동시에 자신의 삶이 지나간 사건들의 총합보
다 훨씬 더 큰 무엇임을 알아차리고 있었다.

줄리안의 눈은 다가올 일에 대한 희망으로 빛났다. 나는 세상
의 경이로움을 대하는 그의 즐거운 기분에 둘러싸이고, 삶을 대
하는 그의 넘치는 기쁨에 사로잡혔다. 과거의 줄리안 맨틀은 부
자들의 무자비한 대리인으로서 다른 사람은 거들떠보지도 않고
삶 속을 바삐 지나쳐 가던 인간이었다. 그런 그가 이제는 오로지
남들만을 보살피며 삶 속으로 걸어 들어가는 영적인 존재로 변신
한 것이다. 어쩌면 나도 그 길을 걸어가야만 할지도 몰랐다.

상징

향기로운 장미

덕목

이타적으로 봉사하라.

지혜

* 삶의 질은 결국 기여의 질로 귀결된다.
* 신성을 일깨우려면 날마다 자신을 주면서 살라.
* 타인의 삶을 높이 끌어올림으로써 그대의 삶은 가장 높은 경지에 이른다.

방법

* 매일 친절한 행동을 하라.
* 요청하는 이에게 주라.
* 관계를 더욱 풍성하게 가꾸어 가라.

인용구

그대가 할 수 있는 가장 고귀한 일은 이웃에게 주는 것이다.
그대의 더 높은 사명에 집중하기 시작하라.

13장

영원한 행복의 비결

황혼의 경이로움이나 달빛의 아름다움에 감탄할 때,
내 영혼은 창조자에 대한 숭배로 확장된다.

- 마하트마 간디

 줄리안이 우리 집에 도착해서 현자들의 지혜를 들려주기 시작한 지 벌써 열두 시간이 지났다. 그 열두 시간은 의심의 여지 없이 내 인생에서 가장 중요한 시간이었다. 동시에 나는 그의 이야기 덕분에 삶에 의욕이 생기고 동기부여가 되었다. 그랬다, 심지어 해방감까지 느꼈다. 줄리안은 요기 라만의 우화와 그것이 상징하는 영원한 덕목들을 통해 삶에 대한 나의 관점을 근본적으로 바꾸어 놓았다. 나는 내가 가진 잠재력의 깊이를 아직 제대로 탐사해 보지도 않았음을 깨달았다. 나는 삶이 내게 선사한 매일의 선물을 낭비하고 있었다. 더 많이 웃고 더 에너지가 충만하게 살아야 마땅함에도 나는 그렇게 살지 못했다. 줄리안의 지혜는 나로 하여금 그렇게 살지 못하게 가로막고 있던 상처들을 직면할 수 있게 해 주었다.

나는 감동했다.

"나는 곧 떠나야 하네. 자네에겐 시간이 촉박한 약속들이 있고, 나도 처리해야 할 일들이 있어." 줄리안이 미안하다는 듯한 표정으로 말했다.

"제 일은 잠시 미뤄도 돼요."

"유감이지만 내 일은 미룰 수가 없다네." 그가 얼른 미소를 지으며 말했다. "하지만 떠나기 전에 요기 라만의 신비로운 우화에 나오는 마지막 요소를 이야기해 줘야지. 스모 선수가 분홍색 밧줄로 만든 샅바만 은밀한 부위에 걸친 채 등대에서 아름다운 정원 한가운데로 걸어 나오다가 빛나는 황금 스톱워치에 미끄러져서 땅바닥에 넘어진 것 기억하지? 영원과도 같은 시간이 지나간후에 그는 코끝을 간질이는 노랑 장미의 고혹적인 향기 덕분에 다시 정신을 차릴 수 있었지. 그는 기뻐하며 벌떡 일어나서는 수백만 개의 작은 다이아몬드가 박혀 있는 길고 구불구불한 길이 눈앞에 펼쳐져 있는 것을 발견했네. 물론 우리의 친구 스모 선수는 그 길로 들어섰지. 그리하여 오래오래 행복하게 잘 살았다네."

"눈앞에 생생하네요." 내가 웃었다.

"요기 라만이 아주 생생한 상상력을 가지고 있었다는 점에 나도 동의하네. 하지만 자네는 이제 이 이야기가 어떤 목적을 가지고 있으며, 그것이 상징하는 원리가 강력할 뿐만 아니라 고도로 실용적이라는 것도 알고 있지."

"맞아요." 나는 지체 없이 동의했다.

"그렇다면 다이아몬드의 길은 자네에게 깨달은 삶의 마지막 덕목을 상기시켜 줄 걸세. 일상생활 속에 이 원리를 적용한다면 자네의 삶은 설명하기 힘들 정도로 풍요롭게 될 걸세. 지극히 단순한 것들 속에서도 절묘하고 경이로운 측면을 발견하기 시작하면서 자네가 마땅히 누려야 할 황홀경 속에서 살게 될 걸세. 그리고 나에게 한 약속을 지켜서 그것을 이웃과 나눈다면 그들도 역시 자신의 평범한 삶을 마법 같은 삶으로 변모시킬 수 있을 걸세."

"그 원리를 배우는 데 시간이 얼마나 걸릴까요?"

"원리 자체는 놀라울 정도로 단순 명쾌하네. 하지만 그것을 현실에서 효과적으로 적용하는 법을 터득하려면 적어도 몇 주 정도의 꾸준한 연습이 필요하다네."

"빨리 듣고 싶어 죽겠어요."

"자네가 그렇게 말하니 우습군. 왜냐하면 마지막 일곱 번째 덕목은 그저 사는 것에 관한 거니까. 시바나의 현자들은 진실로 기쁘고 보람 있는 삶은 오직 '지금 여기서 살기living in the now'라 부르는 과정을 통해서만 온다고 믿었다네. 현인들은 과거란 다리 아래의 물이고 미래는 상상의 지평선 위에 떠 있는 머나먼 태양임을 알고 있었지. 가장 중요한 순간은 '지금'이라네. 지금 이 순간 속에서 살고 그것을 온전히 음미하기를 배우게."

"무슨 말씀인지 정확히 이해합니다, 줄리안. 저는 바꿔 놓을 수도 없는 지나간 과거를 생각하며 안달복달하거나, 실제로는 결코 오지 않을 미래를 걱정하면서 하루의 대부분을 보내 온 것 같아요. 제 마음은 저를 이리저리 끌고 가려는 온갖 잡다한 생각들로 언제나 넘쳐납니다. 그것은 정말 암담한 일이죠."

"왜 그런가?"

"지치거든요. 마음에 평화가 전혀 없어요. 하지만 제 마음이 한 가지 일에 온전히 몰두해 있는 순간도 있지요. 법원에 제출할 준비 서면을 만드느라 딴 생각을 할 겨를이 없을 때, 혹은 친구들과 축구를 하다가 진짜 이기고 싶은 마음이 생겼을 때도 이런 식의 완전한 집중을 느껴봤어요. 그럴 때면 몇 시간이 1분처럼 지나가는 느낌이죠. 마치 그 순간에 하고 있는 오직 그 일만이 제게 의미가 있는 것처럼 느껴졌어요. 걱정거리, 청구서, 판례, 그 밖의 어떤 것도 중요하지 않았지요. 생각해 보니 아마도 그때가 가장 평화롭게 느껴졌던 때인 것 같아요."

"만족을 얻기 위한 가장 확실한 길은 정말 도전적인 일에 몰입하는 것이라네. 하지만 명심해야 할 핵심이 있네. '행복은 목적지가 아니라 여정 그 자체에 있다'는 사실일세. 오늘을 위해서 살게. 지금 이 순간은 다시는 돌아오지 않을 테니까." 줄리안은 자신이 그 비밀을 알고 있음에 감사 기도를 올리듯 두 손을 모았다.

"그게 라만의 우화 속 다이아몬드 길이 상징하는 원리인가요?"

"그렇다네." 짤막한 대답이 돌아왔다. "스모 선수가 그 길을 걸어감으로써 영원한 만족과 기쁨을 찾았듯이, 자네도 자신이 지금 걷고 있는 길이 다이아몬드와 온갖 귀한 것들이 지천으로 깔려 있는 길임을 깨닫기 시작하는 순간부터 비로소 자네가 누려 마땅한 그런 삶을 살 수 있게 된다네. 삶의 소소한 즐거움을 무시한 채 큰 쾌락만을 좇느라 그토록 많은 시간을 허비하지 말게. 속도를 늦추게. 주변 모든 것들의 아름다움과 신성함을 즐기게. 이것은 자네의 의무이기도 하네."

"미래를 위한 큰 목표를 세우지 말고 현재에 집중하라는 뜻인가요?"

"아닐세." 줄리안이 끊듯이 대답했다. "이미 말했듯이 미래의 목표와 꿈은 성공적인 삶의 필수요소일세. 장차 나타날 것에 대한 희망이야말로 자네를 아침에 침대에서 뛰쳐나오게 하고 하루 종일 영감에 차 있게 만드는 원동력이지. 목표는 삶에 에너지를 불어넣어 준다네. 내가 말하고 싶은 것은 성취 자체를 위해서 행복을 뒤로 미루지 말라는 것일세. 자네의 행복과 만족에 필요한 것들을 나중으로 미루지 말게. 온전히 살아야 할 날은 로또에 당첨되는 날이나 은퇴한 후가 아니라 오늘이라네. 살기를 나중으로 미룰 수는 없지 않나?"

줄리안은 자리에서 일어나더니 마치 감동적인 최후 변론을 하는 노련한 소송 대리인처럼 거실을 앞뒤로 왔다 갔다 하기 시작했다. "자네 회사에서 젊은 변호사를 몇 명 더 고용해서 업무 부담을 줄여 주기만 하면 그때부터는 더 좋은 남편이 될 수 있을 거라고 생각하는 어리석음을 범하지 말게. 은행 계좌에 돈이 쌓이고 자유시간이 늘어나는 행운이 생기면 그때부터 몸과 마음과 영혼을 돌보고 살찌우겠노라는 헛소리는 그만두게. 노력의 결실을 즐길 날은 바로 오늘이라네. 순간을 붙잡고 날아오르는 삶을 살 날도 오늘이라네. 상상력으로 살고 꿈의 결실을 수확할 날도 오늘이라네. 그리고 가족이라는 선물을 부디 결코 잊지 말게."

"당신의 말뜻을 정확히 이해했는지 모르겠네요, 줄리안."

"아이들이 자라나는 순간을 함께하게." 단순한 대답이 돌아왔다.

"예?" 뜻밖의 말에 당황해서 내 입에서 절로 나온 말이었다.

"아이들의 어린 시절을 함께하는 것보다 의미 깊은 일은 별로 없다네. 자녀들의 첫 번째 계단을 놓친 마당에 자네 혼자 성공의 계단을 오르는 것이 무슨 의미가 있겠나? 가정을 돌볼 시간을 갖지 않는다면 동네에서 제일 호화로운 집을 가진들 무슨 소용이 있겠는가? 자녀들이 아버지를 전혀 알지도 못한다면 최고로 잘나가는 소송 전문 변호사로 전국적으로 유명해진들 무슨 소용이 있겠는가?" 감정이 복받친 듯 줄리안의 목소리가 떨리고 있었다. "나는 내가 무슨 말을 하고 있는지를 아네."

그의 마지막 말은 나의 입을 다물게 만들었다. 내가 줄리안에 대해 아는 것은 그가 부자와 미녀들과 어울려 다니던 슈퍼스타 변호사였다는 것이 전부였다. 묘령의 패션모델들과 벌인 그의 애정 행각은 그의 법정 스토리만큼이나 전설적인 것이었다. 왕년의 플레이보이가 아버지가 되는 것에 대해서 무엇을 알겠는가? 내가 훌륭한 아버지이자 성공한 변호사가 되려고 몸부림친 나날을 그가 어떻게 알기나 하겠는가? 하지만 줄리안의 육감은 나의 속

마음을 간파하고 있었다.

"나도 자녀라는 축복에 대해 좀 알고 있다네." 그가 부드러운 목소리로 말했다.

"하지만 변호사를 그만두기 전까지 당신이야말로 이 도시에서 가장 인기 있는 독신남이었잖아요?"

"내가 정신없는 생활방식에 빠져들기 전에는 자네도 알다시피 나도 결혼을 했었지."

"네."

그는 마치 아주 깊은 비밀을 친구에게 털어놓기 직전의 아이처럼 잠시 말을 멈췄다.

"나에게도 딸이 하나 있었다는 사실을 몰랐을 것이네. 그 아이는 이 세상에서 내가 만난 가장 귀엽고 상냥하고 섬세한 창조물이었지. 그때의 나는 우리가 처음 만났을 때의 자네와 여러모로 비슷했다네. 세상에 대해 자신만만했던 나는 야망에 불타고 희망으로 가득 차 있었지. 나는 사람들이 원하는 모든 것을 가지고 있었네. 사람들은 내가 찬란한 미래와 눈부시게 아름다운 아내와 너무나 예쁜 딸을 갖고 있다고 부러워했어. 하지만 인생이 그처럼 완벽해 보였을 때, 그 모든 것이 한순간에 다 날아가 버렸다네."

영원히 기쁘기만 할 것 같던 줄리안의 얼굴이 슬픔에 잠겼다. 그의 한쪽 뺨을 타고 눈물이 흘러내려 붉은 수도복의 벨벳 천 위로 떨어졌다. 나는 오랜 친구의 고백에 마음이 저리며 할 말을 잃어버렸다.

"줄리안, 굳이 계속하지 않아도 돼요." 내가 그의 어깨 위에 손을 얹어 위로하며 말했다.

"하지만 나는 할 거야, 존. 자네는 내가 알고 지내던 사람 가운데 가장 기대되는 후배였지. 말했듯이 자네는 젊었을 때의 내 모습을 생각나게 한다네. 지금도 여전히 자네는 성공의 가능성이 가장 많네. 하지만 지금 살고 있는 방식으로 계속 살면 자네는 재앙을 만날 걸세. 나는 탐험해야 할 너무나 많은 경이와 음미해야 할 너무나 많은 순간들이 자네를 기다리고 있다는 것을 말해 주려고 이곳에 온 걸세."

"그 햇빛 찬란한 10월 오후에 내 딸을 죽인 음주 운전자는 하나의 귀한 생명만을 앗아 간 게 아니라네. 그는 두 사람의 삶을 앗아 갔어. 딸이 죽은 후 나의 삶도 무너져 버렸기 때문일세. 나는 어리석게도 미어지는 가슴의 고통을 법조 경력이 보상해 주기를 희망하면서 깨어 있는 모든 시간을 사무실에서 보내기 시작했지. 어떤 날은 사무실 소파에서 잠을 자기도 했네. 너무나 많은 달콤한 기억들이 담겨 있는 집으로 가기가 두려웠어. 그렇게 해서 실제로 나의 경력은 높이 쌓여 갔지만 반면에 내 내면의 세계는 엉망이 되어 버렸다네. 법대 시절부터 변함없는 동반자였던 아내마저 일에 대한 나의 과대망상적인 집착에 인내심의 한계에 다다랐다면서 날 떠나 버렸네. 건강은 허물어지고 나는 우리가 처음 만났을 때 빠져들고 있던 그 부끄러운 생활 속으로 추락했다네. 물론 나에게는 돈이 줄 수 있는 모든 것들이 있었지. 하지만 나는 그것을 위해 영혼을 팔아 버렸던 거야. 정말이야." 줄리안은 감정에 차서 목소리가 잠겼다.

"그럼 아이들의 성장기를 함께하라는 말씀은 기본적으로 그들이 자라며 성장하는 모습을 시간을 두고 지켜보라는 말씀이시군요, 그렇죠?"

"딸아이가 친구의 생일 파티에 가다가 우리 곁을 떠난 지 27년이 지났네. 그런데도 나는 깔깔거리는 그 아이의 웃음소리를 다시 들을 수만 있다면, 늘 그랬듯 뒤뜰에서 그 아이와 숨바꼭질을 할 수만 있다면 세상의 그 무엇이라도 다 내줄 수 있다네. 아이를 안고 그 아름다운 금발 머리를 쓰다듬어 줄 수만 있다면……. 그 아이는 내 가슴의 한 조각을 가지고 떠났다네. 시바나에서 자기 자신의 주인이 되는 길을 발견한 후로 내 삶은 새로운 의미를 찾았네. 하지만 내 마음의 고요한 극장 화면에서 그 작고 귀여운 딸아이의 장밋빛 얼굴을 보지 않은 날은 단 하루도 없었네. 존, 자네에게는 너무나 훌륭한 자녀들이 있네. 나무를 보느라 숲을 놓치지 말게. 아이들에게 줄 수 있는 최고의 선물은 자네의 사랑일세. 그들을 다시 만나게. 법조 경력이라는 덧없는 보상보다 그들이 훨씬 더 중요하다는 것을 그들에게 보여 주게. 그들도 이내 분가해서 자신들만의 삶과 가정을 꾸려 갈 것이네. 그때는 너무 늦다네. 시간은 영영 돌아오지 않아."

줄리안의 말은 내 마음에 깊은 울림을 남겼다. 일중독에 빠진 나의 행보가 서서히 그러나 꾸준히 우리 가족의 유대를 무너뜨리고 있음을 나도 감지하고 있었던 것 같다. 그것은 마치 속에서 타고 있는 잿불처럼 그 파괴적인 잠재력이 터져 나올 때까지 서서히 에너지를 모으고 있었다. 아이들이 말은 안 해도 나를 필요로 하고 있다는 것을 나도 알고 있었다. 줄리안의 말은 내가 꼭 들어야 할 말이었다. 시간은 손가락 사이로 새 나가고 그들은 빠르게 자라고 있었다. 아들 앤디와 함께 상쾌한 토요일 새벽에 조용히 집을 빠져나와 할아버지가 그토록 좋아하셨던 낚시터에서 하루를 보냈던 게 마지막으로 언제였는지도 기억나지 않았다. 한때는 주말마다 열심히 다녔던 때도 있었는데 말이다. 그 유서 깊은 의식도 이제는 마치 남의 일처럼 되어 버렸다.

생각하면 할수록 그것이 더 강하게 나를 때려 왔다. 나는 아들의 피아노 연주회, 크리스마스 연극, 소년 리그 챔피언 경기, 이 모두를 나의 경력과 맞바꿨다.

'내가 무슨 짓을 하고 있었지?' 나는 자신에게 물었다. 나는 정말로 줄리안이 말한 그 위태로운 내리막길로 미끄러져 내려가고 있었다. 그 순간 그 자리에서 나는 변화를 결심했다.

"행복은 여행이라네." 줄리안이 말했다. 그의 목소리는 다시 열정으로 뜨거워졌다. "그 또한 자네가 내리는 선택이기도 하지. 자네는 그 길에서 다이아몬드를 발견하며 경탄할 수도 있고, 아니면 무지개 끝에 있다는 황금 단지의 환상을 좇아 하루 종일 바쁘게 뛰어다닐 수도 있어. 결국은 그것이 텅 비어 있다는 것을 발견하게 되겠지만 말야. 하루하루가 선물하는 특별한 순간들을 즐기게. 오늘 이 하루만이 자네가 가진 모든 것이니까 말일세."

"'지금 여기서 살기'를 배울 수 있나요?"

"물론이지. 자신이 처한 상황이 어떻든지 자신을 훈련해서, 삶이라는 선물을 즐기고 나날의 삶이라는 보석으로 자신의 존재를 가득 채울 수 있다네."

"하지만 그건 좀 낙천적인 생각 아닌가요? 사업 실패로 전 재산을 날려 버린 사람이라면 어떨까요? 재정적으로만 몰락한 게 아니라 정신적으로도 몰락해 버렸다면요?"

"저축해 둔 돈의 액수나 살고 있는 집의 시세가 얼마나 되는지는 경이로움과 기쁨으로 살아가는 것과는 아무런 상관도 없다네. 세상은 불행한 백만장자들로 가득해. 내가 만난 시바나의 현자들이 안정된 재정 상태나 남프랑스의 별장 따위에 신경이나 썼을 것 같은가?" 줄리안이 장난스럽게 물었다.

"무슨 말씀인지 알겠어요."

"많은 돈을 버는 것과 풍요로운 삶을 만드는 것 사이에는 엄청난 차이가 있다네. 하루에 단 5분씩이라도 감사의 기술을 실천하기 시작한다면 자네가 찾고 있던 그 풍요로운 삶을 가꾸어 갈 수 있을 걸세. 자네가 예를 든, 사업에 실패한 사람조차 다급한 재정난에도 불구하고 감사할 일을 얼마든지 찾아볼 수 있을 걸세. 그에게 아직도 건강한지, 사랑하는 가족이 있는지, 주변 사람에게 존경을 받고 있었는지를 물어보게. 아직도 비를 피할 지붕은 있는지 물어보게. 어쩌면 그에게는 여전히 발휘할 수 있는 장인으로서의 능력과 큰 꿈을 꿀 능력 외에는 이제 남아 있는 게 아무것도 없을지도 모르지. 하지만 그것이야말로 그가 감사해야만 할 귀한 자산이라네. 우리는 누구나 감사해야 할 많은 것들을 가지고 있다네. 찬란한 여름날 또다시 밝아온 하루와 창밖에서 우는 새조차도 지혜로운 사람에게는 감사해야 할 선물로 보인다네. 기억하게 존, 삶은 우리가 요구하는 걸 항상 주지는 않아. 하지만 우리가 필요로 하는 건 언제나 준다네."

"그러니까 물질이든 정신이든 내가 가진 모든 것에 대해 날마다 감사를 드리면 '지금 여기'에서 사는 습관이 길러지리라는 말씀인가요?"

"맞아. 삶 속에 훨씬 더 많은 생명을 불어넣는 효과적인 방법이지. '지금 이 순간'을 음미할 때, 자네는 자신의 운명을 키워 줄 생명의 불꽃을 지피고 있는 거라네."

"운명을 키운다고요?"

"그렇다네. 우리는 누구나 각자의 재능을 부여받았다고 말했었지. 이 땅 위의 한 사람 한 사람은 모두가 천재라네."

"내가 함께 일하고 있는 변호사들을 모르셔서 그래요." 내가 빈정거리듯 대꾸했다.

"한 사람 한 사람이," 줄리안이 또박또박 강조하면서 말했다. "우리 모두가, 타고난 저마다의 재능을 가지고 있다네. 자신의 더 높은 목적을 발견하고 그것을 향해 자신의 모든 에너지를 쏟아붓는 순간부터 천재성이 빛을 발하고 행복이 삶을 가득 채울 걸세.

그것이 아이들의 훌륭한 선생님이 되는 것이든, 영감 넘치는 예술가가 되는 것이든 간에 자신의 사명에 연결되고 나면 모든 소망은 애쓰지 않아도 충족될 걸세. 노력할 필요조차 없을 거야. 사실은 애쓰면 애쓸수록 목표에 이르는 것은 늦어진다네. 대신 그저 자신의 꿈을 따르기만 하게. 그러면 보상은 절로 따라오게 되어 있으니까. 그것이 자네를 신성한 운명으로 데려다줄 걸세." 줄리안이 그를 깨달음으로 인도한 시바나의 현자처럼 말했다

"어릴 때 아버지께서 내게 '피터와 마법의 실'이라는 동화를 들려주셨지. 피터는 아주 똑똑한 작은 소년이었다네. 가족과 선생님과 친구들이 모두 그를 사랑했어. 하지만 그에게는 딱 한 가지 약점이 있었다네."

"그게 무엇인가요?"

"피터는 결코 순간을 살지 못했다네. 그는 지금 이 순간을 즐기는 법을 몰랐어. 그는 학교에 있을 때는 밖에 나가서 노는 것을 꿈꿨고, 밖에서 놀 때는 다가올 여름방학을 꿈꾸고 있었지. 피터는 자신의 나날을 채우고 있는 특별한 순간들을 맛볼 틈도 없이 끊임없이 백일몽만 꾸고 있었던 거야. 지금부터 그 이야기를 들려줌세.

어느 날 아침이었다. 피터는 집 근처 숲속을 걷고 있었다. 그러다가 갑자기 피로가 느껴져서 풀밭에 누워 잠시 쉬어 가려다가 잠이 들고 말았다. 깊이 잠든 지 몇 분도 안 되었을 때, 누군가가

그의 이름을 부르는 소리가 들렸다. 저 위에서 '피터! 피터!' 하고 부르는 날카로운 목소리가 들렸다. 천천히 눈을 떴을 때 그는 신비로운 노파가 위에서 그를 내려다보고 있는 모습을 발견하고 깜짝 놀랐다. 그녀는 백 살도 넘어 보였고 눈처럼 하얀 백발이 어깨 아래까지 늘어져 있었다. 여인의 주름진 손에는 마법사의 작은 공 같은 것이 들려 있었는데, 공의 중심에 난 구멍에는 긴 황금 실이 달려 있었다.

"피터." 그녀가 말했다. "이것은 네 삶의 실이란다. 이 실을 살짝만 당겨도 한 시간이 몇 초 만에 지나가 버릴 거야. 좀 더 세게 당기면 하루가 몇 분 만에 지나가 버리지. 그리고 더 힘껏 잡아당기면 몇 달, 심지어 몇 년도 며칠 만에 지나가 버린단다."

피터는 이 발견에 매우 흥분했다. "그것을 제가 가질 수 있나요?" 늙은 여인은 서슴없이 팔을 뻗어 마법의 실이 달린 공을 소년에게 주었다.

다음 날 피터는 지루함에 뒤척이면서 교실에 앉아 있었다. 그때 문득 자신의 새로운 장난감 공이 생각났다. 그는 황금 실을 살짝 당겨 봤다. 그러자 그는 금방 집으로 돌아와서 마당에서 놀고 있는 자신을 발견했다. 마법의 실이 가진 힘을 깨달은 피터는 학생인 자신의 상태가 지겨워서 얼른 십 대가 되고 싶어졌다. 그래서 그는 그 시절의 삶이 가져다줄 온갖 흥분을 기대하면서 공을 꺼내어 황금 실을 더 세게 당겼다.

그러자 그는 갑자기 십 대가 되어 엘리제라는 아주 예쁜 소녀와 함께 있었다. 하지만 피터는 여기에도 만족하지 않았다. 그는 삶의 각 단계의 단순한 경이를 음미하면서 순간을 즐기는 법을 배우지 못했다. 대신 그는 성인이 되기를 꿈꿨다. 그래서 그는 다시 실을 당겼고, 여러 해가 순식간에 지나갔다. 이제 그는 중년이 되어 있는 자신을 발견했다. 엘리제는 이제 피터의 아내가 되어 있었고 집안은 아이들로 붐볐다. 하지만 피터는 다른 것도 발견했다. 새까맣던 그의 머리가 은발로 변하기 시작하고 있었던 것이다. 그리고 그가 그토록 사랑했던 어머니는 늙어서 쇠약해져 있었다. 하지만 피터는 아직도 지금 이 순간 속에서 살지 못했다. 그는 현재 속에서 사는 법을 배운 적이 없었다. 그래서 그는 또다시 마법의 실을 당기고 나서 변화가 나타나길 기다렸다.

피터는 이제 아흔 살 노인이 되어 있었다. 검고 무성하던 머리는 눈처럼 흰 백발이 되어 있었고, 젊고 아름답던 아내 엘리제는 늙어서 몇 년 전에 먼저 세상을 떠나 버렸음을 알게 되었다. 그의 멋진 아이들은 자라서 집을 떠나 각자의 삶을 살아가고 있었다. 그는 생애 처음으로 자신이 삶의 경이를 기쁘게 안아 들일 시간을 갖지 못했다는 사실을 깨달았다. 그는 아이들과 낚시를 간 적도 없었고 엘리제와 달빛 속을 산책해 본 적도 없었다. 정원을 가꿔 본 적도 없고 어머니가 즐겨 읽던 좋은 책을 한 권도 읽어 보지 않았다. 그는 그저 허겁지겁 살아오느라 그 길에서 만나는 좋은 것들을 잠시 멈추어 쉬면서 바라보지도 못했다.

피터는 자신이 깨달은 사실에 몹시 슬퍼졌다. 그는 밖으로 나가 어릴 때 걷곤 했던 숲속에서 머리를 식히고 영혼을 어루만져 주기로 했다. 숲에 들어가자 어릴 때 보았던 어린 나무들은 커다란 떡갈나무로 자라 있었다. 숲은 대자연의 낙원이 되어 있었다. 그는 작은 풀밭에 누워서 깊은 잠에 빠져들었다.

몇 분이나 지났을까? 누군가가 그를 부르는 소리가 들렸다. "피터! 피터!" 그는 주변을 둘러보다가 여러 해 전에 마법의 황금 실이 달린 공을 그에게 주었던 바로 그 늙은 여인을 발견하고 깜짝 놀랐다.

"내가 준 특별한 선물이 어땠니?" 노파가 물었다.

피터는 솔직히 대답했다. "처음에는 재미있었는데 이제는 싫어요. 즐길 기회도 주지 않고 한평생이 눈앞에서 휙 지나가 버렸어요. 물론 좋은 시간도 슬픈 시간도 있었지만 양쪽 다 경험할 기회가 없었죠. 지금은 온통 공허하고 허무해요. 나는 삶이 주는 선물을 놓쳐 버렸어요."

"너는 참 배은망덕하구나." 늙은 노파가 말했다. "그래도 마지막 한 가지 소원만은 들어주마."

피터는 잠시 생각하다가 얼른 대답했네. "다시 학생 시절로 돌아가서 인생을 다시 살고 싶어요." 이 말을 마치자마자 그는 다시 깊은 잠에 빠져들었다.

피터는 다시 누가 부르는 소리를 듣고 잠을 깼다. 이번에는 누가 부르는 것인지 궁금했다. 눈을 떴을 때 그의 옆에는 어머니가 서 있었다. 그는 너무나 기뻤다. 그녀는 젊고 건강하고 활기차 보였다. 피터는 숲속의 신비로운 노파가 정말로 그의 소원을 들어주어서 이전의 삶으로 돌아왔다는 것을 깨달았다.

"서둘러, 피터! 늦잠 잤어. 당장 일어나지 않으면 학교에 지각할 거야." 어머니가 야단을 치셨다.

"두말할 필요도 없이 이번에는 피터도 침대에서 벌떡 일어나 자신이 원했던 방식으로 살기 시작했다네. 피터는 이후로도 계속 기쁨과 승리로 충만한 삶을 살았지만 그것은 모두가 미래를 위해 현재를 희생시키기를 그친 그날 이후, 지금 이 순간을 살기 시작했을 때부터 비롯된 거라네."

"놀라운 이야기네요." 내가 부드럽게 대꾸했다

"존, 유감이지만 '피터와 마법의 실' 이야기는 동화일 뿐이라네. 현실 세계에는 삶을 다시 한 번 살 수 있는 '두 번째 기회' 같은 것은 없다네. 늦어 버리기 전에 깨어나서 삶의 선물을 받을 유일한 기회는 오늘뿐일세. 시간은 정말 모래알처럼 손가락 사이를 빠져나간다네. 오늘 이 순간을 자네의 삶을 새롭게 정의하는 날로, 자신에게 진정으로 중요한 것에만 집중하기로 결심하는 중요한 날로 삼으란 말일세. 자네의 삶을 더 의미 있게 만들어 주는 이들과 더 많은 시간을 보내기로 결심하게. 특별한 순간들을 음미하고 그 힘을 한껏 누리게. 늘 하고 싶어 했던 일을 하게. 늘 오르고 싶었던 산을 오르고, 트럼펫 불기를 배우게. 빗속에서 춤을 추거나 새로운 사업을 일구게. 음악을 즐기고 새로운 언어를 배우고, 어릴 적의 기쁨에 새로 불을 밝히게. 성취를 위해서 자네의 행복을 미루지 말게. 대신 그 과정을 즐겨 보게. 사기를 되살리고 영혼을 돌보기 시작하게. 이것이 바로 열반*Nirvana*으로 가는 길이라네."

"열반이요?"

"시바나의 현자들은 진정으로 깨달은 모든 영혼들의 궁극적인 목적지는 니르바나라는 곳이라고 믿었어. 사실 현자들은 니르바나가 어떤 장소가 아니라 그들이 여태껏 알았던 그 모든 것 너머에 있는 어떤 경지라고 믿었지. 니르바나에서는 모든 것이 가능해. 고통은 없고 신과 같이 완벽한 삶의 춤사위가 펼쳐지지. 니르바나에 도달한 현자들은 지상천국에 발을 딛게 된 듯한 상태에 놓이지. 이것이 그들이 삶 속에서 추구한 궁극적 목표라네." 줄리안의 얼굴에서 거의 천사와도 같은 평화로운 분위기가 퍼져 나왔다.

"우리는 모두가 어떤 특별한 이유로 여기에 와 있다네." 그가 선지자처럼 말했다. "자신의 진정한 소명이 무엇인지에 대해 그리고 어떻게 하면 자신을 다른 이들에게 줄 수 있는지에 대해 깊이 숙고해 보게. 중력의 포로처럼 굴기를 그만두게. 오늘 당장 자네에게 주어진 삶의 불꽃을 밝혀서 찬란히 타오르게 하게. 내가 자네에게 전해 준 원리와 방법들을 실천하기 시작하게. 자네가 될 수 있는 모든 것이 되게. 자네도 니르바나라 불리는 것의 과실을 맛볼 때가 올 걸세."

"그런 깨달음의 경지에 실제로 이르렀는지를 어떻게 알 수 있나요?"

"그것을 확인해 줄 힌트는 거의 나타나지 않을 걸세. 주변의 모든 것에서 신성한 느낌을 감지하기 시작할 거야. 은은한 달빛, 따가운 여름 낮 파란 하늘의 유혹, 활짝 핀 데이지 꽃의 향기, 작은 아이들의 장난기 어린 웃음소리에서 말일세."

"줄리안, 당신이 저와 함께 보낸 시간이 헛되지 않게 하겠다고 약속할게요. 시바나의 현자들이 가르쳐 준 지혜를 실천하는 데 헌신하겠습니다. 그리고 당신의 메시지가 도움이 될 만한 사람들에게 내가 배운 것을 나눠 줌으로써 당신과의 약속을 지키겠습니다. 진심으로 맹세할게요." 나는 속에서 올라오는 격정을 느끼며 진지하게 말했다.

"자네 주변의 모든 사람들에게 현자들의 풍성한 유산을 전해 주게. 그들은 곧 이 지식의 혜택을 누리게 될 것이고 자네와 마찬가지로 그들도 자신들의 삶의 질을 높일 걸세. 그리고 기억하게. 여행은 즐기는 것이라네. 목적지만큼이나 가는 길도 좋다네."

나는 줄리안이 계속 말하도록 기다렸다. "요기 라만은 위대한 이야기꾼이었지만 다른 어떤 이야기보다도 멋진 이야기가 하나 있었네. 해 줘도 될까?"

"물론이지요."

"옛날 인도의 어떤 왕이 부인에 대한 깊은 사랑과 헌신의 표시로서 위대한 사원을 짓고 싶어 했다네. 그는 세상 사람이 한 번도 본 적이 없는, 달빛 은은한 밤하늘을 가로질러 멀리서도 빛날,

오랜 세월 사람들이 찬탄해 마지않을 그런 건축물을 짓고 싶어 했지. 그래서 그의 일꾼들은 날마다 뜨거운 태양빛 아래서 벽돌을 하나씩 둘씩 쌓아 올렸다네. 그리하여 그 건물은 날마다 조금씩 더 그 기념비적인 형체를 갖추어 갔고, 인도의 파란 하늘 위에 마치 사랑의 횃불 같은 모습을 드러내기 시작했네. 22년 동안이나 하루도 빠짐없이 조금씩 쌓아 올린 끝에 마침내 이 순수한 대리석 궁전이 완성되었다네. 내가 무엇을 이야기하고 있는지 맞춰 보게."

"모르겠는데요."

"타지마할일세. 세계 7대 불가사의 가운데 하나지." 줄리안이 대답했다. "내가 말하려는 요지는 간단하네. 지상의 모든 사람들이 세계의 불가사의 중 하나라네. 우리 모두는 각자의 방식으로 한 명의 영웅이라네. 필요한 건 오직 꿈을 향해 내딛는 작은 발걸음일세. 우리 모두는 비범한 성취와 지속적인 만족과 행복을 누릴 잠재력을 가지고 있다네. 타지마할처럼 경이에 넘치는 삶이 날마다 벽돌처럼 차곡차곡 쌓여 올라가고 있다네. 내가 권했던 작지만 점진적인 변화와 개선이 그 긍정적인 습관을 만들어 낼 걸세. 긍정적인 습관은 결과를 빚어낼 것이고, 그 결과는 마침내 더 큰 변화를 향해 가도록 자네를 영적으로 북돋워 줄 걸세. 하루하루를 마치 마지막 날처럼 살아가기 시작하게. 당장 오늘부터 더 많이 배우고 더 많이 웃고 진정으로 하고 싶은 일을 하게. 자신의 운명을 부정하지 말게. 자네의 뒤에 놓인 과거와, 자네의 앞에 놓인 미래는, 지금 자네 안에 놓인 것에 비해서는 아무것도 아니니까 말일세."

백만장자 변호사에서 깨달은 수도승이 된 줄리안 맨틀은 더이상 아무 말도 하지 않고 일어나 처음 만난 형제처럼 나를 포옹하고는 거실을 나가 타오르는 여름 낮의 열기 속으로 걸어 들어갔다. 혼자 앉아서 생각을 정리하다가, 나는 이 현자의 범상치 않은 방문을 증언해 줄 유일한 증거가 테이블 위에 말없이 놓여 있는 것을 문득 발견했다. 그것은 비어 있는 잔이었다.

상징

다이아몬드 길

덕목

현재를 끌어안아라.

지혜

* '지금' 속에서 살라. 현재라는 선물을 음미하라.
* 성취를 위해 행복을 희생시키지 말라.
* 여정을 음미하고 매일을 마지막 날처럼 살라.

방법

* 자녀의 아동기를 함께하라.
* 감사의 기술을 실천하라.
* 운명을 키우라.

인용구

우리는 모두가 어떤 특별한 이유로 여기에 와 있다.
과거의 노예가 되어 살지 말고 미래의 설계자가 되라.

* 7가지 영원한 덕목 *

덕목

상징

1.
마음의 주인이 되라

정원

2.
삶의 목적을 따르라

등대

3.
카이젠을 실천하라

스모 선수

4.
수행의 삶을 살라

밧줄

5.
시간을 소중히 여거라

스톱워치

6.
이타적으로 봉사하라

향기로운 장미

7.
현재를 끌어안아라

다이아몬드 길

감사의 글

이 책은 특별한 사람들의 노력을 통해 생명을 얻게 된 매우 특별한 프로젝트였다. 샤르마 리더십 인터내셔널의 멋진 팀과 전 세계의 우리 고객들 그리고 뛰어난 출판사 하퍼콜린스 캐나다에 깊이 감사드린다.

도움이 필요한 이들에게 줄리안의 메시지를 나누고자 하는 꿈 외에는 아무것도 없던 자비 출판 저자였던 시절의 나를 서점에서 발견해 준 애드 카슨에게도 진심으로 감사드린다.

그리고 마지막으로 내가 사랑하는 일을 할 수 있게 해 주신 독자 여러분의 귀한 선물에 가슴 깊은 감사의 인사를 올린다.

『페라리를 판 수도승』

30일 실천 일지

· 인생 최고의 목표를 위한 ·

시바나 현자들의
지혜 실천하기

DREAM BOOK

- 인생 목표: ....
- 마감 시한: ....

건강 목표	

자기계발 목표	

경제적 목표	

268

사회적 목표

영적 목표

DAY 1

인생은 짧다. 위대한 일을 하라.

오늘 나는 …에
감사함을 느낀다.

_____

_____

_____

_____

오늘 나는 …을
자축한다.

_____

_____

_____

_____

오늘 나는 …을
개선하기로 맹세한다.

_____

_____

_____

_____

오늘 나는 …에
집중을 유지할 것이다.

_____

_____

_____

_____

DAY 2

산만함에 빠져 있는 것은 창조적인 생산력의 죽음이다.

오늘 나는 …에
감사함을 느낀다.

_____
_____
_____
_____

오늘 나는 …을
자축한다.

_____
_____
_____
_____

오늘 나는 …을
개선하기로 맹세한다.

_____
_____
_____
_____

오늘 나는 …에
집중을 유지할 것이다.

_____
_____
_____
_____

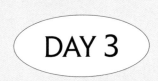

DAY 3

지금 있는 바로 그 자리에서 그대가 존재해야 하는 이유와
해야 할 일을 찾아낼 수 있다. 가슴 설레며 진심을 쏟을 일을 찾기 위해
생업을 그만둘 필요는 없다. 필요한 것은 단지 세상을 달리 보는 것일 때가 많다.
그 첫걸음을 내딛기 위하여…….

오늘 나는 …에
감사함을 느낀다.

_____

_____

_____

_____

오늘 나는 …을
자축한다.

_____

_____

_____

_____

오늘 나는 …을
개선하기로 맹세한다.

_____

_____

_____

_____

오늘 나는 …에
집중을 유지할 것이다.

_____

_____

_____

_____

DAY 4

마음 닿는 대로, 사랑으로 원하는 것을 추구할 때,
그대는 별과 바다를 창조한 에너지에 접속된다. 그대의 삶에
일종의 마법이 들어서기 시작하여 지성을 무력화시키는 일들이 일어난다.
그대가 올바른 궤도에 접어들었음을 암시하는 징표가 나타나기 시작한다.

오늘 나는 …에
감사함을 느낀다.

_____

_____

_____

_____

오늘 나는 …을
자축한다.

_____

_____

_____

_____

오늘 나는 …을
개선하기로 맹세한다.

_____

_____

_____

_____

오늘 나는 …에
집중을 유지할 것이다.

_____

_____

_____

_____

DAY 5

그렇다. 계획을 세우고 목표를 정하라. 열심히 노력하여
소망하는 것을 추구하라. 그것이 책임감 있는 사람이 되는 과정의 일부이다.
사실 의도를 정하는 것 자체가 그중 많은 것을 삶 속에 들어오게 한다.
하지만 계획과 목표는 아주 느슨하게만 붙들고 있으라.
우주는 종종 뜻밖의 꾸러미에 보물을 싸서 보내준다.

오늘 나는 …에
감사함을 느낀다.

_____

_____

_____

_____

오늘 나는 …을
자축한다.

_____

_____

_____

_____

오늘 나는 …을
개선하기로 맹세한다.

_____

_____

_____

_____

오늘 나는 …에
집중을 유지할 것이다.

_____

_____

_____

_____

DAY 6

인류의 모든 오랜 법칙 가운데 가장 오래 남아 있는 법칙 중 하나는
우리가 세상을 있는 그대로 보지 않고 자신이 처한 대로 본다는 것이다.
자신의 정체성을 개선하여 다듬고 정의함으로써 우리는 세상을 가장 높고 선명한
시점으로부터 바라볼 수 있다. 자기 자신의 주인이 됨으로써 우리는 바닥이
아니라 산꼭대기에서 세상과 그 모든 무한한 가능성과 잠재력을 굽어본다.

오늘 나는 …에
감사함을 느낀다.

오늘 나는 …을
자축한다.

오늘 나는 …을
개선하기로 맹세한다.

오늘 나는 …에
집중을 유지할 것이다.

DAY 7

가장 중요한 것에 대한 몰두보다는 분주한 일들 속에 빠짐으로 인해서
솟아오를 수 있는 너무나 많은 삶들이 쉽게 전락하여 무너진다.

오늘 나는 …에
감사함을 느낀다.

오늘 나는 …을
자축한다.

오늘 나는 …을
개선하기로 맹세한다.

오늘 나는 …에
집중을 유지할 것이다.

DAY 8

과거 속에 눌러앉아 있는 매 순간은 그대의 미래로부터 훔쳐 온 시간이다.
문제에 골몰하여 보내는 매 순간은 해결책을 찾을 시간에서 앗아 온 것이다.
일어나지 않았으면 하는 온갖 일에 대한 생각은 일어나기를 희망하는
온갖 일들이 삶 속으로 들어오지 못하도록 가로막고 있다.

오늘 나는 …에
감사함을 느낀다.

_____

_____

_____

_____

오늘 나는 …을
자축한다.

_____

_____

_____

_____

오늘 나는 …을
개선하기로 맹세한다.

_____

_____

_____

_____

오늘 나는 …에
집중을 유지할 것이다.

_____

_____

_____

_____

DAY 9

하려 들지 않는 사람에게는 어떤 아이디어도 먹히지 않는다.

오늘 나는 …에
감사함을 느낀다.

_____
_____
_____
_____

오늘 나는 …을
자축한다.

_____
_____
_____
_____

오늘 나는 …을
개선하기로 맹세한다.

_____
_____
_____
_____

오늘 나는 …에
집중을 유지할 것이다.

_____
_____
_____
_____

DAY 10

인구의 5%만이 얻는 결과를 얻으려면
95%가 하기 싫어하는 일을 하라.

오늘 나는 …에
감사함을 느낀다.

오늘 나는 …을
자축한다.

오늘 나는 …을
개선하기로 맹세한다.

오늘 나는 …에
집중을 유지할 것이다.

DAY 11

자신이 누구이며 진정으로 되고 싶은 것이 무엇인지를 모르면
운명이 그대 앞에 나타날 때 어찌 그것을 알아보고 붙잡을 수 있겠는가?
자신을 알라, 그러면 운명이 그대를 찾아낼 것이다.
의식의 명료함이 삶의 주인 되기의 전제 조건이다.

오늘 나는 …에
감사함을 느낀다.

오늘 나는 …을
자축한다.

오늘 나는 …을
개선하기로 맹세한다.

오늘 나는 …에
집중을 유지할 것이다.

DAY 12

상처는 지혜로 바뀔 수 있다. 마음을 고쳐먹기만 하면
걸림돌이 디딤돌이 될 수 있다. 역경이, 심지어는 비극이 선사해 주는
놀라운 기회를 놓치지 말라. 가슴을 찢어 놓는 일이
그대의 삶을 역전시켜 줄 수 있다.

오늘 나는 …에
감사함을 느낀다.

_____

_____

_____

_____

오늘 나는 …을
자축한다.

_____

_____

_____

_____

오늘 나는 …을
개선하기로 맹세한다.

_____

_____

_____

_____

오늘 나는 …에
집중을 유지할 것이다.

_____

_____

_____

_____

DAY 13

자신을 더 깊이 알아갈수록 우리가 늘 알고 있었던 그곳,
우리의 가장 깊은 속에서 늘 있고 싶어 해 온 그곳인 집으로 돌아가는 여정에서
더 분명한 판단을 내릴 수 있다. 그리스 로마의 사원 문 위에서는
이런 글을 종종 발견하리니, '그대 자신을 알라.
그러면 우주와 신의 비밀을 알게 되리라.'

오늘 나는 …에
감사함을 느낀다.

_____

_____

_____

_____

오늘 나는 …을
자축한다.

_____

_____

_____

_____

오늘 나는 …을
개선하기로 맹세한다.

_____

_____

_____

_____

오늘 나는 …에
집중을 유지할 것이다.

_____

_____

_____

_____

DAY 14

자신에게 그토록 혹독하게 굴기를 영원히 멈춰라.
그대는 인간이고 인간은 실수를 저지르게끔 설계되었다.
우리는 모두가 실수를 하고, 실수는 우리의 성장과 발전에 필수적인 것임을
깨달아 가는 것이 해탈의 과정이다.

오늘 나는 …에
감사함을 느낀다.
_____
_____
_____
_____

오늘 나는 …을
자축한다.
_____
_____
_____
_____

오늘 나는 …을
개선하기로 맹세한다.
_____
_____
_____
_____

오늘 나는 …에
집중을 유지할 것이다.
_____
_____
_____
_____

DAY 15

가장 큰 자아의 최종 목적지에 다다르기 전에 구도자는 시험을 받는다.
열망해 온 보물에 가닿기 전에 시험을 거쳐야만 한다. 그것이 인생의 여정에서
삶이 작용하는 방식이다. 인간의 깨어남의 오디세이를 묘사한
위대한 지혜서들을 살펴보면 구도자, 즉 주인공은 소망해 온 삶을
보상으로 얻기 전에 으레 시련과 역경에 부딪힌다.

오늘 나는 …에
감사함을 느낀다.

_____

_____

_____

_____

오늘 나는 …을
자축한다.

_____

_____

_____

_____

오늘 나는 …을
개선하기로 맹세한다.

_____

_____

_____

_____

오늘 나는 …에
집중을 유지할 것이다.

_____

_____

_____

_____

DAY 16

자신의 기분을 느껴 보라. 힘든 시기를 겪고 있을 때 어떤 이들은 그대에게
'긍정적인 생각을 하라'고 일러 줄 것이다. 그런 충고는 도움이 되지 않는다.
소위 '부정적인' 일을 긍정적인 일로 성급하게 이름 바꿔 부르지 말아야 한다.
그렇게 하면 그대는 부인하기에 빠져들 것이다. 절로 올라오는 화, 아픔,
슬픔 등의 기분을 속속들이 느껴라. 그것과 함께하는 것은 괜찮다.
그렇게 하는 것은 사실 건강한 것이다.

오늘 나는 …에
감사함을 느낀다.

_____

_____

_____

_____

오늘 나는 …을
자축한다.

_____

_____

_____

_____

오늘 나는 …을
개선하기로 맹세한다.

_____

_____

_____

_____

오늘 나는 …에
집중을 유지할 것이다.

_____

_____

_____

_____

DAY 17

위기의 순간에 평정을 유지하는 것은 그대를 오랜 고통에서 구해 줄 수 있다.
'세 관문 시험'은 자신의 성질을 제어하는 좋은 방법이다. 고대의 현자들은
자신이 하려는 말이 세 개의 관문을 통과했을 때만 말했다. 첫 번째 관문에서 그들은
'이 말은 진실한가?' 하고 자문한다. 두 번째 관문에서 그들은 '이 말은 필요한가?' 하고
자문한다. 세 번째 관문에서 그들은 '이 말은 친절한가?' 하고 자문한다.
세 가지 질문에 대한 대답이 '그렇다'일 때만 그 말은 그들의 입술을 떠난다.

오늘 나는 …에
감사함을 느낀다.

_____
_____
_____
_____

오늘 나는 …을
자축한다.

_____
_____
_____
_____

오늘 나는 …을
개선하기로 맹세한다.

_____
_____
_____
_____

오늘 나는 …에
집중을 유지할 것이다.

_____
_____
_____
_____

DAY 18

오래오래 행복하게 사는 고금의 비결 중 하나는 자신의 일을 사랑하는 것이다.
역사상 가장 만족하게 살았던 사람들의 삶을 관통하는 황금률은
그들 모두가 자신의 생업을 사랑했다는 것이다.

오늘 나는 …에
감사함을 느낀다.

_____
_____
_____
_____

오늘 나는 …을
자축한다.

_____
_____
_____
_____

오늘 나는 …을
개선하기로 맹세한다.

_____
_____
_____
_____

오늘 나는 …에
집중을 유지할 것이다.

_____
_____
_____
_____

DAY 19

'동기 감소의 법칙'이란, 새로운 생각이나 방법을 실행하는 데 시간이 오래 걸릴수록 열의는 시들어 버린다는 것이다. 그것이 미래의 꿈과 함께 금방 시들어 죽어 버리기 전에 변화를 위한 방법을 날마다 행동으로 실천하라. 세계적 수준의 사람들은 멋진 아이디어를 발견한 현장을 그것에 생명을 불어넣어 줄 어떤 행동도 하지 않고 떠나는 법이 없다. 실행 없는 구상은 망상에 지나지 않는다.

오늘 나는 …에
감사함을 느낀다.

_____

_____

_____

_____

오늘 나는 …을
자축한다.

_____

_____

_____

_____

오늘 나는 …을
개선하기로 맹세한다.

_____

_____

_____

_____

오늘 나는 …에
집중을 유지할 것이다.

_____

_____

_____

_____

DAY 20

그대는 세상을 변화시키거나 아니면 염세주의자들의 말을 들을 수 있다.
양쪽을 다 할 수는 없다.

오늘 나는 …에
감사함을 느낀다.

_____

_____

_____

_____

오늘 나는 …을
자축한다.

_____

_____

_____

_____

오늘 나는 …을
개선하기로 맹세한다.

_____

_____

_____

_____

오늘 나는 …에
집중을 유지할 것이다.

_____

_____

_____

_____

DAY 21

대부분의 사람들은 충만하고 보람 있는 삶을 살려면 해야 하는 것으로
알고 있는 일들을 모두 할 수 있을 만큼 무한정한 시간을 가지고 있는 것처럼
살고 있다. 그리하여 우리는 우리의 나날을 채우고 있는 '급한 용무'들을
돌보느라 꿈의 실현은 질질 끌며 뒤로 미루어 놓는다.

오늘 나는 …에
감사함을 느낀다.

_____

_____

_____

_____

오늘 나는 …을
자축한다.

_____

_____

_____

_____

오늘 나는 …을
개선하기로 맹세한다.

_____

_____

_____

_____

오늘 나는 …에
집중을 유지할 것이다.

_____

_____

_____

_____

DAY 22

멋지지 않은 것은 그대의 궤도에 발을 들이지 못하도록,
늘 존재를 멋지게 다듬으라.

오늘 나는 …에
감사함을 느낀다.

_____
_____
_____
_____

오늘 나는 …을
자축한다.

_____
_____
_____
_____

오늘 나는 …을
개선하기로 맹세한다.

_____
_____
_____
_____

오늘 나는 …에
집중을 유지할 것이다.

_____
_____
_____
_____

DAY 23

일찍 일어나기는 자신에게 주는 하나의 선물이다. 아침 일찍 일어나는 습관보다
삶을 더 깊이 변화시키는 힘을 가진 수행은 없다. 아침의 몇 시간에는 매우
특별한 무엇이 있다. 시간이 속도를 늦추는 것처럼 느껴지고 깊은 평화의 느낌이
대기를 채운다. '5시 클럽'은 하루가 그대를 지배하게 하는 대신
그대가 자신의 하루를 지배하게 한다.

오늘 나는 …에
감사함을 느낀다.

오늘 나는 …을
자축한다.

오늘 나는 …을
개선하기로 맹세한다.

오늘 나는 …에
집중을 유지할 것이다.

DAY 24

자연은 우리의 마음을 채우고 있는 끝없는 재잘거림을 잠재워 준다.
그러니 우리의 진정한 빛나는 면모가 드러날 수 있도록 주변을 관찰하는 시간을 가져라.
꽃들의 섬세함과 미묘함이나 포말을 튀기며 흐르는 계곡물을
유심히 관찰하라. 신발을 벗고 발바닥을 간질이는 풀을 느껴 보라.
자연의 특별한 선물을 즐기는 특권을 누리게 된 것을 말없이 감사하라.
삶의 가장 단순한 즐거움이야말로 인생 최고의 즐거움이다.

오늘 나는 …에
감사함을 느낀다.

오늘 나는 …을
자축한다.

오늘 나는 …을
개선하기로 맹세한다.

오늘 나는 …에
집중을 유지할 것이다.

DAY 25

자신의 재정비에 날마다 일정 시간을 할당하라.
배터리 충전에 쓰인 시간은 낭비가 아니라 극치의 성과를 이끌어 내기 위해
필수적인 과정이다. 레크리에이션은 새로운 창조를 위한 것이다.

오늘 나는 …에
감사함을 느낀다.

_____

_____

_____

_____

오늘 나는 …을
자축한다.

_____

_____

_____

_____

오늘 나는 …을
개선하기로 맹세한다.

_____

_____

_____

_____

오늘 나는 …에
집중을 유지할 것이다.

_____

_____

_____

_____

DAY 26

소소한 일상이 중요하다. 오늘 그대가 가장 아끼는 사람들과 그대 사이의
유대를 더 깊어지게 만들어 줄 수 있는 소소한 일들은 어떤 것이 있을까?
그들의 하루가 그저 조금 더 흐뭇해지게 만들어 주려는 노력으로서,
그들에게 뭐든 친절한 행동이나 아름다운 행동을 해 줄 수 있겠는가?
더 자비로운 사람이 되려는 노력이 지닌 역설은 타인에게 베푸는 행위 자체가
자신의 기분도 좋아지게 해 준다는 사실이다.

오늘 나는 …에
감사함을 느낀다.

_____

_____

_____

_____

오늘 나는 …을
자축한다.

_____

_____

_____

_____

오늘 나는 …을
개선하기로 맹세한다.

_____

_____

_____

_____

오늘 나는 …에
집중을 유지할 것이다.

_____

_____

_____

_____

DAY 27

건성으로 가볍게 던지는 말들을 오래 하다 보면 습관이 된다.
진짜 문제는 약속을 지키지 않으면 신용을 잃게 된다는 것이다.
신용을 잃어버리면 신뢰 관계가 깨진다. 신뢰 관계가 무너지면 결국은
인간관계의 연쇄 붕괴가 일어난다. 진심을 말하고 그 말을 실천하라.
이 단순한 수행은 강력한 결과를 가져다줄 것이다.

오늘 나는 …에
감사함을 느낀다.

_____

_____

_____

_____

오늘 나는 …을
자축한다.

_____

_____

_____

_____

오늘 나는 …을
개선하기로 맹세한다.

_____

_____

_____

_____

오늘 나는 …에
집중을 유지할 것이다.

_____

_____

_____

_____

DAY 28

우정을 깊이 쌓는 것은 삶에서 더 많은 행복과 기쁨을 얻는
가장 확실한 방법 중 하나다. 최근의 연구는 많은 친구와 가족을 가진 사람들이
더 오래 살고 더 많이 웃고 덜 걱정한다는 사실을 보여 준다.
우정의 씨앗을 뿌리면 멋진 친구들을 풍성히 수확하게 되어 있다.

오늘 나는 …에
감사함을 느낀다.

_____
_____
_____
_____
_____

오늘 나는 …을
자축한다.

_____
_____
_____
_____

오늘 나는 …을
개선하기로 맹세한다.

_____
_____
_____
_____
_____

오늘 나는 …에
집중을 유지할 것이다.

_____
_____
_____
_____

DAY 29

문제는 문제로 바라볼 때만 문제가 된다.

오늘 나는 …에
감사함을 느낀다.

_____
_____
_____
_____

오늘 나는 …을
자축한다.

_____
_____
_____
_____

오늘 나는 …을
개선하기로 맹세한다.

_____
_____
_____
_____

오늘 나는 …에
집중을 유지할 것이다.

_____
_____
_____
_____

DAY 30

크게 꿈꾸라. 작게 시작하라. 지금 시작하라.

오늘 나는 …에
감사함을 느낀다.

_____
_____
_____
_____

오늘 나는 …을
자축한다.

_____
_____
_____
_____

오늘 나는 …을
개선하기로 맹세한다.

_____
_____
_____
_____

오늘 나는 …에
집중을 유지할 것이다.

_____
_____
_____
_____

페라리를 판 수도승

초판 1쇄 인쇄 | 2024년 8월 20일
초판 1쇄 발행 | 2024년 8월 25일

지은이 | 로빈 샤르마
옮긴이 | 이균형

발행인 | 정상우
편집인 | 주정림
디자인 | 문성미
펴낸곳 | (주)라이팅하우스
출판신고 | 제2022-000174호(2012년 5월 23일)
주소 | 경기도 고양시 덕양구 으뜸로 110 오피스동 1401호
주문전화 | 070-7542-8070 **팩스** | 0505-116-8965
이메일 | book@writinghouse.co.kr
홈페이지 | www.writinghouse.co.kr

한국어출판권 ⓒ 라이팅하우스, 2024

ISBN 979-11-93081-08-2 (03190)